人民法院审理毒品犯罪案件司法适用与定罪量刑

张洪江　周智勇　王力欣　李 鹏　著

RENMIN FAYUAN SHENLI
DUPIN FANZUI ANJIAN
SIFA SHIYONG YU DINGZUI LIANGXING

中国法制出版社
CHINA LEGAL PUBLISHING HOUSE

前　言

毒品犯罪案件是刑事审判中的重要案件类型，占全部刑事案件的比重较高。同时，毒品犯罪案件的重刑率也往往高于普通刑事案件。近年来，毒品犯罪新情况不断出现，司法实践中存在不少法律适用等方面的问题亟待解决。

为更好地惩治毒品犯罪，在新形势下，系统梳理、研究毒品犯罪法律适用问题，对于满足禁毒工作需要，进一步提高毒品犯罪案件审判水平具有重要的现实意义。鉴于此，我们撰写了本书。在此要感谢本书的策划编辑陈兴老师，没有他的诚挚邀约、精心策划与大力支持，就没有本书的问世；同时也要感谢责任编辑孙静老师为本书的编辑出版工作所做的努力、帮助与支持！

本书旨在探讨毒品犯罪具体个罪的犯罪构成、司法适用疑难问题、量刑处罚标准，以毒品犯罪个罪罪名为章，共分为十二章，依次为走私、贩卖、运输、制造毒品罪，非法持有毒品罪，包庇毒品犯罪分子罪，窝藏、转移、隐瞒毒品、毒赃罪，非法生产、买卖、运输制毒物品罪，走私制毒物品罪，非法种植毒品原植物罪，非法买卖、运输、携带、持有毒品原植物种子、幼苗罪，引诱、教唆、欺骗他人吸毒罪，强迫他人吸毒罪，容留他人吸毒罪，非法提供麻醉药品、精神药品罪。

本书具有以下三个特点：

1. 系统全面。全书涵盖了毒品犯罪所涉及的全部罪名，并在理论上对这些毒品犯罪罪名的概念、犯罪构成等进行了精解；对毒品犯罪司法适用疑难问题作了深入、细致的研究；对惩治毒品犯罪的量刑处罚标准进行了汇总整理。

2. 内容新颖。本书的基本理论和案例分析均充分关注并适当借鉴了最新理论研究成果，较好地说明了当前毒品犯罪案件的新情况、新特点及办理毒品犯罪案件中的突出法律适用问题；全书所引用的有关惩治毒品犯罪的法律、法规、司法解释及会议纪要等指导文件均属现行有效并新近颁布实施。

3. 指导性和实用性强。本书既有惩治毒品犯罪法律适用的基本理论和典型毒品案例分析，又全面整理了定罪量刑的有关法律法规，十分便于办理毒品犯罪案件时参考、使用，对相关理论研究也有很强的参考价值。

为了使读者朋友更为全面、系统、便捷地查阅和下载惩治毒品犯罪有关法律、法规、司法解释、会议纪要等现行有效文件。同时，为了帮助读者及时查阅本书出版后所涉及的新发布的有关惩治毒品犯罪的刑法规范及权威案例，我们特别制作了本书的网站 www. dpfz. com. cn，欢迎大家访问，并不吝提出宝贵意见或建议。

目　　录

第一章　走私、贩卖、运输、制造毒品罪

第一节　走私、贩卖、运输、制造毒品罪概念及犯罪构成

走私、贩卖、运输、制造毒品罪是毒品犯罪的核心罪名，也是当前刑事犯罪中发案较多、涉及面广、危害较大的一种犯罪形式，是我国刑法重点打击的犯罪之一。本罪是选择性罪名，只要实施上述四种行为之一的，即构成犯罪。罪名不以行为实施的先后、毒品数量或者危害大小排列，一律以刑法条文规定的顺序表述。

一、概念法条

走私、贩卖、运输、制造毒品罪，是指明知是毒品而故意实施走私、贩卖、运输、制造的行为。

《中华人民共和国刑法》第三百四十七条：

【走私、贩卖、运输、制造毒品罪】走私、贩卖、运输、制造毒品，无论数量多少，都应当追究刑事责任，予以刑事处罚。

走私、贩卖、运输、制造毒品，有下列情形之一的，处十五年有期徒刑、无期徒刑或者死刑，并处没收财产：

（一）走私、贩卖、运输、制造鸦片一千克以上、海洛因或者甲基苯丙胺五十克以上或者其他毒品数量大的；

（二）走私、贩卖、运输、制造毒品集团的首要分子；

（三）武装掩护走私、贩卖、运输、制造毒品的；

（四）以暴力抗拒检查、拘留、逮捕，情节严重的；

（五）参与有组织的国际贩毒活动的。

走私、贩卖、运输、制造鸦片二百克以上不满一千克、海洛因或者甲基苯丙胺十克以上不满五十克或者其他毒品数量较大的，处七年以上有期徒刑，并处罚金。

走私、贩卖、运输、制造鸦片不满二百克、海洛因或者甲基苯丙胺不满十克或者其他少量毒品的，处三年以下有期徒刑、拘役或者管制，并处罚金；情节严重的，处三年以上七年以下有期徒刑，并处罚金。

单位犯第二款、第三款、第四款罪的，对单位判处罚金，并对其直接负责的主管人员和其他直接责任人员，依照各该款的规定处罚。

利用、教唆未成年人走私、贩卖、运输、制造毒品，或者向未成年人出售毒品的，从重处罚。

对多次走私、贩卖、运输、制造毒品，未经处理的，毒品数量累计计算。

二、客体

走私、贩卖、运输、制造毒品罪侵犯的客体，是国家对毒品的管理制度和人民的生命健康。

鸦片、海洛因、甲基苯丙胺等麻醉药品和精神药品一方面具有医用价值，另一方面也能使人形成瘾癖，使人体产生依赖性，因而，被犯罪分子利用来牟取非法利润。近年来，国际上制毒、贩毒、走私毒品活动不断向我国渗透或假道我国向第三国运输。国内一些不法分子也大肆地进行制造、贩卖毒品的活动，使大量毒品流入社会，严重地损害了他人的身体健康。我国具有系统的毒品管理制度，具体体现在一系列系统的毒品管理管制办法。如《中华人民共和国禁毒法》《中华人民共和国药品管理法》《麻醉药品和精神药品管理条例》《麻醉药品和精神药品生产管理办法（试行）》《麻醉药品和精神药品经营管理办法（试行）》等法律、法规、规章都对麻醉药品和精神药品的生产、供应、运输等作出了具体而严格的规定，任何单位和个人违反上述法律规定，从事走私、贩卖、运输、制造毒品的行为，都直接侵犯了有关毒品管制法规。

本罪的对象是毒品。根据《中华人民共和国刑法》第三百五十七条第一款"本法所称的毒品，是指鸦片、海洛因、甲基苯丙胺（冰毒）、吗啡、大麻、可卡因以及国家规定管制的其他能够使人形成瘾癖的麻醉药品和精神药品"之规定，目前，联合国关于麻醉药品种类表中规定了128种麻醉药品，精神药品种类表中规定了99种精神药品。在我国的麻醉药品、精神药品种类表中，不仅规定了联合国规定的麻醉药品、精神药品，而且根据我国的情况，增加规定了一些公约中未规定的药品种类。国家食品监督管理局、公安部、卫生部根据上述规定，联合制定并发布了《麻醉药品和精神药品品种目录》。

根据《中华人民共和国刑法》和2016年《最高人民法院关于审理毒品犯罪案件适用法律若干问题的解释》的规定，毒品种类包括：（1）鸦片；（2）海洛因；（3）甲基苯丙胺；（4）吗啡；（5）可卡因；（6）3，4－亚甲二氧基甲基苯丙胺（MDMA）等苯丙胺类毒品（甲基苯丙胺除外）；（7）芬太尼；（8）甲卡西酮；（9）二氢埃托啡；（10）哌替啶（度冷丁）；（11）氯胺酮；（12）美沙酮；（13）曲马多；（14）γ－羟丁酸；（15）大麻油；（16）大麻脂；（17）大麻叶；（18）大麻烟；（19）可待因；（20）丁丙诺啡；（21）三唑仑；（22）安眠酮；（23）阿普唑仑；（24）恰特草；（25）咖啡因；（26）罂粟壳；（27）巴比妥；（28）苯巴比妥；（29）安钠咖；（30）尼美西泮；（31）氯氮卓；（32）艾司唑仑；（33）地西泮；（34）溴西泮；（35）上述毒品以外的其他毒品（详见《麻醉药品品种目录》与《精神药品品种目录》）。

三、客观方面

走私、贩卖、运输、制造毒品罪客观方面表现为行为人进行走私、贩卖、运输、制造毒品的行为，且表现为作为。

（一）走私毒品

走私毒品是指非法运输、携带、邮寄毒品进出国（边）境的行为。行为方式主要是输入毒品与输出毒品，此外，对在领海、内海运输、收购、贩卖国家禁止进出口的毒品，以及直接向走私毒品的犯罪人购买毒品的，应视为走私毒品。根据《中华人民共和国刑法》的相关规定，影响走私毒品行为的危害性因素，主要是走私毒品的数量、主体的情况（是否属于首要分子、是否参与国际贩毒组织）、方式（是否武装掩护）等，这些因素无疑影响走私毒品行为的危害性。输入毒品的行为，将直接危害我国公民的身心健康，危害我国的社会管理秩序；而输出毒品的行为，则并不直接危害我国公民的身心健康。也就是说，输入毒品行为的直接危害结果发生在我国领域内，而输出毒品行为的直接后果发生在我国领域外。前者的危害显然重于后者。从国外的规定来看，许多国家（如德国、日本）都是将输入毒品与输出毒品分别规定为独立的犯罪，或者将输出毒品的行为纳入运输毒品罪中，而输入毒品的行为其法定刑则明显重于输出毒品的行为，其立法宗旨也主要在于保护本国及本国公民的利益。《中华人民共和国刑法》虽然没有分别规定输入毒品与输出毒品的法定刑，但司法机关在量刑时，对输入与输出这两种行为应当区别对待。走私毒品犯罪的行为表现方式随着社会发展而不断翻新花样，在司法实践中，认定走私行为应不仅局限于以上六种表现形式，凡是违反毒品管理法律、法规和海关管理法律、法规，逃避海关监管，破坏国家对毒品管制的行为，均应以走私毒品犯罪行为论处。

参阅案例

陈某锐走私毒品案①

被告人陈某锐系短期多次往返旅客，有1次海关退运记录。2019年4月18日，陈某锐驾车经皇岗口岸小车道入境，未向海关申报，被海关检查。经查验，发现其车内藏匿有原装止咳水7瓶（120毫升/瓶）及散装止咳水1瓶（毛重0.8千克）。经鉴定，涉案止咳水共计1200毫升，均检出可待因成分。2019年4月23日，陈某锐经侦查机关通知后主动投案。

被告人陈某锐违反海关法规，逃避海关监管，私自携带含有毒品成分的违禁药品入境，其行为已构成走私毒品罪。公诉机关指控的罪名成立。被告人陈某锐曾因犯贩卖毒品罪被判过刑，现又犯本罪，系毒品再犯，依法从重处罚。被告人陈某锐犯罪以后自动投案，如实供述自己的罪行，构成自首，依法可从轻处罚。被告人陈某锐自愿认罪认罚，可从宽处罚。依照《中华人民共和国刑法》第三百四十七条第一款及第四款、第三百五十六条、第六十七条、第六十一条、第六十四条之规定，广东省深圳市中级人民法院作出判决：

一、被告人陈某锐犯走私毒品罪，判处拘役三个月，并处罚金人民币3000元；

二、涉案毒品予以没收，由扣押机关依法处理。

（二）贩卖毒品

贩卖毒品是指有偿转让毒品或者以贩卖为目的而非法收购毒品。有偿

---

① 本案参见广东省深圳市中级人民法院（2019）粤03刑初410号刑事判决书。

转让毒品，即行为人将毒品交付给对方，并从对方获取物质利益。贩卖方式既可能是公开的，也可能是秘密的；既可以是行为人请求对方购买，也可能是对方请求行为人转让；既可能是直接交付给对方，也可能是间接交付给对方。在间接交付的场合，如果中间人认识到是毒品而帮助转交给买方的，则该中间人的行为也是贩卖毒品；如果中间人没有认识到是毒品，则不构成贩卖毒品罪。根据2015年《全国法院毒品犯罪审判工作座谈会纪要》① 的规定，贩毒人员被抓获后，对于从其住所、车辆等处查获的毒品，一般均应认定为其贩卖的毒品。确有证据证明查获的毒品并非贩毒人员用于贩卖，其行为另构成非法持有毒品罪、窝藏毒品罪等其他犯罪的，依法定罪处罚。

贩卖毒品行为除典型贩卖行为之外，还包括代购、居间介绍等。

1. 代购行为

行为人为他人代购仅用于吸食的毒品，在交通、食宿等必要开销之外收取“介绍费”“劳务费”，或者以贩卖为目的收取部分毒品作为酬劳的，应视为从中牟利，属于变相加价贩卖毒品，以贩卖毒品罪定罪处罚。该项规定经2015年《武汉会议纪要》对2008年《全国部分法院审理毒品犯罪案件工作座谈会纪要》② 的规定作出了调整，《大连会议纪要》认为“代购者从中牟利，变相加价贩卖毒品的，对代购者应以贩卖毒品罪定罪”，即不对加价部分进行区分，只要存在加价即认为构成贩卖毒品。这种做法在实践中出现了部分案件代购者要求购毒者支付一定交通、食宿费用的情况，如果一律认为构成贩卖毒品罪显然过分加重了代购者的罪责。为了体现宽严相济的刑事政策，《武汉会议纪要》提出对加价部分进行区分，对于其中交通、食宿等必要费用不认为是牟利。行为人为他人代购仅用于吸食的毒

---

① 为行文简介，方便读者阅读，因该座谈会在武汉召开，故后文使用简称《武汉会议纪要》，下不再特别说明。

② 为行文简介，方便读者阅读，因该座谈会在大连召开，故后文使用简称《大连会议纪要》，下不再特别说明。

品，在交通、食宿等必要开销之外收取“介绍费”“劳务费”，或者以贩卖为目的收取部分毒品作为酬劳的，应视为从中牟利，属于变相加价贩卖毒品，以贩卖毒品罪定罪处罚。

2. 居间介绍

居间介绍者受贩毒者委托，为其介绍联络购毒者的，与贩毒者构成贩卖毒品罪的共同犯罪；明知购毒者以贩卖为目的购买毒品，受委托为其介绍联络贩毒者的，与购毒者构成贩卖毒品罪的共同犯罪；同时与购毒者、贩毒者共谋，联络促成双方交易的，通常认定与贩毒者构成贩卖毒品罪的共同犯罪。

这里应当注意对居间介绍行为与居中倒卖行为加以区别。2015 年《武汉会议纪要》规定，居间介绍者在毒品交易中处于中间人地位，发挥介绍联络作用，通常与交易一方构成共同犯罪，但不以牟利为要件；居中倒卖者属于毒品交易主体，与前后环节的交易对象是上下家关系，直接参与毒品交易并从中获利。

3. 以贩养吸

对于有吸毒情节的贩毒人员，一般应当按照其购买的毒品数量认定其贩卖毒品的数量，量刑时酌情考虑其吸食毒品的情节；购买的毒品数量无法查明的，按照能够证明的贩卖数量及查获的毒品数量认定其贩毒数量；确有证据证明其购买的部分毒品并非用于贩卖的，不应计入贩毒数量。对于以贩养吸的被告人，其被查获的毒品数量应认定为其犯罪的数量，但量刑时应考虑被告人吸食毒品的情节，酌情处理；被告人购买了一定数量的毒品后，部分已被其吸食的，应当按能够证明的贩卖数量及查获的毒品数量认定其贩毒的数量，已被吸食部分不计入在内。

4. 特定对象的贩卖行为

行为人向走私、贩卖毒品的犯罪分子或者吸食、注射毒品的人员贩卖国家规定管制的能够使人形成瘾癖的麻醉药品或者精神药品的，以贩卖毒品罪定罪处罚。

在司法实践中，贩卖毒品的行为方式多种多样，例如买入毒品后直接转手卖出或再加工后销售，或者以盗窃等非法手段获取及依法管理违禁药物的行为人将所得毒品有偿卖出的方式，等等。贩卖方式包括公开贩卖和秘密贩卖，交付的方式可以是直接交付也可以是间接交付。

参阅案例

梁某昌贩卖毒品案①

2018 年 3 月开始，被告人梁某昌通过号码为 159××××1490 的电话联系，在广东省中山市沙某超市附近，多次贩卖毒品给方某等人。同年 5 月 17 日，被告人梁某昌与雷某甲约定毒品交易后，携带毒品前往沙溪镇岚霞下街三巷 6 号对开路段，准备与雷某甲进行毒品交易时被公安人员抓获，公安人员当场在被告人身上缴获毒品 2 包（经检验，检出海洛因成分，共净重 0.56 克）及 OPPO 手机 1 部，人赃俱获。

被告人梁某昌无视国家法律，多次贩卖毒品海洛因，情节严重，其行为已构成贩卖毒品罪，应依法惩处。缴获的毒品是违禁品、手机是供犯罪所用的被告人本人财物，均应予以没收。公诉机关指控被告人梁某昌多次贩卖毒品的事实清楚，证据确实、充分，罪名成立，广东省中山市第一人民法院予以支持；建议判处被告人有期徒刑三年至五年的量刑建议恰当，予以采纳。被告人虽否认多次贩毒，但公诉机关所提证人证言与微信聊天记录、红包记录、通话清单等相互印证，足以认定指控的事实；被告人在毒品交易过程中，以车费名义收取较高比例的劳务费，应当认定为变相加价的贩卖毒品行为；被告人否认多次贩毒的事实，不符合认定坦白和如实

① 本案参见广东省中山市第一人民法院（2018）粤 2071 刑初 2267 号刑事判决书。

供述罪行的法律规定；辩护人认为属于贩卖毒品犯罪未遂的意见，不符合相关法律规定。因此，对被告人及辩护人的辩解、辩护意见，法院不予采纳。依照《中华人民共和国刑法》第三百四十七条第四款、第六十四条及《最高人民法院关于审理毒品犯罪案件适用法律若干问题的解释》第四条第（一）项之规定，广东省中山市第一人民法院作出判决：

一、被告人梁某昌犯贩卖毒品罪，判处有期徒刑四年，并处罚金人民币 5000 元；

二、缴获的毒品海洛因 0.56 克、OPPO 手机 1 部，予以没收。

（三）运输毒品

运输毒品是指采用携带、邮寄、利用他人或者使用交通工具等方法在我国领域内将毒品从此地转移到彼地。运输毒品的范围必须限制在国内，而且不是在领海、内海运输国家禁止进出口的毒品，否则便认定为走私毒品。运输毒品具体表现为转移毒品的所在地，如将毒品从甲地运往乙地。但应注意，从结局上看没有变更毒品所在地却使毒品的所在地曾经发生了变化的行为，也是运输毒品。例如，行为人先将毒品从甲地运往乙地，由于某种原因，又将毒品运回甲地的，也属于运输毒品。

对于运输毒品犯罪，要注意重点打击指使、雇用他人运输毒品的犯罪分子和接应、接货的毒品所有者、买家或者卖家。对于运输毒品犯罪集团首要分子，组织、指使、雇用他人运输毒品的主犯或者毒枭、职业毒贩、毒品再犯，以及具有武装掩护、暴力抗拒检查、拘留或者逮捕、参与有组织的国际毒品犯罪，以运输毒品为业、多次运输毒品或者其他严重情节的行为人，应当按照刑法、有关司法解释和司法实践实际掌握的数量标准，从严惩处，依法应判处死刑的必须坚决判处死刑。

在毒品犯罪中，单纯的运输毒品行为具有从属性、辅助性的特点，且情况复杂多样。部分涉案人员系受指使、雇佣的贫民、边民或者无业人员，只是为了赚取少量运费而为他人运输毒品，他们不是毒品的所有者、买家或者卖家，与幕后的组织、指使、雇佣者相比，在整个毒品犯罪环节中处于从属、辅助和被支配的地位，所起作用和主观恶性相对较小，社会危害性也相对较小。因此，对于运输毒品犯罪中的这部分人员，在量刑标准的把握上，应当与走私、贩卖、制造毒品和前述具有严重情节的运输毒品犯罪分子有所区别，不应单纯以涉案毒品数量的大小决定刑罚适用的轻重。

对于有证据能够证明被告人确属受人指使、雇佣参与运输毒品犯罪，又系初犯、偶犯的，可以从轻处罚，即使毒品数量超过实际掌握的死刑数量标准，也可以不判处死刑立即执行。

毒品数量超过实际掌握的死刑数量标准，不能证明被告人系受人指使、雇佣参与运输毒品犯罪的，可以依法判处重刑直至死刑。

涉嫌为贩卖而自行运输毒品，由于认定贩卖毒品的证据不足，因而认定为运输毒品罪的，不同于单纯地受指使而为他人运输毒品的行为，其量刑标准应当与单纯的运输毒品行为有所区别。

关于运输毒品罪，学术界争议较大，部分学者主张取消刑法中关于运输毒品的规定，因其行为多数为走私、贩卖、制造毒品行为的前提或后续行为，可以认定为走私、制造、贩卖毒品的共犯、间接正犯或者帮助犯。也有学者主张保留运输毒品罪，因为毒品犯罪具有很强的隐蔽性且运输是走私、贩卖、制造毒品者将其推向毒品消费市场极为重要甚至是不可或缺的一个环节，大量的毒品犯罪都是在运输过程中被查获，在刑法中规定运输毒品罪有助于打击和遏制毒品犯罪也是大多数国家的共识。我们认为应当保留运输毒品罪。在司法实践中，应该注重与其他毒品犯罪行为相区分。

关于运输毒品罪的共同犯罪，2015 年《武汉会议纪要》规定，两人以上同行运输毒品的，应当从是否明知他人携带毒品，有无共同运输毒品的意思联络，有无实施配合、掩护他人运输毒品的行为等方面综合审查认定是否构成共同犯罪。根据上述规定可知，以下情形应认定为运输毒品的共犯：(1) 行为人不以牟利为目的，为吸毒者代购毒品，没有证据证明托购者、代购者是为了实施贩卖毒品等其他犯罪，毒品数量达到较大以上的，对托购者、代购者以运输毒品罪的共犯论处。（2）雇用他人运输毒品的雇主，以及其他对受雇者起到一定组织、指挥作用的人员，与各受雇者分别构成运输毒品罪的共同犯罪，对运输的全部毒品数量承担刑事责任。以下情形构成运输毒品罪，但不属于共同犯罪：（1）受雇于同一雇主同行运输毒品，但受雇者之间没有共同犯罪故意，或者虽然明知他人受雇运输毒品，但各自的运输行为相对独立，既没有实施配合、掩护他人运输毒品的行为，又分别按照各自运输的毒品数量领取报酬的，不应认定为共同犯罪。（2）受雇于同一雇主分段运输同一宗毒品，但受雇者之间没有犯罪共谋的，也不应认定为共同犯罪。

参阅案例

许某静运输毒品案[①]

2019 年 4 月初，被告人许某静为赚取高额报酬，通过网络联系受雇为他人运输毒品，约定报酬为每次人民币 1 万元至 3 万元。同月 4 日左右，许某静在对方安排下从山西省太原市搭乘航班到达云南省昆明市，后乘车到达该省勐海县边境地区。4 月 11 日 23 时许，许某静在该地按照对方指示吞服 120 颗毒品后，于次日 18 时许从云南省澜沧景迈机场搭乘“8L9928”航班将上述毒品运到四川省成都市。同日 21 时 50 分许，许某静到达成都双流机场后在候机大厅被民警抓获。2019 年 4 月 12 日 22 时至次日 14 时 30 分许，许某静多次从体内排出共计 120 颗疑似毒品的短条状物体，经称量净重量共计 696.32 克，经抽样鉴定，均检出海洛因成分，含量从 59.6% 至 68.3% 不等。

---

① 本案参见四川省成都市中级人民法院（2019）川 01 刑初 173 号刑事判决书。

公安机关除对查获的毒品予以扣押外，还扣押了被告人许某静随身携带的OPPO手机一部、登机牌一张。

被告人许某静违反国家对毒品的管制规定，为获取高额报酬，接受他人安排，乘飞机将体内藏匿的毒品海洛因696.32克，从外地运至成都市，其行为已构成运输毒品罪，且毒品数量大。经审理，四川省成都市人民检察院指控被告人许某静构成运输毒品罪的事实清楚，罪名成立，四川省成都市中级人民法院认为应予支持。许某静受雇于他人，按照他人指示运输涉案毒品，系从犯，应从轻或减轻处罚；许某静归案后，能如实供述自己的犯罪行为，系坦白，可从轻处罚。法院综合许某静犯罪的事实、犯罪的性质、对社会的危害程度等情节，决定对其从轻处罚。许某静的辩护人以许某静系初犯、有坦白等情节提出对许某静从轻处罚的辩护意见，与审理查明事实相符，法院予以采纳。

扣押在案的毒品，应予没收；扣押在案的OPPO手机1部，系许某静运输毒品犯罪的联络工具，亦应没收。

据此，为维护社会管理秩序，打击毒品犯罪，保障公民身心健康，依照《中华人民共和国刑法》第三百四十七条第一款、第二款第（一）项，第二十五条，第二十七条，第五十九条，第六十四条，第六十七条第三款之规定，四川省成都市中级人民法院作出判决：

一、被告人许某静犯运输毒品罪，判处有期徒刑十五年，并处没收个人财产人民币5万元；

二、扣押在案的毒品及手机一部，予以没收。

（四）制造毒品

制造毒品，是指非法利用毒品原植物直接提炼或者用化学方法加工、配制毒品，或者以改变毒品成分和效用为目的，用混合等物理方法加工、配制毒品的行为。为了便于隐藏运输、销售、使用、欺骗购买者，或者为了增重，对毒品掺杂使假，添加或者去除其他非毒品物质，不属于制造毒品的行为。明知他人制造毒品而为其提供前款规定的物品的（制毒物品），以制造毒品罪的共犯论处。

鉴于毒品犯罪分子制造毒品的手段复杂多样且不断翻新，采用物理方法加工和配制毒品的情况大量出现，有必要进一步准确界定制造毒品的行为和方法。制造毒品主要包括以下几种情况：（1）将毒品以外的物作为原料，提取或制作成毒品，如将罂粟制成鸦片；（2）毒品的精制，即去掉毒品中的不纯物，使之成为纯毒品或纯度更高的毒品，如去除海洛因中所含的不纯物；（3）用化学方法使一种毒品变为另一种毒品，如使用化学方法将吗啡制作成海洛因；（4）使用化学方法以外的方法使一种毒品变为另一种毒品，如将盐酸吗啡加入蒸馏水，使之成为注射液；（5）非法按照一定的处理方法针对特定人的特定情况调制毒品。

2008 年《大连会议纪要》规定，已经制造出粗制毒品或者半成品的，以制造毒品罪的既遂论处。购进制造毒品的设备和原材料，开始着手制造毒品，但尚未制造出粗制毒品或者半成品的，以制造毒品罪的未遂论处。

2015 年《武汉会议纪要》规定，在制造毒品案件中，毒品成品、半成品的数量应当全部认定为制造毒品的数量，对于无法再加工出成品、半成品的废液、废料则不应计入制造毒品的数量。对于废液、废料的认定，可以根据其毒品成分的含量、外观形态，结合被告人对制毒过程的供述等证据进行综合分析判断，必要时可以听取鉴定机构的意见。

四、主体

走私、贩卖、运输、制造毒品罪的行为主体为一般主体，可以是自然人，也可以是单位，即达到刑事责任年龄且具有刑事责任能力的自然人均可成为本罪主体。根据《中华人民共和国刑法》第十七条第二款之规定，已满十四周岁未满十六周岁的人贩卖毒品的，应当负刑事责任。因此，对于走私、运输、制造毒品犯罪，只有达到十六周岁才负刑事责任。对于被利用、教唆、胁迫参加贩卖毒品犯罪活动的已满十四周岁不满十六周岁的人，一般可以不追究其刑事责任。

在各种犯罪主体中，刑法要求严厉打击毒枭、职业毒贩、累犯、毒品再犯等主观恶性深、人身危险性大的毒品犯罪分子。严惩国家工作人员实施的毒品犯罪。

依照2008年《大连会议纪要》规定，近年来，部分毒品犯罪分子为了逃避打击，雇用孕妇、哺乳期妇女、急性传染病人、残疾人或者未成年人等特定人员从事毒品犯罪活动，成为影响我国禁毒工作成效的突出问题。对利用、教唆特定人员从事毒品犯罪活动的组织、策划、指挥和教唆者，要依法严厉打击，该判处重刑直至死刑的，坚决依法判处重刑直至死刑。对于被利用、被诱骗参与毒品犯罪的特定人员，可以依法从宽处理。要积极与检察机关、公安机关沟通协调，妥善解决涉及特定人员的案件管辖、强制措施、刑罚执行等问题。对因特殊情况依法不予羁押的，可以依法采取取保候审、监视居住等强制措施，并根据被告人具体情况和案情变化及时变更强制措施；对于被判决有期徒刑或者拘役的罪犯，符合《中华人民共和国刑事诉讼法》第二百六十五条规定情形的，可以暂予监外执行。

单位犯走私、贩卖、运输、制造毒品罪的，除了对单位判处罚金外，同时对其直接负责的主管人员和其他直接责任人员，依照该款的规定定罪处罚。

参阅案例

陈某香贩卖毒品案①

2019年8月6日11时许，被告人陈某香在其位于湖北省武汉市新洲区

---

① 本案参见湖北省武汉市新洲区人民法院（2019）鄂0117刑初591号刑事判决书。

的家中，指使未成年人陈某（2002年6月7日出生）到外面路口去与事先约好的朱某进行毒品交易，当陈某在路口将3颗疑似毒品甲基苯丙胺片剂（俗称“麻果”“麻古”等）及少量疑似毒品甲基苯丙胺交给朱某并收取人民币200元后，陈某被公安机关当场抓获。随后，民警在陈某的带领下，将被告人陈某香抓获，并对涉案毒品毒资予以扣押，次日将其刑事拘留。经武汉市公安毒品司法鉴定中心鉴定，上述被查获的疑似毒品中均检验出毒品甲基苯丙胺成分，净重0.38克。

被告人陈某香明知是毒品甲基苯丙胺而故意非法贩卖，所贩卖的毒品甲基苯丙胺净重0.38克，其行为侵犯了国家对毒品的管理制度和公民的生命健康，已构成贩卖毒品罪。公诉机关指控的事实清楚，证据确实充分，罪名成立。陈某香利用未成年人贩卖毒品，依法从重处罚。陈某香到案后能够如实供述自己的犯罪事实，且在庭审中自愿认罪，系坦白，依法从轻处罚。依照《中华人民共和国刑法》第三百四十七条第一款、第四款、第六款，第六十七条第三款，第五十二条，第五十三条，第六十四条之规定，湖北省武汉市新洲区人民法院作出判决：

一、被告人陈某香犯贩卖毒品罪，判处有期徒刑六个月，并处罚金人民币3000元；

二、对公安机关扣押的毒品甲基苯丙胺0.38克依法予以没收。

五、主观方面

走私、贩卖、运输、制造毒品罪的主观方面表现为故意，而且是直接故意，即明知是毒品而走私、贩卖、运输、制造的，过失不构成本罪。如果行为人主观上不知物品为毒品，受他人之托而帮助其携带的，毒品所有人才构成本罪。法律没有要求构成本罪必须以营利为目的，一般是以营利为目的，但也不能排除其他目的，如为了自己吸食或免费提供给青少年吸食而走私、运输、制造毒品的，也应当认定为本罪。

2008 年《大连会议纪要》对毒品犯罪主观明知的认定作出了具体规定，在此基础上，2012 年《最高人民检察院、公安部关于公安机关管辖的刑事案件立案追诉标准的规定（三）》进一步细化了具体罪名在主观明知认定上的区别，对走私、贩卖、运输毒品的主观明知与制造毒品的主观明知进行了区分，并对认定条件进行了细化。第一条第八款具体规定如下：

“走私、贩卖、运输毒品主观故意中的‘明知’，是指行为人知道或者应当知道所实施的是走私、贩卖、运输毒品行为。具有下列情形之一，结合行为人的供述和其他证据综合审查判断，可以认定其‘应当知道’，但有证据证明确属被蒙骗的除外：

“（一）执法人员在口岸、机场、车站、港口、邮局和其他检查站点检查时，要求行为人申报携带、运输、寄递的物品和其他疑似毒品物，并告知其法律责任，而行为人未如实申报，在其携带、运输、寄递的物品中查获毒品的；

“（二）以伪报、藏匿、伪装等蒙蔽手段逃避海关、边防等检查，在其携带、运输、寄递的物品中查获毒品的；

“（三）执法人员检查时，有逃跑、丢弃携带物品或者逃避、抗拒检查等行为，在其携带、藏匿或者丢弃的物品中查获毒品的；

“（四）体内或者贴身隐秘处藏匿毒品的；

“（五）为获取不同寻常的高额或者不等值的报酬为他人携带、运输、寄递、收取物品，从中查获毒品的；

“（六）采用高度隐蔽的方式携带、运输物品，从中查获毒品的；

“（七）采用高度隐蔽的方式交接物品，明显违背合法物品惯常交接方式，从中查获毒品的；

“（八）行程路线故意绕开检查站点，在其携带、运输的物品中查获毒品的；

“（九）以虚假身份、地址或者其他虚假方式办理托运、寄递手续，在托运、寄递的物品中查获毒品的；

“（十）有其他证据足以证明行为人应当知道的。

“制造毒品主观故意中的‘明知’，是指行为人知道或者应当知道所实施的是制造毒品行为。有下列情形之一，结合行为人的供述和其他证据综合审查判断，可以认定其‘应当知道’，但有证据证明确属被蒙骗的除外：

“（一）购置了专门用于制造毒品的设备、工具、制毒物品或者配制方案的；

“（二）为获取不同寻常的高额或者不等值的报酬为他人制造物品，经检验是毒品的；

“（三）在偏远、隐蔽场所制造，或者采取对制造设备进行伪装等方式制造物品，经检验是毒品的；

“（四）制造人员在执法人员检查时，有逃跑、抗拒检查等行为，在现场查获制造出的物品，经检验是毒品的；

“（五）有其他证据足以证明行为人应当知道的。”

第二节　走私、贩卖、运输、制造毒品罪司法适用疑难问题

走私、贩卖、运输、制造毒品罪是最为常见，也是最为基础的毒品犯罪类型，但在司法认定上存在一些疑难问题。

一、走私、贩卖、运输、制造毒品罪的罪名形态

走私、贩卖、运输、制造毒品罪是选择性罪名，对同一宗毒品实施了两种以上犯罪行为并有相应确凿证据的，应当按照所实施的犯罪行为的性

质并列确定罪名，毒品数量不重复计算，不实行数罪并罚。对同一宗毒品可能实施了两种以上犯罪行为，但相应证据只能认定其中一种或者几种行为，认定其他行为的证据不够确实充分的，则只按照依法能够认定的行为的性质定罪。如涉嫌为贩卖而运输毒品，认定贩卖的证据不够确实充分的，则只定运输毒品罪。对不同宗毒品分别实施了不同种犯罪行为的，应对不同行为并列确定罪名，累计毒品数量，不实行数罪并罚。对被告人一人走私、贩卖、运输、制造两种以上毒品的，不实行数罪并罚，量刑时可综合考虑毒品的种类、数量及危害，依法处理。

罪名不以行为实施的先后、毒品数量或者危害大小排列，一律以刑法条文规定的顺序表述。如对同一宗毒品制造后又走私的，以走私、制造毒品罪定罪。下级法院在判决中确定罪名不准确的，上级法院可以减少选择性罪名中的部分罪名或者改动罪名顺序，在不加重原判刑罚的情况下，也可以改变罪名，但不得增加罪名。

对于多次走私、贩卖、运输、制造毒品，未经处理的，毒品数量累计计算。所谓“未经处理”，既包括未经刑罚处理，也包括未作行政处理。但对于犯罪已过追诉时效的，则毒品数额不再累计计算，已作过处理的，应视为已经结案。

二、走私、贩卖、运输、制造毒品罪的既遂与未遂

毒品犯罪的既遂与未遂问题，尤其是毒品犯罪核心罪名的走私、贩卖、运输、制造毒品罪的既遂、未遂问题，是司法实务中经常遇到但又争议大、解决难度大的复杂问题。为了严惩毒品犯罪，多年来司法实践中一般对毒品犯罪的既遂与未遂不加以区分。但是，理论与实务界也曾尝试提出一些区分既遂与未遂的标准：

（一）走私毒品罪的既遂与未遂

走私毒品主要分为输入毒品与输出毒品，输入毒品分为陆路输入、海

路输入与空路输入。陆路输入应当以越过国境线、使毒品进入国内领域内的时刻为既遂标准。海路、空路输入毒品，以装载毒品的船舶到达本国港口或航空器到达本国领土内时为既遂，否则为未遂。

（二）贩卖毒品罪的既遂与未遂

在司法实践中，认定贩卖毒品罪的既遂与未遂的标准不统一，存在广泛争议，理论界对此有三种不同观点：第一种观点是契约说。这种观点认为买卖双方意思达成一致，契约的达成即为既遂，至于是否已经交货或者付款在所不问。第二种观点是实际交付说。这种观点认为贩卖毒品罪应以毒品实际转移给买方作为既遂的判断标准，如果行为人没有实际交付毒品，而仅仅与他人达成买卖毒品的合意，不能认定为贩卖毒品的既遂。第三种观点是进入交易说。这种观点认为贩卖毒品罪的既遂应以毒品是否进入交易环节为准，至于是否成交，是否因为察觉到有异常而中止，均不影响既遂的认定。

我们同意第三种观点进入交易说，因为契约说是交易双方仅仅在交易磋商，或者达成了毒品交易的合意而尚未将毒品带到交易现场，应属于毒品犯罪的着手准备阶段。而实际交付说无疑提高了贩卖毒品罪的既遂认定标准。在司法实践中，存在大量被抓获的被告人系人赃俱获的情形，即正在进行毒品交易但尚未实际交付转移毒品，采用该标准势必导致该类案件作未遂处理，不利于毒品犯罪的打击，不具有实践可行性。另外，毒品犯罪侵害的是国家对毒品的管理秩序，只要毒品进入交易环节就对这种秩序造成了实质性的侵害，就已经使公众健康面临现实的危险，符合行为犯法益侵害结果的要求。

目前，在司法实践中，理论和实务界多数人普遍也是主张进入交易说，即只要进入交易环节即被认定为既遂，而无论是否卖出毒品获利，也无论毒品是否交付。然而，对贩卖毒品犯罪中已经谈好交易，尚未进入交易现场的买方，可认定为未遂，而对其中的卖方则应认定为既遂。

需要注意的是，对一些毒品贩卖的特殊情况，仍应认定为未遂，如贩卖假毒品和毒品假卖案件，多年来在司法实践中都已认定为犯罪未遂。

(三) 运输毒品罪的既遂与未遂

对于运输毒品犯罪，审判实务中最高人民法院提出了只要起运即认定为既遂的判定标准。同时，在运输毒品犯罪中已经谈好运价，尚未拿到毒品的，可以认定为未遂。

(四) 制造毒品罪的既遂与未遂

制造毒品罪应以实际上制造出毒品（粗制毒品或半成品即可）为既遂标准，至于所制造出来的毒品数量多少、纯度高低等，都不影响既遂的成立。对购进制毒设备、原料，开始着手制造毒品，但尚未制造出粗制毒品或者半成品的，以制造毒品未遂论处。

我们认为，毒品犯罪是一种特殊而复杂的犯罪，实践中抓获的毒品犯罪分子一般都处于犯罪未遂状态。如果其实施的犯罪已经既遂，则很难抓获，或者抓获了，但证据不够充分。对此情况，若严格按照刑法规定的标准来区分，就可能使得多数的毒品犯罪无法认定为既遂，会轻纵犯罪。相反，如果按照司法实践中现行的做法，将多数毒品犯罪认定为既遂，不排除存在又不完全符合刑法规定的要求的情况。但为了及时有效打击毒品犯罪，目前实务界还是继续沿用多年来的做法，对毒品犯罪一般不区分既遂、未遂。

总之，在毒品犯罪既遂与未遂的司法实务认定上，应当以有利于依法严厉处罚犯罪为原则，具体认定时如产生争议、把握不准的，应当按照依法从严打击犯罪的要求，认定为既遂。

三、走私、贩卖、运输、制造毒品罪与其他犯罪的区分

对于走私其他货物、物品的，以实际走私的货物、物品的性质认定犯罪，不能认定为走私毒品罪。行为人在一次走私活动中，既走私毒品又走

私其他货物、物品的，一般应按走私毒品罪和构成的其他走私罪，实行数罪并罚。行为人故意以非毒品冒充真毒品或者明知是假毒品而贩卖牟利的，应认定为诈骗罪，而非贩卖毒品罪；但行为人不明知是毒品而贩卖，事实上具有贩卖毒品的可能性的，应认定为贩卖毒品罪（未遂）。行为人在生产、销售的食品中掺入微量毒品的，应认定为生产、销售有毒、有害食品罪，不宜认定为贩卖毒品罪。

盗窃、抢夺、抢劫毒品的，应当分别以盗窃罪、抢夺罪或者抢劫罪定罪，但不计犯罪数额，根据情节轻重予以定罪量刑。盗窃、抢夺、抢劫毒品后又实施其他毒品犯罪的，对盗窃罪、抢夺罪、抢劫罪和所犯的具体毒品犯罪分别定罪，依法数罪并罚。

根据2015年《武汉会议纪要》的规定，贩毒人员被抓获后，对于从其住所、车辆等处查获的毒品，一般均应认定为其贩卖的毒品。确有证据证明查获的毒品并非贩毒人员用于贩卖，其行为另构成非法持有毒品罪、窝藏毒品罪等其他犯罪的，依法定罪处罚。吸毒者在购买、存储毒品过程中被查获，没有证据证明其是为了实施贩卖毒品等其他犯罪，毒品数量达到《中华人民共和国刑法》第三百四十八条规定的最低数量标准的，以非法持有毒品罪定罪处罚。吸毒者在运输毒品过程中被查获，没有证据证明其是为了实施贩卖毒品等其他犯罪，毒品数量达到较大以上的，以运输毒品罪定罪处罚。

根据2015年《武汉会议纪要》的规定，行为人为吸毒者代购毒品，在运输过程中被查获，没有证据证明托购者、代购者是为了实施贩卖毒品等其他犯罪，毒品数量达到较大以上的，对托购者、代购者以运输毒品罪的共犯论处。行为人为他人代购仅用于吸食的毒品，在交通、食宿等必要开销之外收取“介绍费”“劳务费”，或者以贩卖为目的收取部分毒品作为酬劳的，应视为从中牟利，属于变相加价贩卖毒品，以贩卖毒品罪定罪处罚。购毒者接收贩毒者通过物流寄递方式交付的毒品，没有证据证明其是为了实施贩卖毒品等其他犯罪，毒品数量达到《中华人民共和国刑法》第三百四十八条规定的最低数量标准的，一般以非法持有毒品罪定罪处罚。代收者明知是物流寄递的毒品而代购毒者接收，没有证据证明其与购毒者有实施贩卖、运输毒品等犯罪的共同故意，毒品数量达到《中华人民共和国刑法》第三百四十八条规定的最低数量标准的，对代收者以非法持有毒品罪定罪处罚。

根据2015年《武汉会议纪要》的规定，行为人利用信息网络贩卖毒品、在境内非法买卖用于制造毒品的原料或者配剂、传授制造毒品等犯罪的方法，构成贩卖毒品罪、非法买卖制毒物品罪、传授犯罪方法罪等犯罪的，依法定罪处罚。行为人开设网站、利用网络聊天室等组织他人共同吸毒，构成引诱、教唆、欺骗他人吸毒罪等犯罪的，依法定罪处罚。

行为人出于医疗目的，违反有关药品管理的国家规定，非法贩卖上述麻醉药品或者精神药品，扰乱市场秩序，情节严重的，以非法经营罪定罪处罚。

四、走私、贩卖、运输、制造毒品罪的共同犯罪

走私、贩卖、运输、制造毒品犯罪常常以共同犯罪的形式出现。两个或两个以上的行为人，基于共同的走私、贩卖、运输、制造毒品的故意，共同实施前述行为的，应当认定为走私、贩卖、运输、制造毒品罪的共犯。若犯罪一方是单位的，则关于自然人的规定不变，而单位则需要根据法律条文有无明文规定其是否可以成为犯罪主体来确定。按照《中华人民共和国刑法》的规定，单位与自然人共同走私、贩卖、运输、制造毒品的，以共同犯罪论处。

在审理毒品共同犯罪案件时，应注意区分主犯、从犯、胁从犯。

（一）要正确区分主犯和从犯

区分主犯和从犯，应当以各共同犯罪人在毒品共同犯罪中的地位和作

用为根据。要从犯意提起、具体行为分工、出资和实际分得毒赃多少以及共犯之间相互关系等方面，比较各个共同犯罪人在共同犯罪中的地位和作用。在毒品共同犯罪中，为主要出资者、毒品所有者或者起意、策划、纠集、组织、雇用、指使他人参与犯罪以及其他起主要作用的是主犯；起次要或者辅助作用的是从犯。受雇用、受指使实施毒品犯罪的，应根据其在犯罪中实际发挥的作用具体认定为主犯或者从犯。对于确有证据证明在共同犯罪中起次要或者辅助作用的，不能因为其他共同犯罪人未到案而不认定为从犯，甚至将其认定为主犯或者按主犯处罚。只要认定为从犯，无论主犯是否到案，均应依照刑法关于从犯的规定从轻、减轻或者免除处罚。

（二）要正确认定毒品共同犯罪案件中主犯和从犯的毒品犯罪数量

对于毒品犯罪集团的首要分子，应按集团毒品犯罪的总数量处罚；对一般共同犯罪的主犯，应按其所参与的或者组织、指挥的毒品犯罪数量处罚；对于从犯，应按其所参与的毒品犯罪的数量处罚。

（三）要根据行为人在共同犯罪中的作用和罪责大小确定刑罚

不同案件不能进行简单的类比，一个案件的从犯参与犯罪的毒品数量可能比另一个案件的主犯参与犯罪的毒品数量大，但对这一案件从犯的处罚不是必然重于另一案件的主犯。共同犯罪中能分清主从犯的，不能因为涉案的毒品数量特别巨大，就不分主从犯而一律将被告人认定为主犯或者实际上都按主犯处罚，一律判处重刑或者死刑。对于共同犯罪中有多个主犯或者有多个共同犯罪人的，处罚上也应做到区别对待。应当全面考察各主犯或者共同犯罪人在共同犯罪中实际发挥作用的差别，主观恶性和人身危险性方面的差异，对罪责或者人身危险性更大的主犯或者共同犯罪人依法判处更重的刑罚。

根据《中华人民共和国刑法》第三百四十九条第三款的规定，包庇毒品犯罪分子和窝藏、转移、隐瞒毒品、毒赃，事先通谋的，以走私、贩卖、运输、制造毒品罪的共犯论处。

根据《中华人民共和国刑法》第三百五十条第二款的规定，明知他人制造毒品而为其提供制毒物品的，以制造毒品罪的共犯论处。

根据2008年《大连会议纪要》的规定，明知他人实施毒品犯罪而为其居间介绍、代购代卖的，无论是否牟利，都应以相关毒品犯罪的共犯论处。

根据2015年《武汉会议纪要》的规定，办理贩卖毒品案件，应当准确认定居间介绍买卖毒品行为，并与居中倒卖毒品行为加以区别。居间介绍者在毒品交易中处于中间人地位，发挥介绍联络作用，通常与交易一方构成共同犯罪，但不以牟利为要件；居中倒卖者属于毒品交易主体，与前后环节的交易对象是上下家关系，直接参与毒品交易并从中获利。居间介绍者受贩毒者委托，为其介绍联络购毒者的，与贩毒者构成贩卖毒品罪的共同犯罪；明知购毒者以贩卖为目的购买毒品，受委托为其介绍联络贩毒者的，与购毒者构成贩卖毒品罪的共同犯罪；受以吸食为目的的购毒者委托，为其介绍联络贩毒者，毒品数量达到《中华人民共和国刑法》第三百四十八条规定的最低数量标准的，一般与购毒者构成非法持有毒品罪的共同犯罪；同时与贩毒者、购毒者共谋，联络促成双方交易的，通常认定与贩毒者构成贩卖毒品罪的共同犯罪。居间介绍者实施为毒品交易主体提供交易信息、介绍交易对象等帮助行为，对促成交易起次要、辅助作用的，应当认定为从犯；对于以居间介绍者的身份介入毒品交易，但在交易中超出居间介绍者的地位，对交易的发起和达成起重要作用的被告人，可以认定为主犯。

参阅案例

高某、陈某贩卖毒品案①

2018年9月11日22时至9月12日0时30分，被告人陈某伙同高某向

① 本案参见湖北省武汉市硚口区人民法院（2019）鄂0104刑初947号刑事判决书。

刘某龙贩卖毒品“沙”。被告人高某与刘某龙联系，约定在湖北省武汉市硚口区宝丰路MOKKTV门口进行交易并让刘某龙把毒资转账给他。被告人陈某安排李某、沈某（均已判决）前往上述地点进行交易。李某、沈某在到达上述地点后将一包“沙”交给刘某龙，刘某龙将2000元现金交给沈某，承诺余款通过微信转给被告人高某，后被民警当场抓获。民警从刘某龙乘坐的汽车仪表盘上查获其购买的“沙”一包，车内查获毒资100元，从沈某身上查获“沙”一包，毒资1900元。经称量及鉴定，从刘某龙身上查获的一包“沙”净重49.04克，从沈某身上查获的一包“沙”净重48.85克，上述物品均检出毒品氯胺酮成分。

2019年4月1日，公安民警在本市硚口区某小区某栋某单元某室抓获被告人高某，从其家中卧室电脑桌下查获白色毒品疑似物一包，经称量及鉴定，上述物品检出毒品氯胺酮成分，净重12.52克。

同年4月21日，公安民警在武汉市黄陂区汉口北水产市场A5区附近抓获被告人陈某。

被告人高某、陈某明知是毒品而予以贩卖，其行为构成贩卖毒品罪，贩卖毒品氯胺酮总量应为97.89克。本案系共同故意犯罪，且二被告人在本次犯罪中均起主要作用，系主犯，依法应承担全部罪责。鉴于二被告人系初次犯罪，能够当庭自愿认罪，可酌情对其从轻处罚。本案中，被告人高某系案发后逃匿，公安机关对其进行网上追逃，在案发约6个月后将其抓获归案，同时，相关证据证明高某本人吸食毒品氯胺酮，公安人员从其住处查获的毒品氯胺酮数量不大，符合其本人用于自己吸食的情况，不足以证明与本案所贩卖的毒品具有关联性，不宜认定为本案贩卖毒品的总量。公诉机关对二被告人犯贩卖毒品罪，具有共同故意犯罪情节，均系主犯的指控成立。出庭公诉人认为在被告人高某住处查获的毒品氯胺酮为其本人吸食，不应计入本案贩卖毒品总量的意见，以及被告人高某认为公安机关在自己住处被查获的毒品不应被计入本案贩卖毒品总量的辩解，符合本案查明的相关事实，该意见及辩解应予采纳。二指定辩护人分别认为被告人高某、陈某系初犯，能当庭自愿认罪，建议对二被告人从轻处罚的辩护意见正确，应予采纳。据此，根据被告人高某、陈某犯罪的事实、性质、情节和对社会的危害程度，依照《中华人民共和国刑法》第三百四十七条第一款及第四款、第二十五条、第二十六条第一款及第四款、第五十二条之规定，湖北省武汉市硚口区人民法院作出判决：

一、被告人高某犯贩卖毒品罪，判处有期徒刑二年四个月，并处罚金人民币 15000 元；

二、被告人陈某犯贩卖毒品罪，判处有期徒刑二年四个月，并处罚金人民币 15000 元。

五、走私、贩卖、运输、制造毒品罪的毒品数量认定

关于走私、贩卖、运输、制造毒品罪的毒品数量认定问题，根据《中华人民共和国刑法》第三百四十七条第一款规定："走私、贩卖、运输、制造毒品，无论数量多少，都应当追究刑事责任，予以刑事处罚。"毒品数量并不影响刑事责任的成立，但是会影响量刑，不同毒品的数量标准也不尽相同。根据 2016 年《最高人民法院关于审理毒品犯罪案件适用法律若干问题的解释》的规定，国家定点生产企业按照标准规格生产的麻醉药品或者精神药品被用于毒品犯罪的，根据药品中毒品成分的含量认定涉案毒品的数量。根据 2015 年《武汉会议纪要》，走私、贩卖、运输、制造、非法持有两种以上毒品的，可以将不同种类的毒品分别折算为海洛因的数量，以折算后累加的毒品总量作为量刑的根据。对于刑法、司法解释或者其他规范性文件明确规定了定罪量刑数量标准的毒品，应当按照该毒品与海洛因定罪量刑数量标准的比例进行折算后累加。对于刑法、司法解释及其他规范性文件没有规定定罪量刑数量标准，但《非法药物折算表》规定了与海洛因的折算比例的毒品，可以按照《非法药物折算表》折算为海洛因后进

行累加。对于既未规定定罪量刑数量标准，又不具备折算条件的毒品，综合考虑其致瘾癖性、社会危害性、数量和纯度等因素依法量刑。在裁判文书中，应当客观表述涉案毒品的种类和数量，并综合认定为数量大、数量较大或者少量毒品等，不明确表述将不同种类毒品进行折算后累加的毒品总量。

对于未查获实物的甲基苯丙胺片剂、MDMA 片剂（俗称“摇头丸”）等混合型毒品，可以根据在案证据证明的毒品粒数，参考本案或者本地区查获的同类毒品的平均重量计算出毒品数量。在裁判文书中，应当客观表述根据在案证据认定的毒品粒数。

对于吸毒者实施的毒品犯罪，在认定犯罪事实和确定罪名时要慎重。吸毒者在购买、运输、存储毒品过程中被查获的，如没有证据证明其是为了实施贩卖等其他毒品犯罪行为，毒品数量未超过《中华人民共和国刑法》第三百四十八条规定的最低数量标准的，一般不予定罪处罚；查获毒品数量达到较大以上的，应以其实际实施的毒品犯罪行为定罪处罚。对于有吸毒情节的贩毒人员，一般应当按照其购买的毒品数量认定其贩卖毒品的数量，量刑时酌情考虑其吸食毒品的情节；购买的毒品数量无法查明的，按照能够证明的贩卖数量及查获的毒品数量认定其贩毒数量；确有证据证明其购买的部分毒品并非用于贩卖的，不应计入其贩毒数量。对于以贩养吸的被告人，其被查获的毒品数量应认定为其犯罪的数量，但量刑时应考虑被告人吸食毒品的情节，酌情处理；被告人购买了一定数量的毒品后，部分已被吸食的，应当按照能够证明的贩卖数量及查获的毒品数量认定其贩毒的数量，已被吸食部分不计入在内。

办理毒品犯罪案件，无论毒品纯度高低，一般均应将查证属实的毒品数量认定为毒品犯罪的数量，并据此确定适用的法定刑幅度，但司法解释另有规定或者为了隐蔽运输而临时改变毒品常规形态的除外。涉案毒品纯度明显低于同类毒品的正常纯度的，量刑时可以酌情考虑。

制造毒品案件中，毒品成品、半成品的数量应当全部认定为制造毒品的数量，对于无法再加工出成品、半成品的废液、废料则不应计入制造毒品的数量。对于废液、废料的认定，可以根据其毒品成分的含量、外观形态，结合被告人对制毒过程的供述等证据进行分析判断，必要时可以听取鉴定机构的意见。

参阅案例

张某平贩卖毒品案①

2018年9月2日至2018年9月21日间，被告人张某平先后向吸毒人员陈某、杨某贩卖毒品甲基苯丙胺3次，得款人民币950元。具体如下：

1. 被告人张某平于2018年9月2日16时许，在云南省墨江县黄金楼旁将10粒毒品甲基苯丙胺片剂卖给陈某，得款人民币350元。

2. 被告人张某平于2018年9月21日14时许，在墨江县小河边小桥旁将5粒毒品甲基苯丙胺片剂卖给杨某，得款人民币200元。

3. 被告人张某平于2018年9月21日20时许，在墨江县小河边小桥旁将10粒毒品甲基苯丙胺片剂卖给杨某，得款人民币400元。

2018年9月22日1时许，被告人张某平在墨江县小河边家中被墨江县公安局民警抓获。民警当场在张某平家卧室墙洞内查获2粒毒品可疑物。经称量，查获的毒品可疑物2粒，净重0.19克。经普洱市公安司法鉴定中心检验，查获的毒品可疑物中检出毒品甲基苯丙胺成分。

被告人张某平违反国家对毒品的特殊管制，明知是毒品而故意实施贩卖，其行为已构成贩卖毒品罪，应追究其刑事责任。墨江县人民检察院指控的犯罪事实清楚，证据确实、充分，定性准确，云南省墨江哈尼族自治

① 本案参见云南省墨江哈尼族自治县人民法院（2019）云0822刑初55号刑事判决书。

县人民法院予以确认。

关于毒品数量的认定问题，贩毒人员被抓获后，对于从其住所、车辆等处查获的毒品，一般应认定为其贩卖的毒品。对于有吸毒情节的贩毒人员，一般应当按照其购买的毒品数量认定其贩卖毒品的数量，购买数量无法查明的，按照能够查明的贩卖数量及查获的毒品数量认定其贩毒数量。对于未查获实物的甲基苯丙胺片剂、MDMA 片剂等混合型毒品，可以根据在案证据证明的毒品粒数，参考本案或者本地区查获的同类毒品的平均重量计算出毒品数量。本案中，被告人张某平多次向他人贩卖毒品有证据证实，对于从其住所查获的毒品2粒，应认定为张某平贩卖的毒品。从张某平住所查获的2粒毒品经称量净重0.19克，毒品的平均重量为0.095克/粒(0.19克÷2粒)；被告人张某平将毒品贩卖给杨某，后民警从杨某身上查获4粒毒品（未称量），4粒毒品重量为0.38克（0.095克/粒×4粒）；未能查获实物的毒品21粒，重量为1.995克（0.095克/粒×21粒）；故认定被告人张某平贩卖毒品数量共计2.565克（0.19克+0.38克+1.995克）。被告人张某平贩卖毒品甲基苯丙胺不满10克，根据2016年4月6日《最高人民法院关于审理毒品犯罪案件适用法律若干问题的解释》第四条之规定，被告人张某平多次贩卖毒品的行为属《中华人民共和国刑法》第三百四十七条第四款规定的“情节严重”。被告人张某平如实供述自己的罪行，系坦白，依法可对其从轻处罚。据此，根据《中华人民共和国刑法》第三百四十七条第四款、第四十七条、第五十二条、第五十三条、第六十四条之规定，云南省墨江哈尼族自治县人民法院作出判决：

一、被告人张某平犯贩卖毒品罪，判处有期徒刑三年七个月，并处罚金人民币3000元；

二、查获的毒品甲基苯丙胺6粒、海信手机一部、马壶3个、注射器1个，依法予以没收。

吴某松运输毒品案①

2018年1月24日16时许，被告人吴某松驾驶女装摩托车从广西壮族自治区藤县太平镇太平街出发，按照“潘某”（绰号，另案处理）的要求，当日17时30分左右，吴某松到藤县古龙镇合隆村小学附近的古揽木根处，取走他人事先收藏在该处的毒品疑似物一包，并驾驶摩托车将该包毒品疑似物送往藤县古龙镇大村村“潘弟”处，准备收取“潘某”承诺给予的酬劳人民币2500元。吴某松带上该包毒品疑似物，驾驶女装摩托车沿323省道往古龙街方向行走，18时许，途径古龙镇合隆村腰田（地名）路段时，被公安民警抓获，民警在吴某松处查获了该包毒品疑似物并予以扣押，经检查，里面分为5小包，净重分别为：74.29克、54.78克、0.3克、0.83克、1.33克。经鉴定，净重74.29克、0.3克的毒品疑似物含甲基苯丙胺，净重0.83克的毒品疑似物含海洛因，净重1.33克的毒品疑似物含氯胺酮。

另外，2008年12月18日，藤县人民法院以被告人吴某松犯故意伤害罪，判处有期徒刑四年六个月。2011年7月2日，吴某松刑满释放。

被告人吴某松违反国家对毒品的管理制度，明知是毒品而运输，其行为已构成运输毒品罪。公诉机关指控被告人吴某松犯运输毒品罪罪名成立，依法应追究其刑事责任。被告人吴某松运输毒品甲基苯丙胺74.59克、海洛因0.83克、氯胺酮1.33克，根据《武汉会议纪要》关于毒品数量认定问题“走私、贩卖、运输、制造、非法持有两种以上毒品的，可以将不同种的毒品分别折算为海洛因的数量，以折算后累加的毒品总量作为量刑的根据。办理毒品案件中，无论毒品纯度高低，一般均应将查证属实的毒品数量认定为毒品犯罪数量，并据此确定适用的法定刑幅度”之规定，故吴某松运输毒品的数量折算为海洛因75.49克，属于运输毒品数量大，依法应在

① 本案参见广西壮族自治区藤县人民法院（2018）桂0422刑初138号刑事判决书。

“处十五年有期徒刑、无期徒刑或者死刑，并处没收财产”的刑幅内处以刑罚。被告人归案后，如实供述其犯罪事实，依法可以从轻处罚。被告人吴某松是受雇运输毒品，可以酌情从轻处罚。被告人吴某松曾因犯故意伤害罪被判处刑罚，属于有前科劣迹，可以酌情从重处罚。为了保护国家对毒品的管理制度和人民的生命健康，打击刑事犯罪，依照《中华人民共和国刑法》第三百四十七条第一款、第二款第（一）项，第六十七条第三款，第五十五条第一款，第五十六条第一款，第五十八条，第六十四条的规定，广西壮族自治区藤县人民法院作出判决：

一、被告人吴某松犯运输毒品罪，判处有期徒刑十五年，剥夺政治权利二年，并处没收个人财产人民币 1 万元；

二、从被告人吴某松处扣押的甲基苯丙胺 74.59 克、海洛因 0.83 克、氯胺酮 1.33 克，予以没收，由藤县公安局依法处理。

六、走私、贩卖、运输、制造毒品罪的死刑适用

关于走私、贩卖、运输、制造毒品罪的死刑适用，2015 年《武汉会议纪要》作出了详尽的规定：

“当前，我国毒品犯罪形势严峻，审判工作中应当继续坚持依法从严惩处毒品犯罪的指导思想，充分发挥死刑对于预防和惩治毒品犯罪的重要作用。要继续按照《大连会议纪要》的要求，突出打击重点，对罪行极其严重、依法应当判处死刑的被告人，坚决依法判处。同时，应当全面、准确贯彻宽严相济刑事政策，体现区别对待，做到罚当其罪，量刑时综合考虑毒品数量、犯罪性质、情节、危害后果、被告人的主观恶性、人身危险性及当地的禁毒形势等因素，严格审慎地决定死刑适用，确保死刑只适用于极少数罪行极其严重的犯罪分子。”

（一）运输毒品犯罪的死刑适用

对于运输毒品犯罪，应当继续按照《大连会议纪要》的有关精神，重

点打击运输毒品犯罪集团首要分子，组织、指使、雇用他人运输毒品的主犯或者毒枭、职业毒犯、毒品再犯，以及具有武装掩护运输毒品、以运输毒品为业、多次运输毒品等严重情节的被告人，对其中依法应当判处死刑的，坚决依法判处。

对于受人指使、雇用参与运输毒品的被告人，应当综合考虑毒品数量、犯罪次数、犯罪的主动性和独立性、在共同犯罪中的地位作用、获利程度和方式及其主观恶性、人身危险性等因素，予以区别对待，慎重适用死刑。对于有证据证明确属受人指使、雇用运输毒品，又系初犯、偶犯的被告人，即使毒品数量超过实际掌握的死刑数量标准，也可以不判处死刑；尤其对于其中被动参与犯罪，从属性、辅助性较强，获利程度较低的被告人，一般不应当判处死刑。对于不能排除受人指使、雇用初次运输毒品的被告人，毒品数量超过实际掌握的死刑数量标准，但尚不属数量巨大的，一般也可以不判处死刑。

同一案件中有多人受雇运输毒品的，在决定死刑适用时，除各被告人运输毒品的数量外，还应结合其具体犯罪情节、参与犯罪程度、与雇用者关系的紧密性及其主观恶性、人身危险性等因素综合考虑，同时判处二人以上死刑要特别慎重。

（二）毒品共同犯罪、上下家犯罪的死刑适用

毒品共同犯罪案件的死刑适用应当与该案的毒品数量、社会危害及被告人的犯罪情节、主观恶性、人身危险性相适应。涉案毒品数量刚超过实际掌握的死刑数量标准，依法应当适用死刑的，要尽量区分主犯间的罪责大小，一般只对其中罪责最大的一名主犯判处死刑；各共同犯罪人地位作用相当，或者罪责大小难以区分的，可以不判处被告人死刑；二名主犯的罪责均很突出，且均具有法定从重处罚情节的，也要尽可能比较其主观恶性、人身危险性方面的差异，判处二人死刑要特别慎重。涉案毒品数量达到巨大以上，二名以上主犯的罪责均很突出，或者罪责稍次的主犯具有法

定、重大酌定从重处罚情节，判处二人以上死刑符合罪刑相适应原则，并有利于全案量刑平衡的，可以依法判处。

对于部分共同犯罪人未到案的案件，在案被告人与未到案共同犯罪人均属罪行极其严重，即使共同犯罪人到案也不影响对在案被告人适用死刑的，可以依法判处在案被告人死刑；在案被告人的罪行不足以判处死刑，或者共同犯罪人归案后全案只宜判处其一人死刑的，不能因为共同犯罪人未到案而对在案被告人适用死刑；在案被告人与未到案共同犯罪人的罪责大小难以准确认定，进而影响准确适用死刑的，不应对在案被告人判处死刑。

对于贩卖毒品案件中的上下家，要结合其贩毒数量、次数及对象范围，犯罪的主动性，对促成交易所发挥的作用，犯罪行为的危害后果等因素，综合考虑其主观恶性和人身危险性，慎重、稳妥地决定死刑的适用。对于买卖同宗毒品的上下家，涉案毒品数量刚超过实际掌握的死刑数量标准的，一般不能同时判处死刑；上家主动联络销售毒品，积极促成毒品交易的，通常可以判处上家死刑；下家积极筹资，主动向上家约购毒品，对促成毒品交易起更大作用的，可以考虑判处下家死刑。涉案毒品数量达到巨大以上的，也要综合上述因素决定死刑适用，同时判处上下家死刑符合罪刑相适应原则，并有利于全案量刑平衡的，可以依法判处。

一案中有多名共同犯罪人、上下家针对同宗毒品实施犯罪的，可以综合运用上述毒品共同犯罪、上下家犯罪的死刑适用原则予以处理。

办理毒品犯罪案件，应当尽量将共同犯罪案件或者密切关联的上下游案件进行并案审理；因客观原因造成分案处理的，办案时应当及时了解关联案件的审理进展和处理结果，注重量刑平衡。

（三）新类型、混合型毒品犯罪的死刑适用

甲基苯丙胺片剂是以甲基苯丙胺为主要毒品成分的混合型毒品，其甲基苯丙胺含量相对较低，危害性亦有所不同。为体现罚当其罪，甲基苯丙

胺片剂的死刑数量标准一般可以按照甲基苯丙胺的2倍左右掌握，具体可以根据当地的毒品犯罪形势和涉案毒品含量等因素确定。

涉案毒品为氯胺酮（俗称“K粉”）的，结合毒品数量、犯罪性质、情节及危害后果等因素，对符合死刑适用条件的被告人可以依法判处死刑。综合考虑氯胺酮的致瘾癖性、滥用范围和危害性等因素，其死刑数量标准一般可以按照海洛因的10倍掌握。

涉案毒品为其他滥用范围和危害性相对较小的新类型、混合型毒品的，一般不宜判处被告人死刑。但对于司法解释、规范性文件明确规定了定罪量刑数量标准，且涉案毒品数量特别巨大，社会危害大，不判处死刑难以体现罚当其罪的，必要时可以判处被告人死刑。

七、走私、贩卖、运输、制造毒品罪缓刑、财产刑适用及减刑、假释

对于毒品犯罪应当从严掌握缓刑适用条件。对于毒品再犯，一般不得适用缓刑。对于不能排除多次贩毒嫌疑的零包贩毒被告人，因认定构成贩卖毒品等犯罪的证据不足而认定为非法持有毒品罪的被告人，实施引诱、教唆、欺骗、强迫他人吸毒犯罪及制毒物品犯罪的被告人，应当严格限制缓刑适用。

办理毒品犯罪案件，应当依法追缴犯罪分子的违法所得，充分发挥财产刑的作用，切实加大对犯罪分子的经济制裁力度。对查封、扣押、冻结的涉案财物及其孳息，经查确属违法所得或者依法应当追缴的其他涉案财物的，如购毒款、供犯罪所用的本人财物、毒品犯罪所得的财物及其收益等，应当判决没收，但法律另有规定的除外。判处罚金刑时，应当结合毒品犯罪的性质、情节、危害后果及被告人的获利情况、经济状况等因素合理确定罚金数额。对于决定并处没收财产的毒品犯罪，判处被告人有期徒刑的，应当按照上述确定罚金数额的原则确定没收个人部分财产的数额；

判处无期徒刑的，可以并处没收个人全部财产；判处死缓或者死刑的，应当并处没收个人全部财产。

对于具有毒枭、职业毒犯、累犯、毒品再犯等情节的毒品罪犯，应当从严掌握减刑条件，适当延长减刑起始时间、间隔时间，严格控制减刑幅度，延长实际执行刑期。对于刑法未禁止假释的前述毒品罪犯，应当严格掌握假释条件。

参阅案例

杨某贩卖毒品案①

2019 年 4 月 9 日 10 时许，内蒙古自治区乌拉特前旗公安局特警大队接到群众匿名举报，在乌拉特前旗乌拉山镇十一团五连小康村某商店内有人贩卖毒品安钠咖，经初查，贩卖毒品安钠咖为被告人杨某，后侦查人员指派郭某（化名）到该商店向被告人杨某购买毒品安钠咖，郭某以人民币 25 元的价格向杨某购买了一个用红色铁观音包装袋包装的疑似毒品安钠咖（重量为 29.56 克），交易完成后，侦查人员随即对杨某的人身及住宅进行搜查，当场扣押在被告人杨某的裤子兜内搜查出的毒资人民币 25 元、在商店院内的窗台上和木头墩子上搜查到的 2 个用红色铁观音包装袋包装的疑似毒品安钠咖（重量为 59.24 克）。案发后，经巴彦淖尔市公安司法鉴定中心鉴定，从乌拉特前旗公安局指派的郭某（化名）在被告人杨某处购买的疑似毒品安钠咖、从被告人杨某处提取扣押的疑似毒品安钠咖中均检出苯甲酸盐和咖啡因成分。

被告人杨某违反国家毒品管理制度，非法贩卖毒品，其行为已构成贩卖毒品罪。公诉机关指控罪名成立，内蒙古自治区乌拉特前旗人民法院予

① 本案参见内蒙古自治区乌拉特前旗人民法院（2019）内 0823 刑初 196 号刑事判决书。

以支持。被告人杨某犯罪后认罪态度好，依法可以从轻处罚。公安机关依法扣押的安钠咖 88.8 克属违禁品，毒资人民币 25 元系违法所得，依法应当予以没收。根据被告人杨某的犯罪情节、悔罪表现等情况，宣告缓刑不致再危害社会，可以宣告缓刑。依据《中华人民共和国刑法》第三百四十七条第一款与第四款、第六十七条第三款、第五十二条、第五十三条、第六十四条、第七十二条第一款、第三款之规定，内蒙古自治区乌拉特前旗人民法院作出判决：

一、被告人杨某犯贩卖毒品罪，判处拘役二个月，缓刑三个月，并处罚金 2000 元；

二、公安机关依法扣押的安钠咖 88.8 克，毒资人民币 25 元，予以没收。

八、走私、贩卖、运输、制造毒品罪累犯、毒品再犯

累犯、毒品再犯是法定从重处罚情节，即使本次毒品犯罪情节较轻，也要体现从严惩处的精神。尤其对于曾因实施严重暴力犯罪被判刑的累犯、刑满释放后短期内又实施毒品犯罪的再犯，以及在缓刑、假释、暂予监外执行期间又实施毒品犯罪的再犯，应当严格体现从重处罚。

对于因同一毒品犯罪前科同时构成累犯和毒品再犯的被告人，在裁判文书中应当同时引用刑法关于累犯和毒品再犯的条款，但在量刑时不得重复予以从重处罚。对于因不同犯罪前科同时构成累犯和毒品再犯的被告人，量刑时的从重处罚幅度一般应大于前述情形。

参阅案例

王某甲贩卖毒品案①

2019年4月24日晚上，王某乙将一部手机作价800元加上900元现金共1700元向被告人王某甲购买毒品，王某甲收下王某乙的一部手机和900元现金后在海南省临高县加来农场美贤村将一包毒品海洛因交给王某乙，王某乙收取毒品后从中取出一部分毒品交给王某甲。

2019年4月30日凌晨，王某甲在临高县加来镇某宾馆门前以700元的价格将一包毒品海洛因贩卖给王某乙时被民警抓获，民警从王某甲处扣押到700元人民币和一部手机，从王某乙处扣押到一包毒品。民警从王某乙处扣押到的一包毒品净重0.19克，经鉴定，检出海洛因成分。

另外，被告人王某甲因犯贩卖毒品罪，于2013年1月15日被临高县人民法院判处有期徒刑一年，并处罚金人民币1000元，2013年8月28日执行刑满释放。

被告人王某甲构成贩卖毒品罪。公诉机关的指控成立。辩护人的辩护意见临高县人民法院予以采纳。被告人王某甲曾因犯贩卖毒品罪被判过刑，现又犯贩卖毒品罪，系有犯罪前科人员，且系毒品再犯，从重处罚。被告人王某甲到案后如实供述自己所犯的罪行，当庭自愿认罪，愿意接受处罚，可以对其从轻处罚。公诉机关的量刑建议适当。依照《中华人民共和国刑法》第三百四十七条第一款及第四款、第三百五十六条、第六十七条第三款、第五十二条、第五十三条、第六十四条之规定，海南省临高县人民法院作出判决：

一、被告人王某甲犯贩卖毒品罪，判处有期徒刑二年一个月，并处罚金人民币6000元；

---

① 本案参见海南省临高县人民法院（2019）琼9024刑初265号刑事判决书。

二、缴获并随案移送的供被告人王某甲使用的作案工具华为手机一部及毒资人民币700元予以没收，上缴国库。

九、非法贩卖麻醉药品、精神药品行为的定性

行为人向走私、贩卖毒品的犯罪分子或者吸食、注射毒品的人员贩卖国家规定管制的能够使人形成瘾癖的麻醉药品或者精神药品的，以贩卖毒品罪定罪处罚。

行为人出于医疗目的，违反有关药品管理的国家规定，非法贩卖上述麻醉药品或者精神药品，扰乱市场秩序，情节严重的，以非法经营罪定罪处罚。

第三节　走私、贩卖、运输、制造毒品罪量刑处罚标准

《中华人民共和国刑法》对走私、贩卖、运输、制造毒品罪的行为设定刑罚包括死刑、自由刑和罚金。在司法实践中，本罪的死刑适用率较高，其适用率仅次于故意杀人等严重的暴力犯罪。在逐步减少死刑适用的背景下，毒品犯罪的死刑适用问题争议也较多。

一、立案追诉标准

《最高人民检察院、公安部关于公安机关管辖的刑事案件立案追诉标准的规定（三）》第一条规定：

“走私、贩卖、运输、制造毒品，无论数量多少，都应予立案追诉。

“本条规定的‘走私’是指明知是毒品而非法将其运输、携带、寄递进出国（边）境的行为。直接向走私人非法收购走私进口的毒品，或者在内海、领海、界河、界湖运输、收购、贩卖毒品的，以走私毒品罪立案追诉。

“本条规定的‘贩卖’是指明知是毒品而非法销售或者以贩卖为目的而非法收买的行为。

“有证据证明行为人以牟利为目的，为他人代购仅用于吸食、注射的毒品，对代购者以贩卖毒品罪立案追诉。不以牟利为目的，为他人代购仅用于吸食、注射的毒品，毒品数量达到本规定第二条规定的数量标准的，对托购者和代购者以非法持有毒品罪立案追诉。明知他人实施毒品犯罪而为其居间介绍、代购代卖的，无论是否牟利，都应以相关毒品犯罪的共犯立案追诉。

“本条规定的‘运输’是指明知是毒品而采用携带、寄递、托运、利用他人或者使用交通工具等方法非法运送毒品的行为。

“本条规定的‘制造’是指非法利用毒品原植物直接提炼或者用化学方法加工、配制毒品，或者以改变毒品成分和效用为目的，用混合等物理方法加工、配制毒品的行为。为了便于隐蔽运输、销售、使用、欺骗购买者，或者为了增重，对毒品掺杂使假，添加或者去除其他非毒品物质，不属于制造毒品的行为。

“为了制造毒品而采用生产、加工、提炼等方法非法制造易制毒化学品的，以制造毒品罪（预备）立案追诉。购进制造毒品的设备和原材料，开始着手制造毒品，尚未制造出毒品或者半成品的，以制造毒品罪（未遂）立案追诉。明知他人制造毒品而为其生产、加工、提炼、提供醋酸酐、乙醚、三氯甲烷等制毒物品的，以制造毒品罪的共犯立案追诉。

“走私、贩卖、运输毒品主观故意中的“明知”，是指行为人知道或者应当知道所实施的是走私、贩卖、运输毒品行为。具有下列情形之一，结合行为人的供述和其他证据综合审查判断，可以认定其‘应当知道’，但有证据证明确属被蒙骗的除外：

“（一）执法人员在口岸、机场、车站、港口、邮局和其他检查站点检查时，要求行为人申报携带、运输、寄递的物品和其他疑似毒品物，并告知其法律责任，而行为人未如实申报，在其携带、运输、寄递的物品中查获毒品的；

“（二）以伪报、藏匿、伪装等蒙蔽手段逃避海关、边防等检查，在其携带、运输、寄递的物品中查获毒品的；

“（三）执法人员检查时，有逃跑、丢弃携带物品或者逃避、抗拒检查等行为，在其携带、藏匿或者丢弃的物品中查获毒品的；

“（四）体内或者贴身隐秘处藏匿毒品的；

“（五）为获取不同寻常的高额或者不等值的报酬为他人携带、运输、寄递、收取物品，从中查获毒品的；

“（六）采用高度隐蔽的方式携带、运输物品，从中查获毒品的；

“（七）采用高度隐蔽的方式交接物品，明显违背合法物品惯常交接方式，从中查获毒品的；

“（八）行程路线故意绕开检查站点，在其携带、运输的物品中查获毒品的；

“（九）以虚假身份、地址或者其他虚假方式办理托运、寄递手续，在托运、寄递的物品中查获毒品的；

“（十）有其他证据足以证明行为人应当知道的。

“制造毒品主观故意中的‘明知’，是指行为人知道或者应当知道所实施的是制造毒品行为。有下列情形之一，结合行为人的供述和其他证据综合审查判断，可以认定其‘应当知道’，但有证据证明确属被蒙骗的除外：

“（一）购置了专门用于制造毒品的设备、工具、制毒物品或者配制方案的；

“（二）为获取不同寻常的高额或者不等值的报酬为他人制造物品，经检验是毒品的；

“（三）在偏远、隐蔽场所制造，或者采取对制造设备进行伪装等方式制造物品，经检验是毒品的；

“（四）制造人员在执法人员检查时，有逃跑、抗拒检查等行为，在现场查获制造出的物品，经检验是毒品的；

“（五）有其他证据足以证明行为人应当知道的。

“走私、贩卖、运输、制造毒品罪是选择性罪名，对同一宗毒品实施了两种以上犯罪行为，并有相应确凿证据的，应当按照所实施的犯罪行为的性质并列适用罪名，毒品数量不重复计算。对同一宗毒品可能实施了两种以上犯罪行为，但相应证据只能认定其中一种或者几种行为，认定其他行为的证据不够确实充分的，只按照依法能够认定的行为的性质适用罪名。对不同宗毒品分别实施了不同种犯罪行为的，应对不同行为并列适用罪名，累计计算毒品数量。”

二、刑罚区间

根据《中华人民共和国刑法》第三百四十七条的规定，可以将本罪的刑罚配置从重至轻划分为四个档次、区间：

（一）最高档

十五年有期徒刑、无期徒刑或者死刑，并处没收财产。

（二）第二档

七年以上有期徒刑，并处罚金。

（三）第三档

三年以上七年以下有期徒刑，并处罚金。

（四）最低档

三年以下有期徒刑，拘役或者管制，并处罚金。

三、量刑标准

依照《中华人民共和国刑法》为走私、贩卖、运输、制造毒品罪设定的四个量刑档，每个量刑格所对应的量刑标准、情形分别为：

（一）最高档：十五年有期徒刑、无期徒刑或者死刑，并处没收财产

根据《中华人民共和国刑法》第三百四十七条第二款和2016年《最高人民法院关于审理毒品犯罪案件适用法律若干问题的解释》，犯本罪而有下列情形之一的，处十五年有期徒刑、无期徒刑或者死刑，并处没收财产，包括：

1. 走私、贩卖、运输、制造鸦片一千克以上、海洛因或者甲基苯丙胺五十克以上或者其他毒品数量大的；其中，“其他毒品数量大”是指：

（1）可卡因五十克以上；

（2）3，4－亚甲二氧基甲基苯丙胺（MDMA）等苯丙胺类毒品（甲基苯丙胺除外）、吗啡一百克以上；

（3）芬太尼一百二十五克以上；

（4）甲卡西酮二百克以上；

（5）二氢埃托啡十毫克以上；

（6）哌替啶（度冷丁）二百五十克以上；

（7）氯胺酮五百克以上；

（8）美沙酮一千克以上；

（9）曲马多、γ－羟丁酸二千克以上；

（10）大麻油五千克、大麻脂十千克、大麻叶及大麻烟一百五十千克以上；

（11）可待因、丁丙诺啡五千克以上；

（12）三唑仑、安眠酮五十千克以上；

（13）阿普唑仑、恰特草一百千克以上；

（14）咖啡因、罂粟壳二百千克以上；

（15）巴比妥、苯巴比妥、安钠咖、尼美西泮二百五十千克以上；

（16）氯氮卓、艾司唑仑、地西泮、溴西泮五百千克以上；

（17）上述毒品以外的其他毒品数量大的。

国家定点生产企业按照标准规格生产的麻醉药品或者精神药品被用于毒品犯罪的，根据药品中毒品成分的含量认定涉案毒品数量。

2. 走私、贩卖、运输、制造毒品集团的首要分子。

3. 武装掩护走私、贩卖、运输、制造毒品的。根据相关司法解释的规定，武装掩护走私、贩卖、运输、制造毒品包括携带枪支、弹药或者爆炸物用于掩护的。枪支、弹药、爆炸物种类的认定，依照相关司法解释的规定执行。

4. 以暴力抗拒检查、拘留、逮捕，情节严重的。在实施走私、贩卖、运输、制造毒品犯罪过程中，以暴力抗拒检查、拘留、逮捕，造成执法人员死亡、重伤、多人轻伤或者具有其他严重情节的。

5. 参与有组织的国际贩毒活动的。

6. 死刑量刑情节。

作为毒品犯罪唯一配置死刑的罪名，同时也是现实中判处死刑数量案件比重很大的罪名，需要对是否判处死刑有关的量刑情节作具体分析。通过对《中华人民共和国刑法》和司法解释进行分析归纳，本罪最重一档量刑的情节都属于可以判处死刑的，根据相关司法解释和2000年《全国法院审理毒品犯罪案件工作座谈会纪要》①、2008年《大连会议纪要》、2015年《武汉会议纪要》的精神，可以进一步区分为应当判处死刑、可以不判处死刑、不应判处死刑三大类。

---

① 为行文简介，方便读者阅读，因该座谈会在南宁召开，故后文使用简称《南宁会议纪要》，下不再特别说明。

第一类：应当判处死刑

（1）贩卖毒品案件中，上家主动联络销售毒品，积极促成毒品交易的，通常可以判处上家死刑。

（2）贩卖毒品案件中，下家积极筹资，主动向上家约购毒品，对促成毒品交易起更大作用的，可以考虑判处下家死刑。

（3）贩卖毒品案件中，涉案毒品数量达到巨大以上的，也要综合上述因素决定死刑适用，同时判处上下家死刑符合罪刑相适应原则，并有利于全案量刑平衡的，可以依法判处。

（4）运输毒品案件中，“对于运输毒品犯罪集团首要分子，组织、指使、雇用他人运输毒品的主犯或者毒枭、职业毒贩、毒品再犯，以及具有武装掩护、暴力抗拒检查、拘留或者逮捕、参与有组织的国际毒品犯罪、以运输毒品为业、多次运输毒品或者其他严重情节的，应当按照刑法、有关司法解释和司法实践实际掌握的数量标准，从严惩处，依法应判处死刑的必须坚决判处死刑”。

（5）运输毒品案件中，毒品数量超过实际掌握的死刑数量标准，不能证明被告人系受人指使、雇用参与运输毒品犯罪的，可以依法判处重刑直至死刑。

（6）制造毒品案件中，已经制成毒品，数量特别巨大的，应当判处死刑。

（7）制造毒品案件中，已经制成毒品，达到实际掌握的死刑数量标准的，可以判处死刑。

（8）毒品数量达到实际掌握的死刑数量标准，并具有毒品再犯、累犯，利用、教唆未成年人走私、贩卖、运输、制造毒品，或者向未成年人出售毒品等法定从重处罚情节的。

（9）毒品数量达到实际掌握的死刑数量标准，并具有多次走私、贩卖、运输、制造毒品，向多人贩毒，在毒品犯罪中诱使、容留多人吸毒，在戒毒监管场所贩毒，国家工作人员利用职务便利实施毒品犯罪，或者职业犯、惯犯、主犯等情节的。

（10）毒品数量达到实际掌握的死刑数量标准，并具有其他从重处罚情节的。

（11）毒品数量超过实际掌握的死刑数量标准，且没有法定、酌定从轻处罚情节的。

（12）涉案毒品为氯胺酮的，结合毒品数量、犯罪性质、情节及危害后果等因素，对符合死刑适用条件的被告人可以依法判处死刑。

（13）涉案毒品为其他滥用范围和危害性相对较小的新类型、混合型毒品的，一般不宜判决被告人死刑。但对于司法解释、规范性文件明确规定了定罪量刑数量标准，且涉案毒品数量特别巨大，社会危害大，不判处死刑难以体现罚当其罪的，必要时可以判处被告人死刑。

（14）共同犯罪中，对利用、教唆特定人员进行毒品犯罪活动的组织、策划、指挥和教唆者，要依法严厉打击，该判处重刑直至死刑的，坚决依法判处重刑直至死刑。

（15）共同犯罪中，涉案毒品数量达到巨大以上，二名以上主犯的罪责均很突出，或者罪责稍次的主犯具有法定、重大酌定从重处罚情节，判处二人以上死刑符合罪刑相适应原则，并有利于全案量刑平衡的，可以依法判处。

（16）对于部分共同犯罪人未到案的案件，在案被告人与未到案共同犯罪人均属罪行极其严重，即使共同犯罪人到案也不影响对在案被告人适用死刑的，可以依法判处在案被告人死刑。

第二类：可以不判处死刑

“可以不判处死刑”“不宜判处死刑立即执行”“慎重适用死刑”“在考虑是否对被告人判处死刑立即执行时，要留有余地”，在相关司法解释以及会议纪要中类似以上的表述，我们均可以理解为符合“可以不判处死刑”

的精神和具体规定：

（1）毒品数量达到实际掌握的死刑数量标准，具有下列情形之一的，可以不判处被告人死刑立即执行：①具有自首、立功等法定从宽处罚情节的；②已查获的毒品数量未达到实际掌握的死刑数量标准，到案后坦白尚未被司法机关掌握的其他毒品犯罪，累积数量超过实际掌握的死刑数量标准的；③经鉴定毒品含量极低，掺假之后的数量才达到实际掌握的死刑数量标准的，或者有证据表明可能大量掺假但因故不能鉴定的；④因特情引诱毒品数量才达到实际掌握的死刑数量标准的；⑤以贩养吸的被告人，被查获的毒品数量刚达到实际掌握的死刑数量标准的；⑥毒品数量刚达到实际掌握的死刑数量标准，确属初次犯罪即被查获，未造成严重危害后果的；⑦共同犯罪毒品数量刚达到实际掌握的死刑数量标准，但各共同犯罪人作用相当，或者责任大小难以区分的；⑧家庭成员共同实施毒品犯罪，其中起主要作用的被告人已被判处死刑立即执行，其他被告人罪行相对较轻的；⑨其他不是必须判处死刑立即执行的。

（2）仅有被告人口供与同案被告人供述作为定案证据的，对被告人判处死刑立即执行要特别慎重。

（3）运输毒品中，对有证据证明被告人确属受人指使、雇用参与运输毒品犯罪，又系初犯、偶犯的，可以从轻处罚，即使毒品数量超过实际掌握的死刑数量标准，也可以不判处死刑立即执行。

（4）共同犯罪中，能分清主从犯的，不能因为涉案的毒品数量特别巨大，就一律将被告人认定为主犯并判处重刑甚至死刑。

（5）共同犯罪中，各共同犯罪人地位作用相当，或者罪责大小难以区分的，可以不判处被告人死刑。

（6）共同犯罪中，两名主犯的罪责均很突出，且均具有法定从重处罚情节的，也要尽可能比较其主观恶性、人身危险性方面的差异，判处二人死刑要特别慎重。

（7）涉案毒品为其他滥用范围和危害性相对较小的新类型、混合型毒品的，一般不宜判处被告人死刑。但对于司法解释、规范性文件明确规定了定罪量刑数量标准，且涉案毒品数量特别巨大，社会危害大，不判处死刑难以体现罚当其罪的，必要时可以判处被告人死刑。

第三类：不应判处死刑

（1）无法鉴定：毒品成分、含量鉴定，因条件限制不能确定的，可以参考涉案毒品非法交易的价格因素等，决定对被告人适用的刑罚，但一般不宜判处死刑立即执行。

（2）犯意引诱：对因“犯意引诱”实施毒品犯罪的被告人，根据罪刑相适应原则，应当依法从轻处罚，无论涉案毒品数量多大，都不应判处死刑立即执行。

（3）数量引诱：因“数量引诱”实施毒品犯罪的被告人，应当依法从轻处罚，即使毒品数量超过实际掌握的死刑数量标准，一般也不判处死刑立即执行。

（4）对不能排除“犯意引诱”和“数量引诱”的案件，在考虑是否对被告人判处死刑立即执行时，要留有余地。

（5）在案被告人的罪行不足以判处死刑，或者共同犯罪人归案后全案只宜判处其一人死刑的，不能因为共同犯罪人未到案而对在案被告人适用死刑。

（6）在案被告人与未到案共同犯罪人的罪责大小难以准确认定，进而影响准确适用死刑的，不应对在案被告人判处死刑。

（7）对于买卖同宗毒品的上下家，涉案毒品数量刚超过实际掌握的死刑数量标准的，一般不能同时判处死刑。

（二）第二档：七年以上有期徒刑，并处罚金

根据《中华人民共和国刑法》第三百四十七条第三款和2016年《最高人民法院关于审理毒品犯罪案件适用法律若干问题的解释》的规定，走私、

贩卖、运输、制造鸦片二百克以上不满一千克、海洛因或者甲基苯丙胺十克以上不满五十克或者其他毒品数量较大的。“数量较大”是指：

1. 可卡因十克以上不满五十克；

2. 3，4－亚甲二氧基甲基苯丙胺（MDMA）等苯丙胺类毒品（甲基苯丙胺除外）、吗啡二十克以上不满一百克；

3. 芬太尼二十五克以上不满一百二十五克；

4. 甲卡西酮四十克以上不满二百克；

5. 二氢埃托啡二毫克以上不满十毫克；

6. 哌替啶（度冷丁）五十克以上不满二百五十克；

7. 氯胺酮一百克以上不满五百克；

8. 美沙酮二百克以上不满一千克；

9. 曲马多、γ－羟丁酸四百克以上不满二千克；

10. 大麻油一千克以上不满五千克、大麻脂二千克以上不满十千克、大麻叶及大麻烟三十千克以上不满一百五十千克；

11. 可待因、丁丙诺啡一千克以上不满五千克；

12. 三唑仑、安眠酮十千克以上不满五十千克；

13. 阿普唑仑、恰特草二十千克以上不满一百千克；

14. 咖啡因、罂粟壳四十千克以上不满二百千克；

15. 巴比妥、苯巴比妥、安钠咖、尼美西泮五十千克以上不满二百五十千克；

16. 氯氮卓、艾司唑仑、地西泮、溴西泮一百千克以上不满五百千克；

17. 上述毒品以外的其他毒品数量较大的。

（三）第三档：三年以上七年以下有期徒刑，并处罚金

根据《中华人民共和国刑法》第三百四十七条第四款和2016年《最高人民法院关于审理毒品犯罪案件适用法律若干问题的解释》的规定，走私、贩卖、运输、制造鸦片不满二百克、海洛因或者甲基苯丙胺不满十克或者

其他少量毒品，情节严重的。根据规定可以看出，该条包含两类要求：一类是数量要求，一类是情节严重。

1. 数量要求：走私、贩卖、运输、制造鸦片不满二百克、海洛因或者甲基苯丙胺不满十克或者其他少量毒品。“其他少量毒品”包括：

（1）可卡因十克以下；

（2）3，4－亚甲二氧基甲基苯丙胺（MDMA）等苯丙胺类毒品（甲基苯丙胺除外）、吗啡二十克以下；

（3）芬太尼二十五克以下；

（4）甲卡西酮四十克以下；

（5）二氢埃托啡二毫克以下；

（6）哌替啶（度冷丁）五十克以下；

（7）氯胺酮一百克以下；

（8）美沙酮二百克以下；

（9）曲马多、γ－羟丁酸四百克以下；

（10）大麻油一千克以下、大麻脂二千克以下、大麻叶及大麻烟三十千克以下；

（11）可待因、丁丙诺啡一千克以下；

（12）三唑仑、安眠酮十千克以下；

（13）阿普唑仑、恰特草二十千克以下；

（14）咖啡因、罂粟壳四十千克以下；

（15）巴比妥、苯巴比妥、安钠咖、尼美西泮五十千克以下；

（16）氯氮卓、艾司唑仑、地西泮、溴西泮一百千克以下；

（17）上述毒品以外的其他毒品数量相当的。

2. 情节严重：关于“情节严重”的解释，2016年《最高人民法院关于审理毒品犯罪案件适用法律若干问题的解释》对2000年《最高人民法院关于审理毒品案件定罪量刑标准有关问题的解释》的规定有所修订。修订后的“情节严重”是指下列情形之一：

（1）向多人贩卖毒品或者多次走私、贩卖、运输、制造毒品的；

（2）在戒毒场所、监管场所贩卖毒品的；

（3）向在校学生贩卖毒品的；

（4）组织、利用残疾人、严重疾病患者、怀孕或者正在哺乳自己婴儿的妇女走私、贩卖、运输、制造毒品的；

（5）国家工作人员走私、贩卖、运输、制造毒品的；

（6）其他情节严重的情形。

（四）最低档：三年以下有期徒刑、拘役或者管制，并处罚金

根据《中华人民共和国刑法》第三百四十七条第四款和2016年《最高人民法院关于审理毒品犯罪案件适用法律若干问题的解释》的规定，走私、贩卖、运输、制造鸦片不满二百克、海洛因或者甲基苯丙胺不满十克或者其他少量毒品的，处三年以下有期徒刑、拘役或者管制，并处罚金。“其他少量毒品”是指：

（1）可卡因十克以下；

（2）3，4－亚甲二氧基甲基苯丙胺（MDMA）等苯丙胺类毒品（甲基苯丙胺除外）、吗啡二十克以下；

（3）芬太尼二十五克以下；

（4）甲卡西酮四十克以下；

（5）二氢埃托啡二毫克以下；

（6）哌替啶（度冷丁）五十克以下；

（7）氯胺酮一百克以下；

（8）美沙酮二百克以下；

（9）曲马多、γ－羟丁酸四百克以下；

（10）大麻油一千克以下、大麻脂二千克以下、大麻叶及大麻烟三十千克以下；

（11）可待因、丁丙诺啡一千克以下；

（12）三唑仑、安眠酮十千克以下；

（13）阿普唑仑、恰特草二十千克以下；

（14）咖啡因、罂粟壳四十千克以下；

（15）巴比妥、苯巴比妥、安钠咖、尼美西泮五十千克以下；

（16）氯氮卓、艾司唑仑、地西泮、溴西泮一百千克以下；

（17）上述毒品以外的其他毒品数量相当的。

第二章　非法持有毒品罪

第一节　非法持有毒品罪概念及犯罪构成

非法持有毒品罪，作为走私、贩卖、运输、制造毒品罪的派生犯罪，是一种相较于走私、贩卖、运输、制造毒品罪为轻的犯罪，但在司法实践中，却具有非常重要的补充性作用，是依法惩处毒品犯罪的“兜底条款”。立法者设置本罪的目的是能够对那些持有毒品而且数量较大，但是因为证据不足而不能按走私、贩卖、运输、制造毒品等罪名定罪处罚的行为人进行规制。从证据角度，也可以将立法意图理解为降低起诉方的举证难度，即构成本罪之后，即便已经掌握的证据不足以以走私、贩卖、运输、制造毒品等重罪对犯罪分子定罪处罚，也可以以非法持有毒品罪将其绳之以法，不至于放纵犯罪分子。而且，本罪也是对吸毒者无罪原则的一种限制，使吸毒者手中的毒品不能大量囤积，一旦达到数量较大，就会构成非法持有毒品罪。

一、概念法条

非法持有毒品罪，是指明知是鸦片、海洛因、甲基苯丙胺或者其他毒品，而非法持有且数量较大的行为。

《中华人民共和国刑法》第三百四十八条：

【非法持有毒品罪】非法持有鸦片一千克以上、海洛因或者甲基苯丙胺五十克以上或者其他毒品数量大的，处七年以上有期徒刑或者无期徒刑，并处罚金；非法持有鸦片二百克以上不满一千克、海洛因或者甲基苯丙胺十克以上不满五十克或者其他毒品数量较大的，处三年以下有期徒刑、拘役或者管制，并处罚金；情节严重的，处三年以上七年以下有期徒刑，并处罚金。

二、客体

非法持有毒品罪侵犯的客体，是国家对毒品的管制和他人的身体健康。

国家禁止任何人非法持有毒品，为此先后颁布了《中华人民共和国药品管理法》《麻醉药品和精神药品管理条例》等一系列的法律、法规。任何单位和个人未经主管部门批准或者许可，持有、保存毒品的行为均违反了国家对毒品管理的规定，行为人非法持有的毒品，随时可能流入社会，危害他人健康，对此为了维护国家对毒品的管制，保护人民群众的身体健康，对非法持有毒品的行为必须予以惩处。

三、客观方面

非法持有毒品罪客观方面表现为非法持有毒品数量较大的行为。与其他毒品犯罪相比，持有这一行为似乎是最简单的，但在司法实践中表现形式却是极其复杂的。

（一）关于“非法”的理解

非法持有毒品罪的“非法”是指行为人持有毒品的行为，是违反国家毒品管理法律、法规的。1987 年 11 月 28 日国务院发布的《麻醉药品管理办法》，1988 年 12 月 27 日国务院发布的《精神药品管理办法》，1997 年修订的《中华人民共和国刑法》以及《中华人民共和国药品管理法》和《中华人民共和国治安管理处罚法》对毒品的生产、供应、运输、进出口和使用等都作出了严格规定，不按照以上这些法律、法规的规定实施生产、供应、运输、进出口和使用毒品的行为就是违法的。

关于“非法”的理解，我们还可以从以下三个方面进行理解：

1. 持有人的资格

如果严格按照法律、法规规定持有毒品，即经过有关部门批准，用于医疗、教学、科研等领域的，就是合法的行为，不构成非法持有毒品罪。

2. 持有毒品的时间或地点

没有法定资格的人持有毒品，无论何时何地都是非法的，但具有合法持有资格的人，也并非在任何时候、任何地点持有毒品都是合法的，超过法律许可的时间或场所、范围而持有毒品的，也是非法的。

3. 正当审批程序

具有合泆持有资格的人持有毒品，必须经过正当的程序获得，如行为人采取不正当的手段获取审批，也只是形式合法而实质违法，同样构成非法持有毒品罪。

持有毒品的合法性，必须贯穿于持有行为的全过程，方可认定。反之，只要在上述三个环节上有一个环节不合法，仍是“非法”，仍足以构成非法持有毒品罪。

参阅案例

郝某非法持有毒品案①

2015 年初，被告人郝某在未办理工商营业执照的情况下，在江苏省镇江市润州区一处租赁厂房生产、销售多种化工产品。郝某明知自 2015 年 10 月 1 日起，其生产的 N－（1－甲氧基羰基－2－甲基丙基）－1－（5－氟

① 本案参见江苏省镇江市中级人民法院（2017）苏 11 刑初 13 号刑事判决书。

戊基）吲唑－3－甲酰胺（5F－AMB）、N－（1－氨甲酰基－2－甲基丙基）－1－戊基吲唑－3－甲酰胺（AB－PINACA）、N－（1－氨甲酰基－2－甲基丙基）－1－（4－氟苄基）吲唑－3－甲酰胺（AB－FUBINACA），已被国家作为非药用类麻醉药品和精神药品列入管制，禁止任何单位和个人生产、买卖、运输、使用、储存和进出口，仍将上述物质予以储存。后郝某搬迁至镇江市丹徒区上党镇上会村，并于2016年1月25日注册成立镇江市绿发食品添加剂有限公司以该公司名义继续经营的同时，将上述列管物质存放于该公司仓库内并意欲贩卖。2016年7月20日，公安机关在该公司抓获被告人郝某，并现场查封、扣押上述物质计49余千克，折算成海洛因70余千克。

法院认为，被告人郝某违反国家毒品管理法规，明知N－（1－氨甲酰基－2－甲基丙基）－1－戊基吲唑－3－甲酰胺（AB－PINACA）、N－（1－甲氧基羰基－2－甲基丙基）－1－（5－氟戊基）吲唑－3－甲酰胺（5F－AMB）、N－（1－氨甲酰基－2－甲基丙基）－1－（4－氟苄基）吲唑－3－甲酰胺（AB－FUBINACA）已被国家列入管制仍非法持有，其行为已构成非法持有毒品罪。被告人郝某非法持有的上述列管物质均系国家列管前即已生产并持有，亦可酌情予以从轻处罚。据此，依照《中华人民共和国刑法》第三百四十八条、第三百五十七条、第六十七条第三款、第五十六条第一款、第五十五条第一款之规定，江苏省镇江市中级人民法院作出判决：被告人郝某犯非法持有毒品罪，判处有期徒刑十年，剥夺政治权利三年，并处罚金人民币3万元。

（二）关于“持有”的理解

非法持有毒品罪的“持有”是指行为人持有毒品的行为，也就是行为人对毒品的事实上的支配。持有具体表现为占有、携带、藏有或者以其他方法持有支配毒品。

在司法实务中要正确理解“持有”的含义、特点，我们可以从以下几个方面来研讨和判断：

1. “持有”对毒品来源无特殊要求

从毒品的来源上说，非法持有毒品罪对毒品的来源没有特别的要求，无论是行为人自己购买、捡拾，还是通过盗窃、抢夺、抢劫等方式非法占有他人所有的毒品，都构成“持有”。

2. “持有”的支配性特征

持有行为的本质特征在于行为人对毒品的实际控制、支配，即毒品处于自己的支配范围之内。这种控制、支配既包括事实上的控制、支配，即行为人对毒品直接的控制、支配，是一种直接持有，也包括法律上的控制、支配。法律上的控制、支配，是指行为人虽然不直接控制、支配毒品，但却享有控制、支配毒品的权利，有权对毒品作出处分。一般情况下，事实上的控制、支配与法律上的控制、支配是重合的，当两者分离时，应当由具有法律上控制、支配权利的行为人承担非法持有毒品罪的法律责任。

3. “持有”的目的

持有毒品必须不以进行走私、贩卖、运输、制造或是窝藏毒品为目的，或者作为其他犯罪的延续。前者如为了贩卖毒品而非法持有，后者如买进毒品为以后贩卖而非法持有毒品。此类对毒品的暂时静态处置行为均不是本罪所说的非法持有行为。非法持有毒品罪是一个兜底性犯罪，只有在不能构成其他犯罪的情况下，持有较大数量的毒品的行为才构成非法持有毒品罪。

4. 不要求单独“持有”

持有可以是单独持有，也可以是共同持有，两人以上共同持有毒品的，也成立持有。持有也不要求具有排他性，可以由多人同时重叠持有。共同持有的成立只需要共同犯罪人实际上共同对毒品享有控制、支配权，并且相互都明知所支配、控制的是毒品。

5. “持有”的时间

持有行为持续时间长短不影响“持有”行为的成立，只是一种量刑情节，但如果时间过短，不足以说明行为人事实上支配着毒品时，则不能认为是“持有”。

（三）“非法持有”的行为形式

“非法持有”毒品的行为是指违反国家法律和国家主管部门的规定，占有、携带、藏有或者以其他方式持有毒品的行为。

根据相关司法解释及司法解释性文件的规定，非法持有毒品罪的行为包括以下形式：

1. 吸毒者在购买、存储毒品过程中被查获，没有证据证明其是为了实施贩卖毒品等其他犯罪，毒品数量达到《中华人民共和国刑法》第三百四十八条规定的最低数量标准的，以非法持有毒品罪定罪处罚。

2. 有证据证明行为人不是以营利为目的，而是为他人代买仅用于吸食的毒品，毒品数量超过《中华人民共和国刑法》第三百四十八条规定数量最低标准，构成犯罪的，托购者、代购者均构成非法持有毒品罪（2000 年《南宁会议纪要》、2008 年《大连会议纪要》）。

3. 购毒者接收贩毒者通过物流寄递方式交付的毒品，没有证据证明其是为了实施贩卖毒品等其他犯罪，毒品数量达到《中华人民共和国刑法》第三百四十八条规定的最低数量标准的，一般以非法持有毒品罪定罪处罚。

参阅案例

解某玮非法持有毒品案[①]

2018 年 2 月 5 日，被告人解某玮电话联系四川籍人“三姐”（身份不明）购买甲基苯丙胺 450 克，商定价款人民币 9 万元。次日，被告人通过微信、银行卡给“三姐”转账共计人民币 4 万元。2018 年 2 月 7 日，“三

① 本案参见山西省忻州市中级人民法院（2018）晋 09 刑初 60 号刑事判决书。

姐”通过顺丰速运将毒品伪装成普通货物寄发被告人，并通过微信将快递单号告知被告人。快递在机场接受安检时，被警方查获。2018 年 2 月 11 日，侦查人员以顺丰快递员的身份，按照快递预留的电话号码联系收货人。对方要求将快递送至忻府区荣钰苑小区旁边的某超市。同日 10 时许，侦查人员将前来取货的被告人解某玮抓获，并将快递中的毒品扣押。随后侦查机关在被告人解某玮身上、住处均查获大量毒品。经称量与鉴定：在被告人身上查获的 6 包晶体状毒品中检出甲基苯丙胺成分，净重 3.89 克；4 包褐色毒品中检出海洛因成分，净重 1.71 克；在被告人家中查获的 2 包晶体状毒品中检出甲基苯丙胺成分，净重 11.17 克；在快递中查获的 24 包晶体状毒品和 6 粒红色片状颗粒中均检出甲基苯丙胺成分，净重 439.91 克。

被告人解某玮向他人购买毒品，通过邮寄的方式送达时被查获，被告人解某玮系吸毒人员，现有证据无法证实其购买毒品是为实施其他毒品犯罪，故被告人解某玮的行为构成非法持有毒品罪，公诉机关的指控成立。抓获被告人解某玮后，从其身上和住处也查获部分毒品，被告人解某玮非法持有毒品甲基苯丙胺 454.97 克、海洛因 1.71 克。被告人解某玮曾被判处有期徒刑以上刑罚，刑罚执行完毕五年内再犯应当判处有期徒刑以上刑罚之罪，系累犯，且系毒品再犯，依法从重处罚。被告人当庭自愿认罪，可以酌情从轻处罚。依照《中华人民共和国刑法》第三百四十八条、第三百五十六条、第六十五条第一款、第六十四条、第五十三条之规定，山西省忻州市中级人民法院作出判决：被告人解某玮犯非法持有毒品罪，判处有期徒刑十三年，并处罚金人民币 3 万元。

4. 代收者明知是物流寄递的毒品而代购毒者接收，没有证据证明其与购毒者有实施贩卖、运输毒品等犯罪的共同故意，毒品数量达到《中华人民共和国刑法》第三百四十八条规定的最低数量标准的，对代收者以非法持有毒品罪定罪处罚。

参阅案例

木某非法持有毒品案①

2018 年 4 月 27 日，被告人木某乘车从四川省成都市到峨眉山市并入住世纪阳光大酒店。第二日 11 时许，木某到世纪阳光大酒店对面的天和大酒店大堂领取收件人为“王某 159 × × × ×1075”包裹时被侦查人员现场抓获。该快递包裹系贩毒人员从云南省德宏傣族景颇族自治州瑞丽市玉石速运营业点寄至四川省峨眉山市天和大酒店。经依法检查、称量、鉴定，该包裹内有 9 包伪装成不同颜色糖果的毒品海洛因，共计净重 3485. 35 克，海洛因含量均在 67% 以上。

经查，依照“代收者明知是物流寄递的毒品而代购毒者接收，没有证据证明其与购毒者有实施贩卖、运输毒品等犯罪的共同故意，毒品数量达到《中华人民共和国刑法》第三百四十八条规定的最低数量标准的，对代收者以非法持有毒品罪定罪处罚”的规定，被告人木某明知是物流寄递的毒品而代他人接收，接收毒品海洛因数量达 3485. 35 克，其行为构成非法持有毒品罪。判处无期徒刑，剥夺政治权利终身，并处罚金人民币 10 万元。

5. 受以吸食为目的的购毒者委托，为其介绍联络贩毒者，毒品数量达到《中华人民共和国刑法》第三百四十八条规定的最低数量标准的，按照 2015 年《武汉会议纪要》的规定，一般与购毒者构成非法持有毒品罪的共同犯罪。

---

① 本案参见四川省乐山市中级人民法院（2019）川 11 刑初 5 号刑事判决书。

参阅案例

王某某非法持有毒品案[①]

2015年3月，被告人王某某接到山东省郯城县李庄镇李庄一村村民梅某（已判刑）电话，让其帮忙联系购买毒品用于吸食。后王某某与郯城县李庄镇华埠四村村民李某（已判刑）联系，并将李某的联系方式提供给梅某。经联系后，李某以1800元的价格将23克甲基苯丙胺销售给梅某。事后，李某送给被告人王某某2克作为好处。2015年3月27日，侦查人员在梅某处查获晶体状颗粒物19克，经鉴定，含甲基苯丙胺成分。

被告人王某某违反毒品管理制度，受以吸食为目的的购毒者委托，为其介绍联络贩毒者，数量较大，其行为构成非法持有毒品罪。公诉机关指控罪名成立，适用法律适当，予以确认。被告人归案后能如实供述自己的罪行，自愿认罪，对其可以从轻处罚。依照《中华人民共和国刑法》第三百四十八条、第六十七条第三款、第五十二条、第五十三条之规定，山东省郯城县人民法院作出判决：被告人王某某犯非法持有毒品罪，判处有期徒刑十个月，并处罚金人民币5000元。

（四）关于“毒品数量”的理解

非法持有毒品达到一定的数量才构成犯罪，根据《中华人民共和国刑法》第三百四十八条规定，即非法持有鸦片二百克以上，海洛因或甲基苯丙胺十克以上，或其他毒品数量较大的。这里的其他毒品是指除鸦片、海洛因、甲基苯丙胺这三种最常见的毒品之外的，国家管制的，能使人形成瘾癖的麻醉药品和精神药品，如吗啡、大麻、可卡因等。由于各种毒品的

① 本案参见山东省郯城县人民法院（2016）鲁1322刑初267号刑事判决书。

成瘾性及对人身危害性大小在程度上有所不同，因而在规定构成犯罪的起点上有所不同。

四、主体

非法持有毒品罪侵犯的主体是一般主体，凡达到刑事责任年龄、具有刑事责任能力的，均可构成。

在把握非法持有毒品罪主体时，有两点值得我们注意：一是本罪为自然人构成的犯罪，单位不能成为本罪的主体。二是已满十四周岁不满十六周岁的人不满足本罪犯罪主体要求，本罪的主体年龄下限是已满十六周岁。理由在于《中华人民共和国刑法》第十七条第二款规定，已满十四周岁，未满十六周岁的人，只对故意杀人、故意伤害致人重伤或者死亡、强奸、抢劫、贩卖毒品、放火、爆炸、投放危险物质罪负刑事责任。

五、主观方面

非法持有毒品罪的主观方面是表现为故意，即要求行为人明知是毒品而非法持有，过失无法构成本罪。当然，这里的故意包括直接故意，也包括间接故意。

从认识因素上看，行为人必须明确认识到其所持有的是毒品，至于毒品的具体名称是什么，准确数量是多少，纯度、价值如何，则不要求行为人确切知道。从意志因素上看，行为人希望或放任非法持有行为的发生。

本罪在主观上要求明知。根据《最高人民检察院、公安部关于公安机关管辖的刑事案件立案追诉标准的规定（三）》的规定，非法持有毒品主观故意中的“明知”，与走私、贩卖、运输毒品的“明知”具有相同规定。即非法持有毒品的主观故意中的“明知”，是指行为人知道或者应当知道所实施的是非法持有毒品行为，结合行为人的供述和其他证据综合审查判断，可以认定其“应当知道”，但有证据证明确属被蒙骗的除外：

1. 执法人员在口岸、机场、车站、港口、邮局和其他检查站点检查时，要求行为人申报携带、运输、寄递的物品和其他疑似毒品物，并告知其法律责任，而行为人未如实申报，在其携带、运输、寄递的物品中查获毒品的；

2. 以伪报、藏匿、伪装等蒙蔽手段逃避海关、边防等检查，在其携带、运输、寄递的物品中查获毒品的；

3. 执法人员检查时，有逃跑、丢弃携带物品或者逃避、抗拒检查等行为，在其携带、藏匿或者丢弃的物品中查获毒品的；

4. 体内或者贴身隐秘处藏匿毒品的；

5. 为获取不同寻常的高额或者不等值的报酬为他人携带、运输、寄递、收取物品，从中查获毒品的；

6. 采用高度隐蔽的方式携带、运输物品，从中查获毒品的；

7. 采用高度隐蔽的方式交接物品，明显违背合法物品惯常交接方式，从中查获毒品的；

8. 行程路线故意绕开检查站点，在其携带、运输的物品中查获毒品的；

9. 以虚假身份、地址或者其他虚假方式办理托运、寄递手续，在托运、寄递的物品中查获毒品的；

10. 有其他证据足以证明行为人应当知道的。

非法持有毒品行为人的动机、目的多种多样，因此故意的具体内容不限。有人认为，非法持有毒品罪的行为人主观上必须具有走私、贩卖、运输、制造毒品的意图才构成犯罪。我们认为，非法持有毒品范围是针对那些当场查获非法持有数量较大的毒品，行为人拒不说明持有毒品的目的、来源，又没有足够证据证明其犯有走私、贩卖、运输、制造毒品的行为或窝藏毒品的行为，而以非法持有毒品罪定罪量刑。如果司法机关能够查明行为人具有走私、贩卖、运输、制造毒品的目的，则其构成走私、贩卖、运输、制造毒品罪。

第二节 非法持有毒品罪司法适用疑难问题

非法持有毒品罪是常见的毒品犯罪类型，但在司法认定上存在一些疑难问题。

一、非法持有毒品罪与非罪的区分

非法持有毒品罪与非罪的界限是以非法持有毒品的数量多少作为划分标准的。行为人非法持有毒品达到一定数量便构成犯罪，如果数量少，情节显著轻微，危害不大，不认为是犯罪。

在持有人自己吸食的情况下，如果行为人为吸食而持有鸦片不足200克、海洛因或者甲基苯丙胺不足10克，应不予追究刑事责任；如果非法持有鸦片超过200克、海洛因或甲基苯丙胺超过10克，则以非法持有毒品罪论处。

参阅案例

李某福非法持有毒品案①

2018年5月30日3时许，广西壮族自治区桂林市临桂县公安局民警发现临桂县临桂镇会元居民区某栋某号吕某家中有人吸食毒品，遂将在吕某家中吸食毒品的被告人李某福抓获，从李某福穿的裤子左侧口袋查获疑似毒品白色晶体4小袋和红色固体1小袋，从其驾驶的白色现代轿车驾驶室车门储物格查获疑似毒品白色晶体3小袋。经当场称重，李某福持有的8小袋

① 本案参见广西壮族自治区桂林市中级人民法院（2018）桂0312刑初211号刑事判决书。

疑似毒品共净重17.29克。经桂林市公安局物证鉴定所鉴定，查获的7小袋白色晶体和1小袋红色固体均检出甲基苯丙胺。

被告人李某福非法持有毒品甲基苯丙胺17.29克，其行为已触犯《中华人民共和国刑法》第三百四十八条之规定，构成非法持有毒品罪，判处有期徒刑十一个月，并处罚金人民币4000元。

二、非法持有毒品罪与其他毒品犯罪的区分

非法持有毒品罪是毒品犯罪的“兜底条款”，《中华人民共和国刑法》设立非法持有毒品罪，其立法目的在于对那些被查获的行为人，因非法持有数量较大的毒品，但又没有足够证据证明其犯有其他毒品犯罪而设的兜底性罪名。如果确有足够证据证明被查获的毒品持有人具有其他毒品犯罪的目的，则应认定构成其他毒品罪。基于非法持有毒品罪的“兜底”性质，其容易与其他毒品犯罪罪名混淆，在司法实务中应该着重注意区分。

（一）非法持有毒品罪与走私、贩卖、运输、制造毒品罪及窝藏毒品罪的区分

行为人实施走私、贩卖、运输、制造、窝藏毒品的行为都是以非法持有毒品为前提的。在司法实践中，有证据能够确认已构成走私、贩卖、运输、制造、窝藏毒品罪中的任何一种罪，即以该罪论处，而不应再认定非法持有毒品罪。在犯罪分子拒不供认，又无证据认定构成走私、贩卖、运输、制造、窝藏毒品罪中任何一种罪的情况下，才能认定其构成非法持有毒品罪。另外，还需注意的是，构成非法持有毒品罪有法定的数量标准，达不到法定数量标准的只能按违法处理。然而，构成走私、贩卖、运输、制造、窝藏、包庇毒品罪，只要有行为即构成犯罪，无须毒品数量达到较大。

（二）非法持有毒品罪与运输毒品罪的区分

非法持有是一种事实上的支配状态，可以表现为空间上的静态持有，

如在家中藏毒，也可以表现为空间上的动态持有，如随身或通过交通工具携带。如果在犯罪嫌疑人的交通工具上查获大量毒品，无充分证据证明行为人持有毒品是为了走私、贩卖、运输、制造的，应认定为非法持有毒品罪，反之可认定为运输毒品罪。

三、持有假毒品的处理

持有假毒品的行为在现实的刑事案件中确实存在。对于行为人持有假毒品这一行为的分析对于司法实践也具有重要的意义。如果行为人非法持有的毒品是假毒品，我们可以根据行为人主观上是否明知其持有的是假毒品，分为两种情况分别处理：

（一）行为人主观上不知道持有的是假毒品

如果行为人主观上不知道其所持有的毒品是假毒品，而误认为是真毒品而进行持有，在无法查清行为人是为了走私、贩卖、运输、制造毒品而持有，或为他人窝藏、转移毒品而持有的情况下，这种认识上的错误属于事实认识错误，不影响犯罪的成立，因此应对行为人以非法持有毒品罪（未遂）论处。

（二）行为人明知是假毒品而持有

行为人明知是假毒品而故意持有的，根据其目的的不同，主要可以分为两种情况：一是行为人明知是假毒品而持有，但不是以贩卖等为目的，而出于其他目的，如好奇或向他人炫耀吹嘘展示自己的假毒品，由于缺乏犯罪构成要件，不构成非法持有毒品罪；二是行为人明知是假毒品而持有，其持有假毒品是为了冒充真毒品向他人出卖以牟利，符合诈骗罪的犯罪构成，应以诈骗罪定罪处罚。

四、以贩养吸者持有毒品的行为认定

以贩养吸是指贩卖毒品又吸食毒品，并且以贩卖毒品所得作为其吸食毒品的主要经济来源。在以贩养吸的情况下，存在吸食毒品的行为、贩卖毒品的行为，都必须以非法持有毒品为前提。

对于吸食毒品行为及吸食者贩卖毒品问题，《中华人民共和国刑法》具体条文中没有将吸食毒品的行为规定为犯罪；吸食者买进毒品后又全部卖出的行为构成贩卖毒品罪；问题的重点是在行为人买进毒品后，吸食了一部分，卖掉了一部分，手中还持有一部分毒品的情况下，持有的那部分毒品该怎么处理？是构成非法持有毒品罪还是贩卖毒品罪？2000 年最高人民法院印发的《南宁会议纪要》指出“……吸毒者在购买、运输、存储毒品过程中被抓获的，如果没有证据证明被告人实施了其他毒品犯罪行为的，一般不应定罪处罚，但查获的毒品数量大的，应当以非法持有毒品罪定罪”。由此可知，对以贩养吸者存储毒品的行为应区别对待：有证据证明行为人实施了贩卖毒品行为的，应以贩卖毒品罪论处；没有证据证明行为人实施了贩卖毒品的行为，且查获的毒品数量不大，未达到《中华人民共和国刑法》第三百四十八条规定的最低数量标准的，不构成犯罪；虽然没有证据证明其实施了贩卖毒品罪，但查获的毒品数量较大，达到《中华人民共和国刑法》第三百四十八条定罪最低标准的，应以非法持有毒品罪定罪处罚。

五、盗窃、抢夺、抢劫行为附带获取毒品的处理

行为人在实施盗窃、抢夺、抢劫他人财物时附带获取毒品，如果在来不及清理赃物或不知犯罪所得中有毒品的，应按盗窃罪或抢夺罪或抢劫罪定罪处罚；如果明知获取的赃物中有毒品而非法持有的，应按盗窃罪或抢夺罪或抢劫罪和非法持有毒品罪数罪并罚；如果事先明知他人有毒品而实施盗窃或抢夺或抢劫行为得手后又非法持有的，应以非法持有毒品罪认定。总之，应根据其法律特征划清一罪与数罪的界限。

第三节　非法持有毒品罪量刑处罚标准

《中华人民共和国刑法》在对非法持有毒品的行为设定刑罚时，既考虑了毒品的性质、种类，又考虑了毒品的数量。

一、立案追诉标准

根据《最高人民检察院、公安部关于公安机关管辖的刑事案件立案追诉标准的规定（三）》第二条的规定：

“明知是毒品而非法持有，涉嫌下列情形之一的，应予立案追诉：

“（一）鸦片二百克以上、海洛因、可卡因或者甲基苯丙胺十克以上；

“（二）二亚甲基双氧安非他明（MDMA）等苯丙胺类毒品（甲基苯丙胺除外）、吗啡二十克以上；

“（三）度冷丁（杜冷丁）五十克以上（针剂100mg/支规格的五百支以上，50mg/支规格的一千支以上；片剂25mg/片规格的二千片以上，50mg/片规格的一千片以上）；

“（四）盐酸二氢埃托啡二毫克以上（针剂或者片剂20mg/支、片规格的一百支、片以上）；

“（五）氯胺酮、美沙酮二百克以上；

“（六）三唑仑、安眠酮十千克以上；

“（七）咖啡因五十千克以上；

“（八）氯氮卓、艾司唑仑、地西泮、溴西泮一百千克以上；

“（九）大麻油一千克以上，大麻脂二千克以上，大麻叶及大麻烟三十千克以上；

“（十）罂粟壳五十千克以上；

“（十一）上述毒品以外的其他毒品数量较大的。”

“非法持有两种以上毒品，每种毒品均没有达到本条第一款规定的数量标准，但按前款规定的立案追诉数量比例折算成海洛因后累计相加达到十克以上的，应予立案追诉。”

二、刑罚区间

根据《中华人民共和国刑法》第三百四十八条的规定，可以将本罪的刑罚配置从重至轻划分为三个档次、区间：

（一）最高档

七年以上有期徒刑或者无期徒刑，并处罚金。

（二）中间档

三年以上七年以下有期徒刑，并处罚金。

（三）最低档

三年以下有期徒刑、拘役或者管制，并处罚金。

三、量刑标准

依照《中华人民共和国刑法》为本罪设定的三个量刑档，每个量刑格所对应的量刑标准、情形分别为：

（一）最高档：七年以上有期徒刑或者无期徒刑，并处罚金

这是本罪的最高档量刑。其对应的量刑情节为非法持有鸦片一千克以上，海洛因或者甲基苯丙胺五十克以上或者其他毒品数量大的。根据2016年《最高人民法院关于审理毒品犯罪案件适用法律若干问题的解释》，“其他毒品数量大”包括：

1. 可卡因五十克以上；

2. 3，4－亚甲二氧基甲基苯丙胺（MDMA）等苯丙胺类毒品（甲基苯

丙胺除外）、吗啡一百克以上；

3. 芬太尼一百二十五克以上；

4. 甲卡西酮二百克以上；

5. 二氢埃托啡十毫克以上；

6. 哌替啶（度冷丁）二百五十克以上；

7. 氯胺酮五百克以上；

8. 美沙酮一千克以上；

9. 曲马多、γ-羟丁酸二千克以上；

10. 大麻油五千克、大麻脂十千克、大麻叶及大麻烟一百五十千克以上；

11. 可待因、丁丙诺啡五千克以上；

12. 三唑仑、安眠酮五十千克以上；

13. 阿普唑仑、恰特草一百千克以上；

14. 咖啡因、罂粟壳二百千克以上；

15. 巴比妥、苯巴比妥、安钠咖、尼美西泮二百五十千克以上；

16. 氯氮卓、艾司唑仑、地西泮、溴西泮五百千克以上；

17. 上述毒品以外的其他毒品数量大的。

（二）中间档：三年以上七年以下有期徒刑，并处罚金

这是本罪的中间档量刑。其对应的量刑情节为非法持有鸦片二百克以上不满一千克、海洛因或者甲基苯丙胺十克以上不满五十克或者其他毒品数量较大且情节严重的。本罪中间档量刑格需要同时满足两个条件：一是“非法持有毒品数量较大”，二是“情节严重”。

1. 非法持有毒品数量较大

《中华人民共和国刑法》规定，非法持有鸦片二百克以上不满一千克、海洛因或者甲基苯丙胺十克以上不满五十克或者其他毒品数量较大。根据2016年《最高人民法院关于审理毒品犯罪案件适用法律若干问题的解释》的规定，“其他毒品数量较大”包括：

（1）可卡因十克以上不满五十克；

（2）3，4－亚甲二氧基甲基苯丙胺（MDMA）等苯丙胺类毒品（甲基苯丙胺除外）、吗啡二十克以上不满一百克；

（3）芬太尼二十五克以上不满一百二十五克；

（4）甲卡西酮四十克以上不满二百克；

（5）二氢埃托啡二毫克以上不满十毫克；

（6）哌替啶（度冷丁）五十克以上不满二百五十克；

（7）氯胺酮一百克以上不满五百克；

（8）美沙酮二百克以上不满一千克；

（9）曲马多、γ－羟丁酸四百克以上不满二千克；

（10）大麻油一千克以上不满五千克、大麻脂二千克以上不满十千克、大麻叶及大麻烟三十千克以上不满一百五十千克；

（11）可待因、丁丙诺啡一千克以上不满五千克；

（12）三唑仑、安眠酮十千克以上不满五十千克；

（13）阿普唑仑、恰特草二十千克以上不满一百千克；

（14）咖啡因、罂粟壳四十千克以上不满二百千克；

（15）巴比妥、苯巴比妥、安钠咖、尼美西泮五十千克以上不满二百五十千克；

（16）氯氮卓、艾司唑仑、地西泮、溴西泮一百千克以上不满五百千克；

（17）上述毒品以外的其他毒品数量较大的。

2. 情节严重

根据2016年《最高人民法院关于审理毒品犯罪案件适用法律若干问题的解释》的规定，下列情形属于“情节严重”：

（1）在戒毒场所、监管场所非法持有毒品的；

（2）利用、教唆未成年人非法持有毒品的；

（3）国家工作人员非法持有毒品的；

（4）其他情节严重的情形。

（三）最低档：三年以下有期徒刑、拘役或者管制，并处罚金

这是本罪的最低档量刑。其量刑情节仅为非法持有毒品数量较大，根据2016年《最高人民法院关于审理毒品犯罪案件适用法律若干问题的解释》的规定，“其他毒品数量较大”包括：

1. 可卡因十克以上不满五十克；

2. 3，4－亚甲二氧基甲基苯丙胺（MDMA）等苯丙胺类毒品（甲基苯丙胺除外）、吗啡二十克以上不满一百克；

3. 芬太尼二十五克以上不满一百二十五克；

4. 甲卡西酮四十克以上不满二百克；

5. 二氢埃托啡二毫克以上不满十毫克；

6. 哌替啶（度冷丁）五十克以上不满二百五十克；

7. 氯胺酮一百克以上不满五百克；

8. 美沙酮二百克以上不满一千克；

9. 曲马多、γ－羟丁酸四百克以上不满二千克；

10. 大麻油一千克以上不满五千克、大麻脂二千克以上不满十千克、大麻叶及大麻烟三十千克以上不满一百五十千克；

11. 可待因、丁丙诺啡一千克以上不满五千克；

12. 三唑仑、安眠酮十千克以上不满五十千克；

13. 阿普唑仑、恰特草二十千克以上不满一百千克；

14. 咖啡因、罂粟壳四十千克以上不满二百千克；

15. 巴比妥、苯巴比妥、安钠咖、尼美西泮五十千克以上不满二百五十千克；

16. 氯氮卓、艾司唑仑、地西泮、溴西泮一百千克以上不满五百千克；

17. 上述毒品以外的其他毒品数量较大的。

第三章 包庇毒品犯罪分子罪

第一节 包庇毒品犯罪分子罪概念及犯罪构成

包庇毒品犯罪分子罪是《中华人民共和国刑法》第三百四十九条第一款前半部分的罪名，规制的是事后阻碍对毒品犯罪查处的行为。包庇毒品犯罪分子罪最早规定在1990年通过的《全国人民代表大会常务委员会关于禁毒的决定》① 中，并为现行1997年刑法典借鉴沿用。在此之前，对于包庇毒品犯罪分子的行为，依照1979年《中华人民共和国刑法》以窝藏、包庇罪论处，包庇毒品犯罪分子罪从窝藏、包庇罪中分离出来，独立成罪，体现了立法者对该类包庇罪的特别重视。

一、概念法条

包庇毒品犯罪分子罪，是指明知是走私、贩卖、运输、制造毒品的犯罪分子，而向司法机关作假证明，掩盖其罪行，或者帮助其掩盖罪证，以使其逃避法律制裁的行为。

《中华人民共和国刑法》第三百四十九条：

【包庇毒品犯罪分子罪】包庇走私、贩卖、运输、制造毒品的犯罪分子

① 根据2008年6月1日起施行的《中华人民共和国禁毒法》，该法同时废止。

的，为犯罪分子窝藏、转移、隐瞒毒品或者犯罪所得的财物的，处三年以下有期徒刑、拘役或者管制；情节严重的，处三年以上十年以下有期徒刑。

缉毒人员或者其他国家机关工作人员掩护、包庇走私、贩卖、运输、制造毒品的犯罪分子的，依照前款的规定从重处罚。

犯前两款罪，事先通谋的，以走私、贩卖、运输、制造毒品罪的共犯论处。

二、客体

包庇毒品犯罪分子罪侵犯的客体，是国家对毒品的管制秩序和国家的司法活动。

本罪的客体属于双重客体，具有复合性质。本罪首先妨碍了国家对于毒品犯罪进行制裁的司法活动，因此侵害了国家的司法秩序，这是本罪的初级客体。本罪对国家追诉毒品犯罪活动的妨碍进一步干扰了国家的毒品管制秩序，这是本罪的次级客体。

包庇毒品犯罪分子的社会危害性就在于其不仅妨碍了司法机关对毒品犯罪分子的及时惩办，而且这种行为帮助毒品犯罪分子逍遥法外，逃避法律的制裁、继续作恶，危害社会，该包庇行为影响了国家机关的禁毒斗争，因此，对包庇毒品犯罪分子的犯罪予以惩处是十分必要的。

包庇毒品犯罪分子罪，行为人包庇的对象必须是走私、贩卖、运输、制造毒品罪的犯罪分子，且无论被判处何种刑罚，都不影响包庇毒品犯罪分子罪的成立。也就是说，本罪包庇的对象仅限于上述明确规定的几类毒品犯罪人，包庇犯其他类毒品犯罪的犯罪分子的，不构成本罪，但有可能构成包庇、窝藏罪。本罪的犯罪对象被立法限定了范围，这也构成了本罪的最重要特征。

三、客观方面

包庇毒品犯罪分子罪的客观方面表现为行为人必须具有对走私、贩卖、运输、制造毒品罪的犯罪分子给予包庇，使其逃避法律制裁的行为。这些犯罪分子既包括尚未被抓获而潜逃在外的犯罪分子，也包括已被抓获的已决犯和未决犯。

包庇走私、贩卖、运输、制造毒品的犯罪分子，一般有以下四种表现方式：(1) 作虚假证明，帮助掩盖罪行的；(2) 帮助隐藏、转移或者毁灭证据的；(3) 帮助取得虚假身份或者身份证件的；(4) 以其他方式包庇犯罪分子的。具体而言，本罪的客观行为主要包括两种：其一，为特定的毒品犯罪分子提供隐蔽场所、交通工具或者其他方便条件，资助其逃跑、逃匿、逃避法律制裁等，如为毒品犯罪分子提供住宿，供给生活物资的行为；向被追捕中的毒品犯罪分子提供交通工具、资助钱财的行为等；其二，包庇毒品犯罪分子的行为。即为特定的毒品犯罪分子逃避制裁，向司法机关提供虚假证明，帮助其掩盖罪行，或者帮助其毁灭罪证等。如帮助毒品犯罪分子湮灭罪证，逃避司法制裁；向从事侦查办案工作的司法机关提供虚假证明，掩盖毒品犯罪分子行踪的行为；向毒品犯罪分子提供司法机关办案信息，便利其逃避侦查的行为等。尽管包庇毒品犯罪分子的手段多种多样，但目的只有一个，即帮助毒品犯罪分子逃避法律制裁，而且客观上都增强了司法机关追究毒品犯罪分子的难度。

“包庇”是指向司法机关作假证明，制造假象为犯罪分子掩盖罪行，或者帮助犯罪分子毁灭罪证，藏匿作案工具等，意图使犯罪分子逃避法律制裁的行为。包庇毒品犯罪分子罪系从窝藏、包庇罪中分离出来，而未给窝藏罪在毒品犯罪中单独设立窝藏毒品犯罪分子罪，故以窝藏方式包庇毒品犯罪分子的，自然就成为包庇毒品犯罪分子罪的应有内容。即窝藏走私、贩卖、运输、制造毒品犯罪分子的，也应当按照本罪处罚。

包庇毒品犯罪分子的行为，只能发生在被包庇者实施犯罪之后，并且事先没有通谋，如果事前与毒品犯罪分子有通谋的，事后又包庇的，则属于帮助犯，以共同犯罪论处。事中通谋也属于事先通谋，也应以共同犯罪论处。

参阅案例

谢某某包庇毒品犯罪分子案[①]

2016年5月24日，民警在办理被告人谢某某之子谢某飞（另案处理）涉嫌制造、贩卖毒品罪一案时，被告人谢某某接到谢某飞打来的电话，得知谢某飞被公安机关抓获。被告人谢某某遂将谢某飞放在位于四川省金堂县三溪镇金河村××组家中楼梯下的制造毒品的原料提到屋外麦堆进行转移、藏匿。当民警将谢某飞带回其家中开展搜查并搜查出大量制毒工具及冰毒成品时，被告人谢某某再次将制毒原料往其房屋后面竹林内转移、藏匿，被民警当场截获。

被告人谢某某明知其子谢某飞涉嫌毒品犯罪，而将谢某飞制毒化学原料予以转移、藏匿，包庇掩盖其犯罪事实，其行为已构成包庇毒品犯罪分子罪。

赵某、妥某霞、马某新包庇毒品犯罪分子案[②]

2017年1月29日22时许，新疆维吾尔自治区昌吉市公安局民警到昌吉市某酒店抓捕贩毒人员杨某、王某、任某等人，被告人马某新采用使眼色等方式提醒正在酒店大厅内的任某逃离现场。杨某被抓获后，被告人赵某、妥某霞打电话给王某告知其杨某被抓获的情况，妥某霞通过酒店监控将抓捕杨某的办案民警照片发送给王某。1月31日，赵某、妥某霞为王某调取杨某被抓捕时酒店监控视频，王某拍照、录像，并试图删除王某入住该酒店的监控视频未果。2月2日，赵某用妥某霞的手机打电话联系王某，并叮嘱王某、任某不要使用身份证，以逃避警察抓捕。

---

① 本案参见四川省金堂县人民法院（2016）川0121刑初517号刑事判决书。

② 本案参见新疆维吾尔自治区昌吉市人民法院（2017）新2301刑初466号刑事判决书。

2017年2月9日，被告人赵某、妥某霞到昌吉市公安局投案，同年2月13日，被告人马某新到昌吉市公安局投案。

被告人赵某、妥某霞、马某新明知王某、杨某、任某是贩毒人员，赵某、妥某霞仍帮助王某隐藏、毁灭证据，马某新帮助任某躲避公安机关的抓捕，妨碍司法机关对被包庇的毒品犯罪分子进行追究的行为，构成包庇毒品犯罪分子罪。

李某君、王某、马某起包庇毒品犯罪分子案①

2018年9月25日吉林省辽源市仙城分局对丛某（另案起诉）涉嫌贩卖毒品罪立案侦查，丛某于2018年9月25日16时30分许在辽源市龙山区某小区附近配合公安机关抓获吸毒人员时，趁机逃跑。丛某来到被告人王某住所藏匿两日，在王某和其女友刘某离开住所时，王某指使刘某给丛某留下人民币100元。2018年9月27日，本案被告人李某君（系丛某男友）被释放，李某君的朋友被告人马某起驾车来到辽源市看守所门前接李某君。他听闻丛某因贩毒正在被侦查机关抓捕，于是让马某起驾车接丛某至马某起家中。李某君与王某、马某起几人商议，决定带丛某逃跑至西丰县其朋友家中躲藏，丛某、刘某乘坐马某起开的宝来车，李某君、王某乘坐宋某开的奥迪车共同向西丰行驶，至辽源市利源铝业附近时，被侦查机关抓获。

被告人李某君、王某、马某起在明知丛某是公安机关正在追捕的贩卖毒品犯罪分子的情况下，向丛某提供车辆、住所及钱财帮助丛某逃跑，其行为构成包庇毒品犯罪分子罪。

---

① 本案参见吉林省辽源市西安区人民法院（2018）吉0403刑初127号刑事判决书。

王某志包庇毒品犯罪分子案[①]

被告人王某志与钟某认识多年，明知钟某、肖某会贩卖毒品海洛因，且在廖某家亲眼看到钟某和肖某两人打包毒品。2018年7月，当其获悉与钟某一起贩卖毒品的廖某和肖某已被公安机关查获的情况下，仍先后提供位于江西省赣州市某区某号房屋某楼的租住房和杨坊乡下住房供钟某藏匿，以帮助钟某逃避公安机关的抓捕。2018年8月2日，王某志被公安民警抓获，随后，王某志交代了钟某藏匿的处所并带领公安民警到龙南镇龙泽居钟某藏匿处将钟某抓获归案，王某志归案后如实交代犯罪事实并具有悔罪态度。

被告人王某志提供住所窝藏贩卖毒品的犯罪分子，其行为构成包庇毒品犯罪分子罪。

彭某某包庇毒品犯罪分子案[②]

2016年3月至6月，被告人林某某将从他处购买的毒品海洛因掺入辅料后分成小包，为牟利将其中十余克以每包350元至800元不等的价位出售给吸毒人员王甲、魏某某、王乙等人。2016年6月28日林某某被抓获后，从其家中查获毒品海洛因净重61.4021克。

被告人彭某某明知林某某从事吸食、贩卖毒品的违法犯罪活动，却在2016年6月28日侦查机关的依法搜查活动中，为帮助林某某逃避法律责任，将林某某藏于家中南卧室床头柜下的56.3751克海洛因从窗口抛扔至楼下。

---

① 本案参见江西省赣州市龙南县人民法院（2019）赣0727刑初10号刑事判决书。

② 本案参见陕西省商洛市商州区人民法院（2017）陕1002刑初26号刑事判决书。

被告人彭某某犯包庇毒品犯罪分子罪，判处有期徒刑三年，缓刑三年。

王某某包庇毒品犯罪分子案[①]

被告人佟某伟于2016年3月、4月、6月分别向被告人唐某成的银行卡中汇入人民币5万元、6万元、11.5万元，而后打电话让唐某成为其购买甲基苯丙胺1000克、1000克、1625.7克。唐某成向其上线购得冰毒后通知佟某伟，佟某伟驾驶一辆捷达轿车到广东省广州市取购买的冰毒，而后运输回辽宁省葫芦岛市贩卖。2016年6月20日1时许，被告人佟某伟在葫芦岛市连山区锦郊街道兴隆屯附近，准备将其购买的1625.7克冰毒卖给吸毒人员姜某某时，被当场抓获。被告人王某某在明知被告人佟某伟涉嫌贩卖毒品被公安机关抓获的情况下，积极给佟某伟购买冰毒的上线（被告人唐某成）打电话通风报信，其行为已构成包庇毒品犯罪分子罪。被告人唐某成于2016年7月12日被公安机关抓获。

被告人王某某明知他人涉嫌贩卖毒品被公安机关抓获，仍打电话通风报信，其行为已构成包庇毒品犯罪分子罪。

四、主体

包庇毒品犯罪分子罪主体为一般主体，即凡达到刑事责任年龄并具有刑事责任能力，实施了包庇毒品犯罪分子的人，均可构成本罪。本罪不能由单位和不满十六周岁的人或不具备刑事责任能力的自然人构成。

缉毒人员或者其他国家机关工作人员掩护、包庇走私、贩卖、运输、制造毒品的犯罪分子的，应从重处罚。也就是说，对特定人员犯本罪的，在处罚上要特别考虑，在定罪上应没有区分。

---

① 本案参见辽宁省葫芦岛市中级人民法院（2017）辽14刑初16号刑事判决书。

犯走私、贩卖、运输、制造毒品罪的，能否构成包庇毒品犯罪分子罪的主体。因一般主体即可构成本罪，这就意味着，并未排除走私、贩卖、运输、制造毒品罪的犯罪人构成本罪。根据刑法学基本原理，如果是行为人湮灭自己所犯的走私、贩卖、运输、制造毒品罪的，属于事后不可罚行为，不另定包庇毒品犯罪分子罪。但如果行为人走私、贩卖、运输、制造毒品，又包庇其他犯该类罪的犯罪人，而非自己的，则可以构成本罪，与其原有的毒品类犯罪实行数罪并罚。

参阅案例

虞某包庇毒品犯罪分子案①

2016年4月18日20时许，被告人虞某（原南郊公园警务站协警）在民警肖某的带领下与协警李某、黄某、王某、高某在本市天心区南郊公园警务站附近进行车辆盘查时，从贩毒人员刘某（另案处理）驾驶的车辆内各处查获毒品甲基苯丙胺、甲基苯丙胺片剂、包装袋若干和电子秤、手机等物品。随后，上述人员在警务站内对查扣的物品进行清点并等待办案民警将刘某予以移交。其间，被告人虞某应贩毒人员刘某请求，趁无人注意之际，将贩毒人员刘某被查扣的2袋毒品甲基苯丙胺藏匿于制服口袋中，后将该毒品埋于警务站后墙角下。

2016年5月27日，贩毒人员刘某在讯问中向公安机关交代了有警务站协警为其藏匿2袋毒品的事实。

2016年5月28日，被告人虞某将上述较重的1袋毒品甲基苯丙胺在南郊公园警务站厕所内冲走，同日主动向公安机关投案并如实供述了自己的罪行。案发后，被告人虞某上交了另1袋毒品甲基苯丙胺，净重25.26克。

---

① 本案参见湖南省长沙市天心区人民法院（2016）湘0103刑初484号刑事判决书。

被告人虞某作为国家机关工作人员，明知刘某系贩毒人员，仍帮助其隐瞒毒品、湮灭罪证，以使其逃避应有的法律制裁，其行为已构成包庇毒品犯罪分子罪。湖南省长沙市天心区人民检察院指控被告人虞某犯包庇毒品犯罪分子罪的事实及罪名成立。被告人虞某案发时系国家机关工作人员，具有法定从重处罚情节。被告人虞某案发后自动投案并如实供述，其在法庭审理期间仍能如实供述，可以认定具有自首情节，依法可以从轻处罚。对辩护人辩护称被告人虞某的行为不构成情节严重情形的辩护意见，湖南省长沙市天心区人民法院予以采纳。对辩护人辩护称被告人虞某不是国家机关工作人员、不具有法定从重处罚情形的辩护意见，经法院审查认为，被告人虞某身为协警，具有协助公安民警查禁犯罪活动的职责，在其依法执行公务期间，属于依照法律从事公务的人员，应以国家机关工作人员论，辩护人的该辩护意见法院不予采纳。辩护人辩护称被告人虞某系自首，且认罪、悔罪的辩护意见法院予以采纳。据此，依照《中华人民共和国刑法》第三百四十九条第一款及第二款、第六十七条第一款之规定，湖南省长沙市天心区人民法院作出判决如下：被告人虞某犯包庇毒品犯罪分子罪，判处有期徒刑一年六个月。

根据2016年《最高人民法院关于审理毒品犯罪案件适用法律若干问题的解释》“包庇走私、贩卖、运输、制造毒品的近亲属……不具有本条前两款规定的‘情节严重’的情形，归案后认罪、悔罪、积极退赃，且系初犯、偶犯，犯罪情节轻微不需要判处刑罚的，可以免予刑事处罚”的规定，近亲属身份不影响本罪的成立，但符合法定条件的可以免予刑事处罚。

卢某包庇毒品犯罪分子案①

2015年2月4日22时许，广东省揭阳市惠来县公安局在岐石镇乌石村

① 本案参见广东省揭阳市惠来县人民法院（2015）揭惠法刑初字第202号刑事判决书。

开展清查行动中，在涉嫌制造毒品的犯罪嫌疑人卢某盛（另案处理）家中查获真空泵、铁汰、反应泵等制毒工具及氢氧化钠、无水氯化钙等制毒化学物品1批及红色粉末0.5克，同时抓获卢某盛的妻子被告人卢某。经检验，在被告人卢某家查获的制毒工具检出甲基苯丙胺成分；红色粉末检出甲基苯丙胺、咖啡因成分。经审查，卢某交代在其家中查获的上述物品是其丈夫卢某盛拿来的，但拒绝交代卢某盛有制造毒品的行为，对被扣押工具的用途不仅不交代，而且编造部分工具的用途。被告人卢某无视国家法律，包庇制造毒品的犯罪分子，其行为已构成包庇毒品犯罪分子罪。依照《中华人民共和国刑法》第三百四十九条第一款、第六十七条第三款之规定，广东省揭阳市惠来县人民法院作出如下判决：被告人卢某犯包庇毒品犯罪分子罪，判处有期徒刑十个月。

五、主观方面

包庇毒品犯罪分子罪的主观方面是表现为故意，即行为人明知是特定毒品犯罪分子而有意予以包庇，但是本罪的故意应当排除行为人与特定毒品犯罪分子事先通谋的情况。

在司法实践中，有的行为人开始并不知道被包庇者是特定毒品（走私、贩卖、运输、制造毒品）犯罪分子，而为其提供隐藏住所、财物，帮助其逃匿，或者作假证明掩盖其罪行，在知道被包庇者是特定毒品犯罪分子后，继续实施包庇行为的，也应当认定行为人具有包庇上述特定毒品犯罪分子的故意而构成本罪。如果是在被包庇者离开行为人为其提供的隐藏住所后，行为人才知道被包庇者为上述特定毒品犯罪分子的，则不能构成本罪。行为人明知被包庇者从事毒品犯罪，但并不知道究竟是走私、贩卖、运输、制造毒品，还是走私制毒物品、非法持有毒品，而出于同乡、同学、亲戚等关系对其进行包庇的，则应当按照行为人所具体包庇的毒品犯罪分子的类型来决定：如包庇非特定的毒品犯罪分子，以窝藏、包庇罪论处；如果包庇《中华人民共和国刑法》规定的特定毒品犯罪分子，则以本罪论处。

过失不构成本罪。且主观方面的故意包括直接故意，也包括间接故意。本罪的直接故意是指行为人明知是特定毒品（走私、贩卖、运输、制造毒品）犯罪分子而对其进行包庇的，帮助其实施湮灭罪证等行为；间接故意是指负有法定义务的人员放任特定毒品（走私、贩卖、运输、制造毒品）犯罪分子逃脱的行为，如公安、海关等执法机关的缉毒人员或其他负有其他法定义务的人员实施上述行为。

关于明知的时间的认定，大多数案件中，行为人在行为开始实施时，就知道其包庇的对象为走私、贩卖、运输、制造毒品罪的犯罪人，但是也有在行为过程中才认识到的情况，这并不影响本罪的构成。因为在这种情况下，行为人在客观上实施了包庇毒品犯罪人的行为，又在主观上逐渐认识到了这一情况，但其行为仍然继续，就完全符合包庇毒品犯罪分子罪的犯罪构成。如行为人开始实施包庇行为时不知晓犯罪人的身份，而发现对方是走私、贩卖、运输、制造毒品罪的犯罪人，仍继续实施包庇行为的，仍可构成本罪。

包庇毒品犯罪分子的行为人的动机多种多样，有的是出于亲友之情，有的是出于哥们义气，有的是出于贪图财物等，但无论出于何种动机，只要明知是走私、贩卖、运输、制造毒品的犯罪分子而予以包庇的均构成本罪。如果行为人不知道对方是毒品犯罪分子而提供了帮助，如住所、钱财、交通便利等，不构成犯罪。

第二节 包庇毒品犯罪分子罪司法适用疑难问题

包庇毒品犯罪分子罪是常见的毒品犯罪类型，但在司法认定上存在一些疑难问题。

一、包庇毒品犯罪分子罪与非罪的区分

包庇毒品犯罪分子罪与非罪的界限主要从以下三个方面考量：

（一）本罪与“知情不举”行为的界限

“知情不举”是指明知是毒品犯罪分子，而不向司法机关检举揭发，也没有向司法机关作虚假证明，对犯罪分子也不提供积极帮助，表现为消极不作为。对于这种消极不作为，我国法律没有规定知情不举罪，“知情不举”人没有法律明确规定的作为义务，只属于一般的纪律问题或道德问题，因此，不构成包庇毒品犯罪分子罪。

但是，根据相应的刑法条文和单行刑事法律的有关规定，对走私、贩卖、运输、制造毒品犯罪分子的知情不举行为在一定的条件下可能会构成其他犯罪。如对知情不举者定义为具有特定义务的国家机关工作人员，则不能简单地以法律没有明文规定其实施该知情不举行为犯罪而不追究其刑事责任，如果涉嫌渎职犯罪的，依照相应的法律规定处理。

（二）包庇的对象

包庇毒品犯罪分子罪所包庇的对象必须是“走私、贩卖、运输、制造”毒品的犯罪分子，对于包庇上述情况外的其他毒品犯罪分子的，不以本罪论处。

（三）行为情节轻重程度

认定本罪是否成立应从所包庇的上游犯罪的行为轻重程度和包庇行为的轻重程度两个方面来判断。一方面，如果走私、贩卖、运输、制造毒品的行为因为情节显著轻微不构成犯罪，那么包庇走私、贩卖、运输、制造毒品者也不能构成犯罪。另一方面，如果包庇行为没有达到严重扰乱国家禁毒活动，具备严重的社会危害性时，也不能构成本罪。

二、与其他犯罪的区分

包庇毒品犯罪分子罪是从包庇、窝藏罪中分离并确定的单独罪名，并且因为包庇的行为方式、行为主体的差别，其容易与其他犯罪罪名混淆，在司法实务中应该着重注意区分。

（一）包庇毒品犯罪分子罪与包庇罪

包庇毒品犯罪分子罪与包庇罪的主要区别在于包庇的对象不同，包庇毒品犯罪分子罪所包庇的对象，必须是走私、贩卖、运输、制造毒品的犯罪分子，而包庇罪所包庇的对象，则是除上述走私、贩卖、运输、制造毒品犯罪以外的刑事犯罪分子。

（二）包庇毒品犯罪分子罪与伪证罪

伪证罪是指在刑事诉讼中，证人、鉴定人、记录人、翻译人对与案件有重要关系的情节，故意作虚假证明、鉴定、记录、翻译，意图陷害他人或者隐匿罪证的行为。从定义中可以看出伪证罪中的故意作虚假证明，为犯罪分子隐匿罪证的行为与包庇毒品犯罪分子罪的行为相似，但是二者具有本质的区别。主要有：

1. 主体要件不同

包庇毒品犯罪分子罪是一般主体，而伪证罪的主体为特殊主体，只限于证人、鉴定人、记录人、翻译人。

2. 实施犯罪行为的时间和条件不同

包庇毒品犯罪分子的行为人实施的犯罪行为，可以在毒品犯罪分子被逮捕、关押之前，也可以在被逮捕、关押判刑之后，而伪证罪的行为人实施的犯罪行为，只能在侦查、审判阶段。

3. 实施犯罪行为的内容和对象不同

包庇毒品犯罪分子的行为人，掩盖的是犯罪分子的全部罪行或者重要犯罪事实，包庇毒品犯罪分子罪的对象，可以是未经逮捕或者判刑的，也可以是已经判决的犯罪分子。而伪证罪的行为人则必须是在侦查、起诉、审判中对与案件有重要关系的情节作出虚假的陈述或隐匿罪证。伪证罪的对象只能是正在侦查或审判中的未决犯。

参阅案例

李某犯伪证罪案[①]

2017 年 11 月 29 日，江苏省常州市公安局金坛分局以胡某（另案处理）涉嫌容留他人吸毒罪向常州市金坛区人民检察院提请批准逮捕。2017 年 12 月 6 日，被告人李某作为该案证人在接受检察机关询问期间故意隐瞒事实真相，并提供胡某仅 2 次容留其在家中吸食毒品甲基苯丙胺的虚假证言，意图帮助胡某隐匿罪证。2017 年 12 月 6 日，常州市金坛区人民检察院决定对胡某不批准逮捕。

2017 年 12 月 11 日，被告人李某主动到常州市公安局金坛分局东城派出所投案，并如实供述自己作虚假证言及胡某 4 次容留其在家中吸食毒品的犯罪事实。

2018 年 8 月 27 日，胡某因犯容留他人吸毒罪，被常州市金坛区人民法院判处有期徒刑六个月十日，并处罚金人民币 1 万元。

被告人李某在刑事诉讼中，作为证人对与案件有重要关系的情节，故意作虚假证明，意图隐匿罪证，其行为已构成伪证罪。公诉机关指控被告人李某犯伪证罪，罪名成立，应予采纳。被告人李某犯罪后自动投案，并能如实供述自己的罪行，属于自首，依法可以从轻处罚。被告人李某自愿认罪，承认指控的犯罪事实并愿意接受处罚，依法可从宽处理。根据被告人李某的犯罪情节、认罪态度和悔罪表现，对其可宣告缓刑。为保证司法

---

① 本案参见辽宁省大连市金州区人民法院（2019）苏 0413 刑初 19 号刑事判决书。

机关的正常诉讼活动，惩罚犯罪，依照《中华人民共和国刑法》第三百零五条，第六十七条第一款，第七十二条第一款，第七十三条第一款、第三款，《中华人民共和国刑事诉讼法》第十五条之规定，辽宁省大连市金州区人民法院作出判决：被告人李某犯伪证罪，判处拘役五个月，缓刑六个月。

（三）包庇毒品犯罪分子罪与徇私枉法罪

徇私枉法罪，是指国家司法工作人员利用司法职权徇私舞弊，对明知是无罪的人而故意使他受追诉或者对明知是有罪的人而故意包庇使他不受追诉，或者故意违背事实和法律作枉法裁判的行为。这两罪都是对明知有罪的人而故意包庇的行为，但两者又是性质不同的犯罪。其区别主要是：

1. 犯罪的主体不同

包庇毒品犯罪分子罪是一般主体，徇私枉法罪的主体为司法工作人员。

2. 犯罪的手段不同

包庇毒品犯罪分子罪，行为手段形式可以是多种多样的，目的是为其掩盖罪行，而徇私枉法罪的行为人只能是利用司法职务上的便利，对明知是有罪的人而故意包庇使他不受追诉。

3. 实施的时间要求不同

包庇毒品犯罪分子罪的包庇行为可以在任何时候发生，而徇私枉法罪的实施一般只能在被包庇的犯罪分子被判决之前，最晚到判决为止。

4. 对象不同

包庇毒品犯罪分子罪的对象仅限于走私、贩卖、运输、制造毒品的犯罪分子，而徇私枉法罪的对象没有限制。对于司法工作人员，没有利用职权，实施了包庇走私、贩卖、运输、制造毒品的犯罪分子的行为，只能定包庇毒品犯罪分子罪。对于利用职权，包庇以上犯罪分子的行为，只能按照《中华人民共和国刑法》第三百九十九条徇私枉法罪定罪量刑。

参阅案例

张某徇私枉法案[①]

2012年3月，四川省宜宾市兴文县公安局与被告人张某签订劳动合同，聘用其在辅警岗位工作。2014年，兴文县公安局特巡警大队成立后，被告人张某被抽调为特巡警大队队员，负有积极开展预防、发现、制止各类违法犯罪活动等工作职责。2014—2016年期间，被告人张某多次收受贩毒人员刘某甲现金共计7000元，在刘某甲的租住房抓捕正在吸毒的人员时，明知吸毒人员的毒品都是在刘某甲处购买，且在刘某甲处进行吸食的情况下，仍对刘某甲贩卖毒品及容留他人吸食毒品的行为放纵不管。

2016年9月和10月，被告人张某带队在刘某甲租住房内抓获刘某、王某、李某等多名正在吸食毒品的人员，被告人张某对刘某甲贩卖毒品和容留他人吸食毒品的行为放任不管，并经刘某甲从中斡旋，吸毒人员刘某给予被告人张某钱财后，张某竟将其释放；2016年10月，特巡警大队队员古某带队在刘某甲租住房内抓获李某、李某甲、肖某等多名正在吸食毒品的人员，在盘问过程中，被告人张某来到刘某甲租住房，经刘某甲斡旋，被告人张某出面与古某说情，将吸毒人员李某释放。

被告人张某身为司法工作人员徇私枉法，对明知是有罪的人而故意包庇不使其受追诉的行为，已触犯《中华人民共和国刑法》第三百九十九条第一款之规定，构成徇私枉法罪，依法应处五年以下有期徒刑或者拘役。公诉机关指控被告人的罪名成立。至于其辩护人所提，被告人属公安机关辅警，不具侦查职责，不具有司法工作人员身份，因此不构成徇私枉法罪的辩护意见。经查，被告人张某确系兴文县公安局特巡警大队辅警，但根据《全国人大常委会关于〈中华人民共和国刑法〉第九章渎职罪主体适用

---

① 本案参见四川省宜宾市兴文县人民法院（2017）川1528刑初163号刑事判决书。

问题的解释》规定，被告人属于“在国家机关从事公务的人员，在代表国家机关行使职权时，有渎职行为的，应当依照刑法有关渎职罪的规定追究刑事责任”的情况。因此，辩护人的该辩护意见，四川省宜宾市兴文县人民法院不予采纳；辩护人所提其他辩护意见，与庭审查明的事实相符，法院予以采纳。被告人归案后，能如实供述罪行，依法可从轻处罚。被告人先后收受刘某甲现金7000元，属违法所得，依法应予追缴，上缴国库。据此，依照《中华人民共和国刑法》第三百九十九条第一款、第九十三条、第九十四条、第六十四条、第六十七条第三款，《全国人大常委会关于〈中华人民共和国刑法〉第九章渎职罪主体适用问题的解释》之规定，四川省宜宾市兴文县人民法院作出判决：被告人张某犯徇私枉法罪，判处有期徒刑二年六个月。

（四）包庇毒品犯罪分子罪与窝藏、转移、隐瞒毒品、毒赃罪

包庇毒品犯罪分子罪与窝藏、转移、隐瞒毒品、毒赃罪这两个罪名，都是规定在《中华人民共和国刑法》第三百四十九条中，所以两罪的刑罚处罚依据、处罚结果是相同的。

但是，两罪还是有着本质的区别，窝藏、转移、隐瞒毒品、毒赃罪，是指为犯罪分子窝藏、转移、隐瞒毒品或者实施毒品犯罪所得财物的行为。客观方面表现为行为人实施了窝藏、转移、隐瞒毒品或毒赃的行为。窝藏、转移、隐瞒的对象是毒品、毒赃。这是与包庇毒品犯罪分子罪最大的区别。前者包庇的是物，后者包庇的是人。

三、对《中华人民共和国刑法》第三百四十九条的理解

该法第三百四十九条是本罪的法律基础，其中第二款、第三款还是有需要进一步阐释的情节。

（一）对《中华人民共和国刑法》第三百四十九条第二款的理解

该法第三百四十九条第二款规定：“缉毒人员或者其他国家机关工作人

员掩护、包庇走私、贩卖、运输、制造毒品的犯罪分子的，依照前款的规定从重处罚。”

有观点认为本款规定实为一个新罪名的成立，实质上这种观点有待商榷，本款规定并没有增设一个新的罪名，而仅仅是关于犯罪主体的特殊性而影响刑法轻重的规定，现行《中华人民共和国刑法》增设本款的目的是对缉毒人员及其他国家机关工作人员利用职务之便包庇毒品犯罪分子的行为从重处罚。

另外，如何理解本款中“掩护”一词的含义，以及“掩护”与“包庇”两词之间的关系，在司法实践中也有不同的观点。从字面的含义上看，一般而言“包庇”可以解释为“袒护或掩护”的意思，包含了“掩护”的含义。另外，根据行为具备一个犯罪构成的是一罪，行为具备数个犯罪构成的则是数罪来看，“掩护”也只能被“包庇”所涵盖，二者应该是包容与被包容的关系。从这方面来理解，可以说“掩护”的含义是指缉毒人员或者其他国家机关工作人员利用职务上的便利条件实施的相对隐蔽的庇护行为。

（二）对《中华人民共和国刑法》第三百四十九条第三款“事先通谋”的理解

该法第三百四十九条第三款规定：“犯前两款罪，事先通谋的，以走私、贩卖、运输、制造毒品罪的共犯论处。”

该款规定涉及对“事先通谋”一词的理解。该款规定属于注意规定，并没有创设新的内容，它只是对《中华人民共和国刑法》总则中共同犯罪有关规定的重申和提醒。也就是说，即便没有这条明示规定，行为人事先与上述几种毒品犯罪人事先通谋，表明其完成犯罪后予以包庇的，同样应认定为上述毒品犯罪的共犯，这是因为该行为完全符合共同犯罪成立的主客观条件，应该共同构成毒品犯罪。在司法认定中，要注意行为人事先有没有同谋，据此判断行为人构成什么罪。

四、包庇毒品犯罪分子罪的罪数问题

在司法实践中，被包庇人往往实施了多个犯罪，如果被包庇人既实施了走私、贩卖、运输、制造毒品罪，又实施了非法持有毒品罪等其他毒品类犯罪，而且行为人对此明知还予以包庇的，这种情况属于一个包庇行为触犯数罪名，构成包庇毒品犯罪分子罪和窝藏、包庇罪的想象竞合。根据想象竞合犯的处理原则，应该从一重罪处理。如果构成了包庇毒品犯罪分子罪量刑中的“情节严重”而不构成窝藏、包庇罪法定刑中的“情节严重”的，则以包庇毒品犯罪分子罪定罪量刑。

刑事诉讼中的辩护人、诉讼代理人为包庇作为当事人的走私、贩卖、运输、制造毒品犯罪分子而帮助其毁灭、伪造证据，威胁、引诱证人违背事实改变证言或者作伪证，构成包庇毒品犯罪分子罪和辩护人、诉讼代理人毁灭证据、伪造证据、妨害作证罪的想象竞合犯，由于行为人实施的本质上是一个行为，因此应从一重罪处罚。本罪情节严重时的最高法定刑为十年，而辩护人、诉讼代理人毁灭证据、伪造证据、妨害作证罪的最高法定刑为七年，显然本罪量刑更重，所以应以包庇毒品犯罪分子罪定罪处罚。

第三节　包庇毒品犯罪分子罪量刑处罚标准

《中华人民共和国刑法》在对包庇毒品犯罪分子的行为设定刑罚时，着重考虑了犯罪主体、犯罪情节等因素。

一、立案追诉标准

根据《最高人民检察院、公安部关于公安机关管辖的刑事案件立案追诉标准的规定（三）》第三条的规定：

包庇走私、贩卖、运输、制造毒品的犯罪分子，涉嫌下列情形之一的，应予立案追诉：

（一）作虚假证明，帮助掩盖罪行的；

（二）帮助隐藏、转移或者毁灭证据的；

（三）帮助取得虚假身份或者身份证件的；

（四）以其他方式包庇犯罪分子的。

实施前款规定的行为，事先通谋的，以走私、贩卖、运输、制造毒品罪的共犯立案追诉。

二、刑罚区间

根据《中华人民共和国刑法》第三百四十九条的规定，可以将本罪的刑罚配置从重至轻划分为两个档次、区间。根据 2016 年《最高人民法院关于审理毒品犯罪案件适用法律若干问题的解释》的规定，本罪在满足特定条件下可以免予刑事处罚，故本罪在现实中可以存在三档刑罚区间。

（一）最高档

三年以上十年以下有期徒刑。

（二）中间档

三年以下有期徒刑、拘役或者管制。

（三）最低档

免予刑事处罚。

三、量刑标准

依照《中华人民共和国刑法》以及有关毒品犯罪司法解释的规定，为本罪设定的三个量刑档，每个量刑格所对应的量刑标准、情形分别为：

（一）最高档：三年以上十年以下有期徒刑

本罪的最高档量刑为三年以上十年以下有期徒刑。其对应的量刑要求为“情节严重”，根据2016年《最高人民法院关于审理毒品犯罪案件适用法律若干问题的解释》的规定，包庇走私、贩卖、运输、制造毒品的犯罪分子“情节严重的”是指：

1. 被包庇的犯罪分子依法应当判处十五年有期徒刑以上刑罚的；

2. 包庇多名或者多次包庇走私、贩卖、运输、制造毒品的犯罪分子的；

3. 严重妨害司法机关对被包庇的犯罪分子实施的毒品犯罪进行追究的；

4. 其他情节严重的情形。

《中华人民共和国刑法》第三百四十九条第二款规定了“从重处罚情形”：

1. 缉毒人员掩护、包庇走私、贩卖、运输、制造毒品的犯罪分子的；

2. 其他国家机关工作人员掩护、包庇走私、贩卖、运输、制造毒品的犯罪分子的。

（二）中间档：三年以下有期徒刑、拘役或者管制

本罪的中间档量刑为三年以下有期徒刑、拘役或者管制。其对应的量刑情节无特殊要求，即只要实施了包庇走私、贩卖、运输、制造毒品的犯罪分子的行为即可。

（三）最低档：免予刑事处罚

本罪的最低档量刑为免予刑事处罚。结合《中华人民共和国刑法》第三百四十九条以及2016年《最高人民法院关于审理毒品犯罪案件适用法律若干问题的解释》第六条第三款的规定，包庇走私、贩卖、运输、制造毒品的近亲属，不具有本条前两款规定的“情节严重”情形，归案后认罪、悔罪、积极退赃，且系初犯、偶犯，犯罪情节轻微不需要判处刑罚的，可以免予刑事处罚。由此可见，行为人构成本罪可以免予处罚的条件是：

1. 包庇走私、贩卖、运输、制造毒品的近亲属，即行为人是走私、贩

卖、运输、制造毒品犯罪分子的近亲属；

2. 不具有本条前两款规定的“情节严重”情形；

3. 归案后认罪、悔罪、积极退赃；

4. 系初犯、偶犯；

5. 犯罪情节轻微不需要判处刑罚。

第四章 窝藏、转移、隐瞒毒品、毒赃罪

第一节 窝藏、转移、隐瞒毒品、毒赃罪概念及犯罪构成

窝藏、转移、隐瞒毒品、毒赃罪与包庇毒品犯罪分子罪“同宗同源”，都是《中华人民共和国刑法》第三百四十九条规定的罪名，本罪是规定在本条第一款后半部分的罪名，规制的是明知是毒品或者毒品犯罪所得的财物而为犯罪分子窝藏、转移、隐瞒的行为。两罪虽然同处于一个法条中，但是分别独立成罪，可见两罪还是有本质的区别的。

一、概念法条

窝藏、转移、隐瞒毒品、毒赃罪，是指明知是毒品或者毒品犯罪所得的财物而为犯罪分子窝藏、转移、隐瞒的行为。

《中华人民共和国刑法》第三百四十九条：

【窝藏、转移、隐瞒毒品、毒赃罪】包庇走私、贩卖、运输、制造毒品的犯罪分子的，为犯罪分子窝藏、转移、隐瞒毒品或者犯罪所得的财物的，处三年以下有期徒刑、拘役或者管制；情节严重的，处三年以上十年以下有期徒刑。

缉毒人员或者其他国家机关工作人员掩护、包庇走私、贩卖、运输、制造毒品的犯罪分子的，依照前款的规定从重处罚。

犯前两款罪，事先通谋的，以走私、贩卖、运输、制造毒品罪的共犯论处。

二、客体

窝藏、转移、隐瞒毒品、毒赃罪侵犯的客体，是国家对毒品的管制和国家司法机关的正常活动。

窝藏、转移、隐瞒毒品、毒赃的行为，不仅帮助犯罪分子隐匿罪证，妨碍司法机关的调查取证，使犯罪分子逃避法律的制裁，而且为毒品犯罪分子继续犯罪提供物质条件，这些毒品可以随时流入社会，危害他人身心健康。因此，窝藏、转移、隐瞒毒品、毒赃的犯罪行为具有严重的社会危害性，应依法予以惩处。

窝藏、转移、隐瞒毒品、毒赃罪的对象是特定对象，由《中华人民共和国刑法》第三百四十九条的规定可以看出，窝藏、转移、隐瞒毒品、毒赃罪的对象，必须是走私、贩卖、运输、制造毒品的犯罪分子的毒品、毒赃。因而应当认为走私、贩卖、运输、制造毒品罪为本罪的上游犯罪。窝藏、转移、隐瞒毒品、毒赃罪的犯罪对象应当是特定的，只能是走私、贩卖、运输、制造毒品罪的毒品及其犯罪所得。所谓毒品是指鸦片、海洛因、甲基苯丙胺、吗啡、大麻、可卡因以及国家规定管制的其他能够使人形成瘾癖的麻醉药品和精神药品。所谓毒赃，是指犯罪分子进行毒品犯罪所得的财物，以及由非法所得获取的收益。非法所得获取的收益，是指利用毒品违法犯罪所得的财物及孳息或者经营活动所获取的财物，以及有关财产方面的利益，包括金钱、物品、股票、利息、股息、红利、用毒品犯罪所得购置的房地产、经营的工厂、公司等。这些财物必须是毒品犯罪分子进行毒品犯罪所得，如果是其他犯罪所得，可构成窝赃罪。

三、客观方面

窝藏、转移、隐瞒毒品、毒赃罪的客观方面表现为行为人为走私、贩卖、运输、制造毒品的犯罪分子窝藏、转移、隐瞒毒品、毒赃的行为。

窝藏是指将犯罪分子的毒品、毒赃窝藏在自己的住所或者其他隐蔽的场所，以逃避司法机关的追查。认定窝藏行为的关键在于判断毒品或者毒赃是否处在行为人的实际控制之下。对于窝藏的地点，并不必然要求一定是行为人自己所有的场所，如行为人将毒品、毒赃藏在荒郊野外同样也是窝藏。

转移是指将犯罪分子的毒品、毒赃从一地转移到另一地，以抗拒司法机关对毒品、毒赃的追缴，帮助犯罪分子逃避法律的制裁，或者便于犯罪分子进行毒品交易等犯罪活动。转移可以说是空间上的位移。

隐瞒是指在司法机关询问调查有关犯罪分子的情况时，自己明知犯罪分子的毒品、毒赃藏在何处，而有意对司法机关进行隐瞒。只要行为人实施了其中任一行为，就构成本罪。就词义而言，隐瞒可以有三种表现形式：一是“知情不举”，即明知真相而未予告发；二是“拒不吐实”，即在公安、司法机关询问时不予合作，拒不提供有关毒品或毒赃的真实情况；三是“以假乱真”，即在接受询问时，非但不提供有关毒品或毒赃的真实情况，而且有意提供不真实的情况，在客观上造成转移视线、干扰侦查活动的结果。对于本罪的“隐瞒”，以上三种情形，一般认为达到“拒不吐实”即可；“知情不举”不构成犯罪；“以假乱真”不应作为构成犯罪的必要条件。

在惩治毒品犯罪司法实践中，隐瞒通常是窝藏、转移行为的后续行为，单纯的隐瞒行为是较为少见的。由于窝藏、转移、隐瞒本属一罪中的数行为，所以没有必要对三者作细致的区分。

参阅案例

刘某祖窝藏毒品案[①]

2017年4月初，被告人刘某祖明知是他人用于贩卖的毒品，而仍为其将毒品甲基苯丙胺0.21克、麻古0.11克、海洛因14.73克藏放于自己入住的江苏省宜兴市宜城街道某旅馆某房间。

2017年4月6日，被告人刘某祖被公安机关抓获，上述毒品被当场查获，查获的毒品已由公安机关作了收缴处理。

被告人刘某祖明知他人毒品用于贩卖而为其窝藏，其行为已构成窝藏毒品罪，应予惩处。公诉机关指控被告人刘某祖所犯罪名成立，予以采纳。被告人刘某祖归案后能如实供述自己的犯罪事实，庭审中能自愿认罪，可以从轻处罚。据此，依照《中华人民共和国刑法》第三百四十九条第一款、第六十七条第三款的规定，江苏省宜兴市人民法院作出判决：被告人刘某祖犯窝藏毒品罪，判处有期徒刑九个月，并处罚金人民币2000元。

邓某淼转移毒品案[②]

2017年6月5日22时许，被告人邓某淼接到贩毒人员苏某（另案处理）的电话，根据苏某的安排，从二人位于湖北省宜昌市伍家岗区胜利三路××号的租住房客厅茶几抽屉内，将一袋用透明塑料袋包装的甲基苯丙胺转移至其随身携带的挎包内。邓某淼在明知其为毒品的情况下，将该挎包带至宜昌市西陵区珍珠路某快捷酒店某号房间交给苏某。苏某在房间内

---

① 本案参见江苏省宜兴市人民法院（2017）苏0282刑初642号刑事判决书。

② 本案参见湖北省宜昌市西陵区人民法院（2018）鄂0502刑初94号刑事判决书。

将该毒品贩卖给贩毒人员姜某（已判决）。同日23时许，公安机关在该房间将姜某抓获，当场从姜某身上查获上述白色晶体一袋，称净重98.1克。上述涉案白色晶体一袋被公安机关扣押。经宜昌市公安司法鉴定中心鉴定，从查获的白色晶体中检出甲基苯丙胺成分，甲基苯丙胺含量为62.27%。

被告人邓某淼明知是毒品，仍为犯罪分子转移毒品，情节严重，其行为已构成转移毒品罪。公诉机关指控的罪名成立。被告人邓某淼如实供述自己的罪行，依法可以从轻处罚。根据《中华人民共和国刑法》第三百四十九条第一款、第六十七条第三款、第六十四条及《最高人民法院关于审理毒品犯罪案件适用法律若干问题的解释》第六条第二款第（一）项规定，湖北省宜昌市西陵区人民法院作出判决：被告人邓某淼犯转移毒品罪，判处有期徒刑三年六个月。

周某某隐瞒毒品案①

2015年4月17日13时许，公安民警在重庆市永川区中医院查获涉嫌贩卖毒品的李某甲。李某甲的女朋友刘某某通过电话将李某甲被公安机关控制一事，告诉了李某甲的哥哥李某乙。李某乙又通过电话将此事告知其母亲周某某。被告人周某某得知该消息后，认为李某甲当日取回放于重庆市永川区某小区家中杂物间内的邮政快递有问题，于是搭乘出租车将该包裹放置到重庆市永川区中山路办事处某村某组，其姐姐周某某无人居住的房屋后的水沟内，并用树叶、竹叶、塑料网等物品覆盖。同日15时30分许，公安民警对李某甲位于重庆市永川区某小区的住处进行搜查，在询问李某甲当日取回的包裹放于何处，并明确告知周某某李某甲涉嫌重大毒品犯罪，且包裹内有毒品的情形下，周某某仍拒不交代藏匿包裹的地点。随

① 本案参见重庆市永川区人民法院（2015）永法刑初字第00515号刑事判决书。

后，公安机关通过对李某乙进行思想教育，李某乙电话联系周某某后，周某某告诉李某乙包裹藏匿的地点。随后，公安机关在李某乙的带领下，在重庆市永川区中山路办事处某村某组周某某屋后的排水沟内，将装有2730.73克甲基苯丙胺片剂的包裹查获。

被告人周某某故意隐瞒毒品，其行为已构成隐瞒毒品罪，应负刑事责任。被告人周某某到案后如实供述自己的罪行，系坦白，可以从轻处罚。根据被告人周某某的犯罪情节和悔罪表现，对其适用缓刑对所居住社区没有重大不良影响，可以从轻处罚。依照《中华人民共和国刑法》第三百四十九条第一款，第六十七条第三款，第七十二条第一款，第七十三条第二款，第三款，第六十四条之规定，重庆市永川区人民法院作出判决：被告人周某某犯隐瞒毒品罪，判处有期徒刑二年，缓刑二年。

李某祁贩卖毒品、李某林窝藏、转移、隐瞒毒品案①

2017年10月12日，被告人李某祁在湖南省永州市祁阳县人民小学附近以200元的价格卖给吸毒人员刘某3粒甲基苯丙胺片剂和少量甲基苯丙胺。

2017年10月20日12时许，吸毒人员刘某电话联系被告人李某祁购买200元毒品，双方约定在祁阳县人民小学李某祁家附近进行交易，并约定交易5粒甲基苯丙胺片剂。14时许，刘某驾驶一辆现代轿车来到祁阳县人民小学旁，被告人李某祁用一个透明塑料袋包装好的5粒甲基苯丙胺片剂交给刘某，刘某将200元现金交给李某祁。之后，被告人李某祁被祁阳县公安局民警当场查获，从其身上左裤袋里搜出毒资200元，从刘某处查获麻古5粒片剂。随后。公安民警押李某祁前往浯溪镇芦家甸供销社宿舍某栋某楼李

① 本案参见湖南省祁阳县人民法院（2017）湘1121刑初616号刑事判决书。

某祁家中进行搜查。在一楼楼梯处，被告人李某林（系李某祁妻子）看见李某祁上楼且身旁有人紧随，遂怀疑李某祁被抓，为避免李某祁的毒品被公安机关发现，便故意将李某祁放在一楼杂物房里装有毒品的鞋盒转移至牛角巷一小巷子的瓷坛内，公安民警在对被告人李某祁家中和一楼杂物房搜查后未发现毒品，认为被告人李某林有可疑，经对被告人李某林做思想工作后，被告人李某林承认将一楼杂物房里装有毒品的鞋盒转移至别处，并带领公安民警将装有毒品的鞋盒找到。经现场清点，鞋盒里有蓝色塑料袋包装的红色小颗粒14包，用透明塑料袋包装的白色晶体1包及用于毒品称重的称重仪3台，公安民警于当日依法对查获的上述红色颗粒和白色晶体进行扣押和封存。经现场称量，被转移的鞋盒内的红色颗粒“麻古”疑似物净重249.25克，白色晶体净重30克。同年10月22日，公安民警依法将扣押的上述红色颗粒和白色晶体送至永州市公安司法鉴定中心鉴定，该鉴定中心工作人员于当日进行提取和检验。同月24日，经永州市公安司法鉴定中心鉴定：缴获“麻古”及鞋盒内红色颗粒均检出甲基苯丙胺和咖啡因成分。同年11月25日，经长沙市公安局物证鉴定所检验，涉案的红色颗粒中甲基苯丙胺含量为13.4%。

被告人李某祁违反国家毒品管理法规，明知甲基苯丙胺片剂系毒品而实施贩卖，数量大，其行为触犯了《中华人民共和国刑法》第三百四十七条第一款、第二款的规定，已构成贩卖毒品罪；被告人李某林知道其丈夫李某祁贩卖过毒品，明知李某祁存放于一楼杂物房里的鞋盒内装有毒品，仍故意将毒品转移，情节严重，其行为触犯了《中华人民共和国刑法》第三百四十九条第一款的规定，已构成窝藏、转移、隐瞒毒品罪。湖南省祁阳县人民法院作出判决：

一、被告人李某祁犯贩卖毒品罪，判处有期徒刑十五年，剥夺政治权利一年，并处没收财产人民币20000元；

二、被告人李某林犯窝藏、转移、隐瞒毒品罪，判处有期徒刑三年，缓刑三年。

四、主体

窝藏、转移、隐瞒毒品、毒赃罪的主体是一般主体，即任何具有刑事责任能力、达到刑事责任年龄、实施了窝藏毒品、毒赃行为的自然人，都有可能构成本罪。

本罪不能由单位和不满十六周岁的人或不具备刑事责任能力的自然人构成。

缉毒人员或者其他国家机关工作人员的身份不影响本罪的成立，但应从重处罚。也就是说，对特定人员犯本罪的，在处罚上要特别考虑，在定罪上应没有区分。

根据2016年《最高人民法院关于审理毒品犯罪案件适用法律若干问题的解释》的规定，为其窝藏、转移、隐瞒毒品或者毒品犯罪所得的财物，不具有本条前两款规定的“情节严重”的情形，归案后认罪、悔罪、积极退赃，且系初犯、偶犯，犯罪情节轻微不需要判处刑罚的，可以免予刑事处罚。因此，近亲属身份不影响本罪的成立，但符合法定条件的可以免予刑事处罚。

五、主观方面

窝藏、转移、隐瞒毒品、毒赃罪的主观方面只能由故意构成，不包括过失的情况。即行为人明知是走私、贩卖、运输、制造毒品的犯罪分子的毒品或者毒赃而故意加以窝藏、转移、隐瞒，且并未与毒品犯罪分子共谋，反之则构成走私、贩卖、运输、制造毒品罪的共犯。故意犯罪在主观方面包括两个要素，意识要素是明知，意志要素是希望或放任。

窝藏、转移、隐瞒毒品、毒赃罪的“明知”，表现为必须明知包庇对象是毒品或走私、贩卖、运输、制造毒品的犯罪所得。如果不知对象是走私、贩卖、运输、制造毒品的犯罪分子的毒品、毒赃，即使客观上确实起到了窝藏、转移、隐瞒的作用，也不能构成窝藏、转移、隐瞒毒品、毒赃罪。但是要注意以下几种特殊情况：

（一）“明知”的转化

在惩治毒品犯罪司法实践中，会出现有的行为人在帮助犯罪分子时并不知道物品、资金是毒品、毒赃，但是经过一段时间以后了解到真相，却继续为犯罪分子提供窝藏、转移、隐瞒毒品、毒赃的帮助行为。在这种情况下，行为人的主观方面已经从“不知”转化成为“明知”。可以说是本罪典型的持续犯，行为人的“明知”只要出现在窝藏、转移、隐瞒行为的持续期间内，就达到了本罪的主观要求。相反，如果行为人在窝藏、转移、隐瞒的期间内自始至终都对自己窝藏、转移、隐瞒的对象不知是毒品、毒赃，那么就不能构成本罪。

（二）“明知”的程度

行为人在实施窝藏、转移、隐瞒的行为时，有可能对窝藏、转移、隐瞒的对象只有一个概括的了解，只知道是毒品犯罪所得而不知道是何种毒品犯罪所得。由于走私、贩卖、运输、制造毒品罪为本罪的上游犯罪，出现这种情况时，应该根据被窝藏、转移、隐瞒毒赃的犯罪分子的犯罪种类来确定行为人的罪行。如果被窝藏、转移、隐瞒毒赃的犯罪分子所犯的是走私、贩卖、运输、制造毒品罪，那么行为人应当构成本罪。反之，如果是其他类型的毒品犯罪，则应以《中华人民共和国刑法》第三百一十二条的掩饰、隐瞒犯罪所得罪定罪处罚。

（三）“明知”的误差

司法实践中有可能发生行为人假想自己实施的是窝藏、转移、隐瞒毒品、毒赃的行为，但事实上被窝藏、转移、隐瞒的犯罪所得是其他类型的毒品犯罪所得的情况；或者行为人自认为自己窝藏、转移、隐瞒的犯罪所得的所有人构成了走私、贩卖、运输、制造毒品罪，但是由于被窝藏、转移、隐瞒的犯罪所得人没有达到刑事责任年龄或者不具备刑事责任能力，因此无法构成走私、贩卖、运输、制造毒品罪，即无法构成上游犯罪。此时行为人的认识就与事实之间存在误差。对于第一种行为人假想的情况，仍可以认为行为人的认识可以被包含在概括的故意之中，不影响对犯罪的完成形态的认定，但是要根据被窝藏人具体实施的犯罪类型确定窝藏行为人究竟构成窝藏、转移、隐瞒毒品、毒赃罪，还是一般的窝藏罪。对于第二种将无罪人认为有罪人的情况，根据2009年《最高人民法院关于审理洗钱等刑事案件具体应用法律若干问题的解释》第四条的规定，上游犯罪事实可以确认，因行为人死亡等原因依法不予追究刑事责任的，不影响对《中华人民共和国刑法》第三百四十九条规定的犯罪的认定。

行为人对窝藏的对象的真实状态缺乏足够的认识，无法达到“明知”是走私、贩卖、运输、制造毒品罪的毒品、毒赃的条件，故不能构成窝藏、转移、隐瞒毒品、毒赃罪，只能按照普通的窝藏罪定罪。如毒品犯罪分子的毒赃明明是走私、贩卖、运输、制造毒品所得，但是在其交给行为人窝藏、转移、隐瞒时却故意隐瞒真相，谎称为盗窃或抢劫所得，行为人信以为真，将其作为一般赃物进行窝藏、转移和隐瞒。

行为人误把赃物当成毒赃，不影响窝藏、转移、隐瞒毒品、毒赃罪的成立，在理论上可以认为构成本罪的对象不能犯未遂。如本是盗窃、抢劫所得，却谎称是毒品上游犯罪所得，而行为人信以为真，将其当作走私、贩卖、运输、制造毒品罪的毒品、毒赃进行窝藏、转移和隐瞒。

第二节　窝藏、转移、隐瞒毒品、毒赃罪司法适用疑难问题

窝藏、转移、隐瞒毒品、毒赃罪作为常见的毒品犯罪类型之一，其在司法认定上存在一些疑难问题。

一、窝藏、转移、隐瞒毒品、毒赃罪与非罪的区分

窝藏、转移、隐瞒毒品、毒赃罪的成立，除了行为本身之外没有其他的任何附加的定罪条件，是典型的行为犯，定罪不受“数额”和“情节轻重”等条件的束缚。从原则上来说，窝藏、转移、隐瞒毒品、毒赃的行为都可构成犯罪，但根据《中华人民共和国刑法》的相应规定，如果数额较小，情节显著轻微，危害不大的，不认为是犯罪。在惩治毒品犯罪司法实践中，要综合全案情况，具体分析，不能把一切窝藏、转移、隐瞒毒品、毒赃的行为都认定为犯罪，如果被窝藏、转移、隐瞒的毒品、毒赃数量很小，又是初犯、偶犯等，主观恶性比较小，一般不作为犯罪处罚。

二、窝藏、转移、隐瞒毒品、毒赃罪与其他犯罪的区分

窝藏、转移、隐瞒毒品、毒赃罪因犯罪对象及客观行为方式、法定刑等方面与其他犯罪存在差别，也容易与其他犯罪罪名混淆，在司法实务中应该着重注意区分。

（一）窝藏、转移、隐瞒毒品、毒赃罪与包庇毒品犯罪分子罪

窝藏、转移、隐瞒毒品、毒赃罪与包庇毒品犯罪分子罪的界限主要在于犯罪对象、行为方式的不同。

1. 犯罪对象不同

窝藏、转移、隐瞒毒品、毒赃罪窝藏、转移、隐瞒的是毒品、毒赃，而包庇毒品犯罪分子罪的犯罪对象是人，即包庇的是走私、贩卖、运输、制造毒品的犯罪分子。

2. 行为方式不同

窝藏、转移、隐瞒毒品、毒赃罪表现为对毒品、毒赃的窝藏、转移、隐瞒行为，包庇毒品犯罪分子罪则表现为对走私、贩卖、运输、制造毒品犯罪分子的窝藏，提供假证明，帮助犯罪分子潜逃等行为。

参阅案例

闫某宇、刘某运输毒品，韩某、尹某隐瞒毒品案①

被告人闫某宇于2015年7月2日9时许，租用李某驾驶的捷达牌小轿车，指使被告人刘某到北京某汽车站替其取毒品，被告人刘某于当日乘坐李某驾驶的捷达牌小轿车到达指定汽车站，从被告人韩某、尹某处取走藏有毒品的运动鞋，后乘坐捷达牌小轿车返回北京市密云区，14时许，途经北京市密云区某路口处时被民警抓获，民警从刘某携带的运动鞋内查获1包白色晶体状可疑物。经鉴定，该白色晶体状可疑物净重49.17克，检出甲基苯丙胺。

被告人韩某、尹某在北京某汽车站明知他人委托捎带的运动鞋内藏有毒品，在被告人刘某来领取时，协助刘某避开车站安检，将藏有毒品的运动鞋取走，并收取被告人刘某人民币200元。

北京市密云县人民法院认为：被告人闫某宇为运输毒品联系车辆并指使刘某进行运输，被告人刘某明知是毒品而进行运输，其行为均已构成运

① 本案参见北京市密云县人民法院（2016）京0118刑初59号刑事判决书。

输毒品罪；被告人韩某、尹某明知是毒品仍为犯罪分子隐瞒，其行为均已构成隐瞒毒品罪，应予惩处。公诉机关指控被告人闫某宇、刘某犯运输毒品罪，被告人韩某、尹某犯隐瞒毒品罪的事实清楚，证据确实、充分，指控罪名成立，北京市密云县人民法院予以支持。被告人刘某证明闫某宇为其租车指使其取回毒品，并听从闫某宇的安排，从李某处拿现金给捎带毒品的韩某、尹某；李某证明闫某宇联系租车，载乘刘某去北京某汽车站，按照闫某宇要求借给刘某现金；刘某给闫某宇发送“拿到了，往回走了”的短信息记录，能够证明被告人闫某宇运输毒品的犯罪事实。证据之间相互印证，形成证据链条，足以认定。被告人闫某宇的辩解及辩护人的辩护意见与事实不符，法院不予采纳。被告人刘某受闫某宇指使具体实行运输毒品，作用相对较小，并非起次要和辅助作用，不是从犯。公诉机关认定被告人刘某系从犯的意见，本院不予支持。辩护人关于被告人刘某系从犯，建议对其减轻处罚的辩护意见，法院不予采纳，其他辩护意见成立，法院予以采纳。鉴于被告人刘某如实供述所犯罪行，依法对其从轻处罚。据此，根据被告人闫某宇、刘某、韩某、尹某的犯罪事实、犯罪的性质、情节和对于社会的危害程度，及在共同犯罪中所起作用，对被告人闫某宇、刘某均依照《中华人民共和国刑法》第三百四十七条第三款、第二十五条第一款、第五十二条、第五十三条、第五十五条第一款、第五十六条第一款、第六十一条，对被告人韩某、尹某均依照《中华人民共和国刑法》第三百四十九条第一款、第二十五条第一款、第七十二条第一款、第七十三条第二款、第三款、第六十一条，对被告人刘某、韩某、尹某还依照第六十七条第三款的规定，北京市密云县人民法院判决：

一、被告人闫某宇犯运输毒品罪，判处有期徒刑十四年，剥夺政治权利四年，罚金人民币 3 万元；

二、被告人刘某犯运输毒品罪，判处有期徒刑十年，剥夺政治权利二年，罚金人民币 1 万元；

三、被告人韩某犯隐瞒毒品罪，判处有期徒刑一年，缓刑一年；

四、被告人尹某犯隐瞒毒品罪，判处有期徒刑一年，缓刑一年。

（二）窝藏、转移、隐瞒毒品、毒赃罪与窝赃罪

窝藏、转移、隐瞒毒品、毒赃罪与窝赃罪的区别主要在于对象和法定刑的不同。窝赃罪是指明知是犯罪所得的赃物而予以窝藏的行为。窝藏、转移、隐瞒毒品、毒赃罪保留了窝赃罪的基本性质，所不同的是对象是特定的，仅仅限于毒品或毒赃。而窝赃罪的对象的范围则要广泛得多，包括除毒品犯罪以外的所有的刑事犯罪所得的赃款、赃物。此外，窝藏、转移、隐瞒毒品、毒赃罪的法定刑要比窝赃罪的法定刑高，窝藏、转移、隐瞒毒品、毒赃罪的法定刑最高可达十年有期徒刑，而《中华人民共和国刑法》第三百一十二条规定的窝赃罪，法定最高刑仅为七年有期徒刑。法定刑的差异表现出立法者对于这两种行为危害程度的高低给予了不同的评价，体现了从严打击毒品犯罪的目的。

（三）窝藏、转移、隐瞒毒品、毒赃罪与非法持有毒品罪

窝藏毒品的行为，必然存在持有毒品的状态，所以在惩治毒品犯罪司法实践中，区分窝藏、转移、隐瞒毒品、毒赃罪与非法持有毒品罪还是具有重要意义的。其区别主要是：

1. 犯罪动机不同

窝藏、转移、隐瞒毒品、毒赃罪的主观故意是故意为毒品犯罪分子窝藏、转移、隐瞒毒品、毒赃，达到逃避司法机关法律制裁的目的。非法持有毒品罪的主观故意是明知是鸦片、海洛因、甲基苯丙胺或者其他毒品，而非法持有。

2. 数额规定不同

窝藏、转移、隐瞒毒品、毒赃罪没有数额规定。而非法持有毒品罪规定了必须非法持有鸦片达到二百克以上、海洛因、甲基苯丙胺十克以上或

者其他毒品数量较大的，才构成非法持有毒品罪。如窝藏、转移、隐瞒毒品犯罪人持有的毒品达到追究非法持有毒品罪数量的，应以非法持有毒品罪处罚。持有毒品未达到该数量的，可认定为窝藏、转移、隐瞒毒品、毒赃罪。

在司法实践中，一般只在无法认定行为人窝藏毒品罪的情况下，才会考虑以非法持有毒品罪定罪量刑。只要行为人主观上存在窝藏毒品的故意，而客观上又实施了为走私、贩卖、运输、制造毒品的犯罪分子窝藏毒品的行为，就足以构成窝藏毒品罪；在行为人为非法持有毒品罪的犯罪分子窝藏毒品，且有事先通谋的情况下，构成非法持有毒品罪的共犯；在行为人为非法持有毒品罪的犯罪分子窝藏毒品，但无事先通谋情况下，即不能构成窝藏毒品罪，因为窝藏毒品罪的范围，仅限于为走私、贩卖、运输、制造毒品的犯罪分子窝藏毒品，非法持有毒品罪不在其列，也不能构成普通的窝赃罪，因为毒品是违禁品，并非赃物，只能单独构成非法持有毒品罪。值得注意的是，非法持有毒品罪的法定刑最高为无期徒刑，而窝藏毒品罪的法定最高刑为十年有期徒刑，两罪相比，非法持有毒品罪为重罪，窝藏毒品罪为轻罪。从立法原意上理解，非法持有毒品罪既为补漏之罪，就应轻于其他毒品犯罪的刑罚；从危害程度上理解，非法持有毒品罪的行为人主要是为了满足自己的吸食之需，持有的毒品不再可能成为其他毒品犯罪的对象，而窝藏毒品的行为人是为了帮助走私、贩卖、运输、制造毒品的犯罪活动。

参阅案例

辜某静非法持有毒品、容留他人吸毒案①

2018年3月13日上午，王某强（男，另案处理）将一盒甲基苯丙胺片

① 本案参见江西省赣州市龙南县人民法院（2019）赣0727刑初10号刑事判决书。

剂拿到四川省广汉市雒城镇遵义路某小区本案被告人辜某静的家中，让辜某静替自己保管几天，辜某静应允。当日下午，王某强及其侄女、黄某、庄某先后在辜某静家中吸食了毒品冰毒。当日晚上20时40分许，民警依法对辜某静家进行搜查，查扣了该盒麻古，经称量净重99.76克，经鉴定含甲基苯丙胺成分；并抓获了辜某静及在该处吸食毒品的黄某、庄某。

公诉机关认为，被告人辜某静明知是毒品甲基苯丙胺而帮助他人保管，并在其家中容留多人吸食毒品甲基苯丙胺，其行为触犯了《中华人民共和国刑法》第三百四十九条、第三百五十四条之规定，应当以窝藏毒品罪、容留他人吸毒罪追究其刑事责任。被告人辜某静犯数罪，应当数罪并罚。请依法判处。

江西省赣州市龙南县人民法院认为：被告人辜某静一次容留多人在其住处吸食毒品甲基苯丙胺，其行为已构成容留他人吸毒罪，依法应当判处三年以下有期徒刑、拘役或者管制，并处罚金的刑罚。公诉机关指控被告人辜某静犯容留他人吸毒罪的事实清楚，证据确实充分，定性准确，指控罪名成立，江西省赣州市龙南县人民法院予以支持。

公诉机关指控被告人辜某静明知是毒品而帮助王某强保管的行为，构成窝藏毒品罪。合议庭认为本案被告人的行为构成非法持有毒品犯罪。现具体分析、评判如下：

非法持有毒品罪是指非法持有一定数量的毒品，破坏国家对毒品实行管制的行为。窝藏毒品罪是指将犯罪分子的毒品窝藏在自己的住所或者其他隐蔽的场所，以逃避司法机关的追查。《中华人民共和国刑法》第三百四十九条规定，包庇走私、贩卖、运输、制造毒品的犯罪分子的，为犯罪分子窝藏、转移、隐瞒所得毒品或者犯罪的财物的，处三年以下有期徒刑、拘役或者管制；情节严重的，处三年以上十年以下有期徒刑。根据上述法律规定，窝藏毒品罪既要求藏匿人的主观目的是帮助走私、贩卖、运输、制造毒品的犯罪分子逃避司法机关的追查，同时又要求窝藏的对象是走私、贩卖、运输、制造的毒品。本案中，广汉市公安局民警在被告人辜某静住处的卧室内查获甲基苯丙胺片剂99.76克，辜某静辩称上述毒品系王某强交与其保管的，现王某强尚未归案，无其他证据佐证其辩解，且现有证据亦不能证实王某强系走私、贩卖、运输、制造毒品的犯罪分子。辜某静明知是毒品仍帮助王某强保管甲基苯丙胺片剂99.76克，属于同一行为触犯两种罪名，应当依照刑法“择一重处”的基本原则定罪处罚。《中华人民共和国刑法》第三百四十八条规定，非法持有鸦片一千克以上、海洛因或者甲基苯丙胺五十克以上或者其他毒品数量大的，处七年以上有期徒刑或者无期徒刑，并处罚金。综上，合议庭认为被告人辜某静的行为应构成非法持有毒品罪，公诉机关指控的该笔事实清楚，证据确实、充分，但对被告人行为的定性不准确、指控罪名不成立，法院不予支持。被告人辜某静一人犯数罪，依法应予惩处并数罪并罚。被告人辜某静归案后如实供述自己的罪行，依法可从轻处罚。辩护人认为辜某静有坦白情节且系初犯，请合议庭对其从轻处罚的辩护意见与审理查明的事实相符，法院予以采纳。扣押在案的毒品甲基苯丙胺片剂及自制吸毒工具等依法应予没收。依照《中华人民共和国刑法》第三百四十八条、第三百五十四条、第六十七条第三款、第六十九条、第六十四条、第五十二条、第五十三条，《最高人民法院关于审理毒品犯罪案件适用法律若干问题的解释》第十二条第一款，《最高人民法院关于适用〈中华人民共和国刑事诉讼法〉的解释》第二百四十一条第一款第（二）项之规定，江西省赣州市龙南县人民法院作出判决：被告人辜某静犯非法持有毒品罪，判处有期徒刑七年，并处罚金人民币2万元；犯容留他人吸毒罪，判处拘役五个月，并处罚金人民币2000元；数罪并罚，决定执行有期徒刑七年零二个月，并处罚金人民币22000元。

石某甲、石某乙窝藏毒品、熊某非法持有毒品案①

2015年6月25日，邹某峰（在逃）电话联系被告人石某甲，通过邮寄方式将藏有毒品（海洛因）的包裹寄到湖北省孝感市云梦县城关镇某某厂新区6栋，2015年7月3日下午，被告人石某甲到云梦县城关镇某某南路收取该包裹并负责保管。当日晚，邹某峰打电话给被告人石某甲，让被告人石某甲与被告人石某乙联系，将该包裹转移到被告人石某乙位于云梦县隔蒲镇某村的家中存放至2015年7月6日。其间，邹某峰电话指令被告人石某甲、石某乙准备加工提炼毒品所需的工具并教授提炼方法，被告人石某甲、石某乙按照邹某峰的指令，从包裹内的一行李包夹层取出沾染有毒品的白布放在装有酒精的碗里清洗，洗净白布后，将装有洗过白布的酒精加热提炼成颗粒状毒品，制成5块块状毒品（共计重263.8克）。2015年7月7日凌晨，被告人石某甲与陈某一起将提炼出来的毒品、包裹及提炼工具转移至云梦县吴铺镇某某村一民房中存放至2015年7月13日。2015年7月13日12时许，被告人石某甲在陈某的劝说下到云梦县公安局城关派出所投案。

2015年7月13日，被告人石某甲投案后配合云梦县公安局抓获了被告人石某乙。同年7月16日，邹某峰来电话指令被告人石某甲将30克海洛因交给被告人熊某，办案民警将一块海洛因放置在云梦县城关镇建设路农业银行院内，准备抓捕被告人熊某，之后，被告人石某甲电话告知邹某峰毒品放置的地点。15时24分，被告人熊某在云梦县城关镇建设路农业银行院内拿走海洛因逃跑时，被云梦县公安局民警现场抓获，并现场扣押一块用透明塑料袋包装的块状毒品，经襄公毒鉴化字（2015）第214号鉴定，该毒品重29.8克，检出海洛因成分，其中海洛因含量为50.86%。

---

① 本案参见湖北省云梦县人民法院（2016）鄂0923刑初43号刑事判决书。

湖北省云梦县人民法院认为：被告人石某甲、石某乙明知毒品而予以窝藏，二被告人的行为均已构成窝藏毒品罪，云梦县人民检察院起诉指控罪名成立。被告人石某甲曾因贩卖罪被处以刑罚，此次犯罪属毒品再犯，应从重处罚；同时被告人石某甲自动投案有自首情节，可从轻或减轻处罚；协助公安机关抓捕其他同案人，有立功表现，可从轻或减轻处罚；被告人熊某非法持有海洛因29.8克，其行为构成非法持有毒品罪，云梦县人民检察院起诉指控罪名成立。被告人熊某曾因运输毒品罪，被判处有期徒刑，在刑罚执行完毕后五年内又犯非法持有毒品罪的，是累犯，且是毒品再犯，应当从重处罚；依照《中华人民共和国刑法》第三百四十九条第一款、第三百四十八条、第三百五十六条、第二十五条、第六十五条、第六十七条、第六十八条之规定，湖北省云梦县人民法院作出判决：

一、被告人石某甲犯窝藏毒品罪判处有期徒刑一年；

二、被告人石某乙犯窝藏毒品罪判处有期徒刑一年；

三、被告人熊某犯非法持有毒品罪，判处有期徒刑一年六个月，并处罚金1万元。

（四）窝藏、转移、隐瞒毒品、毒赃罪与洗钱罪

窝藏、转移、隐瞒毒品、毒赃罪与洗钱罪在司法实践中也存在容易混淆的情形，应注重予以区分。

1. 犯罪对象范围不同

在犯罪对象的范围上，虽然“毒品犯罪所得的财物”，是窝藏、转移、隐瞒毒品、毒赃罪与洗钱罪两罪的共同对象，但是洗钱罪的对象不包括毒品本身，并且洗钱罪中毒品犯罪之外的其他法定六类犯罪的违法所得及其产生的收益不能成为窝藏、转移、隐瞒毒品、毒赃罪的对象。同时，“犯罪产生的收益”可以成为洗钱罪的犯罪对象，却未被列入窝藏、转移、隐瞒毒品、毒赃罪的犯罪对象之中，这可以由“两高”将后罪的犯罪对象称为“毒赃”（而不是诸如《中华人民共和国刑法》第三百一十二条中的“犯罪

所得利益”）得以佐证。

2. 行为方式不同

在具体的行为方式上，洗钱罪不包括“窝藏”，即为犯罪对象提供隐蔽的处所；而窝藏、转移、隐瞒毒品、毒赃罪则不包括“掩饰”。

3. 行为目的不同

在行为目的上，洗钱罪的成立要求行为人具有为了掩饰、隐瞒法定七类犯罪所得及其产生收益的来源和性质，从而达到“漂白”赃钱的目的；而窝藏、转移、隐瞒毒品、毒赃罪则无目的的要求，一般认为是行为人为了逃避司法机关的追查或者从中牟利，并没有转换、改变毒赃的来源和性质之“漂白”意图。

4. 主体不同

在犯罪主体方面，洗钱罪的主体包括自然人和单位，而窝藏、转移、隐瞒毒品、毒赃罪的主体只能是自然人，不包括单位在内。

（五）窝藏、转移、隐瞒毒品、毒赃罪与掩饰、隐瞒犯罪所得罪

窝藏、转移、隐瞒毒品、毒赃罪与掩饰、隐瞒犯罪所得罪这两种犯罪所指的对象都包含有犯罪所得，主观方面也均表现为故意。但窝藏、转移、隐瞒毒品、毒赃罪客观方面表现为明知是走私、贩卖、运输、制造毒品的犯罪所得而实施窝藏、转移、隐瞒行为；而掩饰、隐瞒犯罪所得罪则表现为明知是犯罪所得而予以窝藏、转移、收购、代为销售或者以其他方式掩饰、隐瞒的行为。由此可见，窝藏、转移、隐瞒毒品、毒赃罪只涉及走私、贩卖、运输、制造毒品犯罪分子的犯罪所得，而掩饰、隐瞒犯罪所得罪则泛指所有形式的犯罪所得。窝藏、转移、隐瞒毒品、毒赃罪的行为方式表现为窝藏、转移、隐瞒；而掩饰、隐瞒犯罪所得罪的行为方式除此之外还包括收购、代为销售或者以其他方式掩饰、隐瞒的行为，行为方式更为广泛。

为犯罪分子掩饰、隐瞒毒赃的，一般情况下应当以窝藏、转移、隐瞒

毒赃罪论处；为犯罪分子掩饰、隐瞒毒赃以外其他犯罪所得的，应当以掩饰、隐瞒犯罪所得罪论处。

参阅案例

赵某贞窝藏毒赃案①

2011年以来，被告人赵某贞的弟弟赵某甲（另案处理）在福建省南平市延平区长期贩卖毒品。2016年初，赵某贞应赵某甲要求帮忙借到一张户名为张某的建设银行卡（卡号：62×××55），赵某甲在取得该建设银行卡后便用于存、取贩卖毒品所得的收益。其间，赵某甲因身体残疾数年无生活自理能力，故无法自行前往银行存取毒资，于是要求被告人赵某贞帮忙，赵某贞基于亲情未予拒绝，并分别于2016年7月17日、2016年7月29日、2016年8月3日、2016年8月6日先后四次帮赵某甲将毒资存入其为赵某甲从张某处借到的建设银行卡内，该建设银行卡中2016年7月17日通过ATM共存入16700元，2016年7月29日现金存入35000元，2016年8月3日通过ATM共存入23100元，2016年8月6日通过ATM共存入9000元。2016年9月2日18时许，公安机关在南平市延平区内抓获赵某贞及赵某甲等人，并从赵某贞手中查获赵某甲所有的白色塑料袋一个，经民警现场检查发现该塑料袋内装有大量疑似冰毒晶体。经鉴定，所送检的疑似冰毒晶体检材中检出甲基苯丙胺成分。

福建省南平市延平区人民法院认为：被告人赵某贞明知是他人贩卖毒品所得的收益，仍多次予以窝藏，情节严重，其行为已构成窝藏毒赃罪。公诉机关指控罪名成立。被告人赵某贞的辩解，依据不足，福建省南平市延平区人民法院不予采纳。辩护人提出被告人赵某贞系初犯，系基于亲情

---

① 本案参见福建省南平市延平区人民法院（2017）闽0702刑初160号刑事判决书。

实施该罪行的辩护意见，理由成立，予以采纳；其余辩护意见，依据不足，法院不予采纳。根据被告人的犯罪事实、情节及对社会的危害程度，依照《中华人民共和国刑法》第三百四十九条第一款、第六十四条的规定，福建省南平市延平区人民法院作出判决：被告人赵某贞犯窝藏毒赃罪，判处有期徒刑三年八个月。

三、窝藏、转移、隐瞒毒品、毒赃罪的共犯与罪数

关于窝藏、转移、隐瞒毒品、毒赃罪的共犯，《中华人民共和国刑法》第三百四十九条第三款规定，包庇毒品犯罪分子罪和窝藏、转移、隐瞒毒品、毒赃罪在事先通谋的情况下，均以走私、贩卖、运输、制造毒品罪的共犯论处。

关于窝藏、转移、隐瞒毒品、毒赃罪的罪数，值得注意的有以下几种情况：

（一）在窝藏毒品的同时又包庇毒品罪犯

行为人有时在窝藏毒品的同时也会包庇毒品犯罪分子。在这种情况下，行为人的行为究竟构成了单独一罪，还是包庇毒品犯罪分子罪和窝藏、转移、隐瞒毒品、毒赃罪这两个罪名，值得探讨。

可以说，《中华人民共和国刑法》第三百四十九条规定了两个罪名，但采用的是同条同款的并列规定方式，两罪是选择性的关系。而且两罪的分立是由司法解释所规定的。我们认为比较合适的做法是，如果行为人的一个行为涉及这两个罪名，选择其中一个罪名予以确定，可以将行为涉及两罪名作为量刑的参考因素。反之，如果将其定为两罪，则势必割裂了行为的内在关联。如果行为人的行为是两个独立的行为，涉及两个罪名，没有内在联系，应当构成两个罪名。

（二）在窝藏毒品的同时也窝藏赃物

行为人在窝藏毒品的同时还窝藏了别的赃物，此时应当认定行为人构

成了一罪还是数罪？如行为人不仅窝藏毒品，还窝藏了别人盗窃或抢劫所来的财物，是构成一罪，还是窝赃罪与窝藏、转移、隐瞒毒品、毒赃罪两罪？

对于此种情况，行为人定为一罪较为合适。因为窝赃罪与窝藏、转移、隐瞒毒品、毒赃罪两罪虽然是分则中不同条款所规定的独立罪名，但事实上窝藏、转移、隐瞒毒品、毒赃罪是窝藏罪的特别条款，两罪除了一个的对象限于毒品、毒赃，另一个没有限制以外，没有任何区别。从刑法理论角度来说，行为人的上述行为是典型的想象竞合犯，一行为同时触犯两罪名，按照《最高人民法院关于审理洗钱等刑事案件具体应用法律若干问题的解释》第三条的规定，明知是犯罪所得及其产生的收益而予以掩饰、隐瞒，构成《中华人民共和国刑法》第三百一十二条规定的犯罪，同时又构成《中华人民共和国刑法》第一百一十九条或者第三百四十九条规定的犯罪的，依照处罚较重的规定定罪处罚，这也符合想象竞合犯从一重处的处罚原则。

（三）在窝藏毒品后又代为销售

窝藏行为人在窝藏行为持续期间，将所窝藏的毒品进行销售，那么在这种情况下，行为人的行为是构成一罪还是数罪？

毫无疑问，此时行为人的行为已经构成了窝藏毒品罪，而在窝藏的过程中又贩卖所窝藏的毒品，行为人的主观意图已经从窝藏转化为贩卖，也符合贩卖毒品罪的犯罪构成，应当认定为同时构成了窝藏毒品罪与贩卖毒品罪，数罪并罚。这种窝藏行为必须持续一定时间之后，不能只是短暂的窝藏。当行为人改变了主观意图之后，后行为已经是一个独立的犯罪，与之前的窝藏行为没有包容与被包容关系，也不是手段行为与目的行为的牵连关系，所以不能视为吸收犯或牵连犯以一罪论处。当然，如果行为人在窝藏之时就有贩卖的意图的话，那么这种窝藏行为就可以视为是贩卖行为的犯罪预备行为，可以被随后的贩卖毒品罪的实行行为所吸收，或者将窝藏行为与贩卖行为分别视为手段行为和目的行为，按照牵连犯原则以一罪论处。

参阅案例

司某娇、司某明窝藏、转移毒品案①

2015年6月21日，被告人司某娇联系被告人司某明及王某乙欲将胡某乙（系被告人司某娇丈夫，因犯贩卖毒品罪被判刑）存放于江苏省泗阳县南刘集乡某小区一车库轿车后备厢内的甲基苯丙胺取回。被告人司某明明知是毒品，仍与王某乙将上述毒品转移至被告人司某娇位于泗阳县众兴镇某小区的住处。次日，被告人司某娇将上述毒品转移至泗阳县王集镇某村胡某乙父母胡某甲家，并让胡某乙父母藏匿该毒品。2016年6月23日，公安机关在胡某甲家田地内查获透明晶体连包装重600克。经鉴定，被查获的透明晶体系甲基苯丙胺，净重量568.95克。

江苏省泗阳县人民法院认为：被告人司某娇明知是毒品而为犯罪分子窝藏、转移，情节严重，其行为已构成窝藏、转移毒品罪；被告人司某明明知是毒品而为犯罪分子转移，情节严重，其行为已构成转移毒品罪。公诉机关指控被告人司某娇犯窝藏、转移毒品罪，被告人司某明犯转移毒品罪，指控罪名成立，江苏省泗阳县人民法院予以支持。被告人司某娇、司某明共同故意实施犯罪，系共同犯罪。被告人司某明辩护人提出辩护意见：被告人司某明系从犯。经查，被告人司某明在侦查机关供述其明知司某娇让其转移毒品，仍与他人共同将毒品转移至司某娇处，该供述得到被告人司某娇供述、证人王某乙、王某甲等证言的印证，证实其在共同犯罪中并非起次要或辅助作用，不符合从犯的规定。被告人司某明当庭供述在拿到

---

① 本案参见江苏省泗阳县人民法院（2017）苏1323刑初335号刑事判决书。

袋子后知道里面装的是毒品，仍帮助转移毒品。该供述证实其积极帮助转移毒品，亦不符合从犯的规定。故辩护人此辩护意见不能成立，江苏省泗阳县人民法院不予采信。但被告人司某明在共同犯罪中所起作用相对较小，可以从轻处罚。被告人司某娇、司某明归案后如实供述犯罪事实，故对二被告人从轻处罚。辩护人的相关辩护意见，法院予以采信。被告人司某娇辩护人请求对被告人司某娇适用缓刑，经查，被告人司某娇窝藏、转移毒品，情节严重，具有较大的社会危害性，不宜适用缓刑。故辩护人的此辩护意见不能成立，法院不予采信。依照《中华人民共和国刑法》第三百四十九条第一款、第二十五条第一款、第六十七条第三款之规定，江苏省泗阳县人民法院作出判决：被告人司某娇犯窝藏、转移毒品罪，判处有期徒刑三年六个月。被告人司某明犯转移毒品罪，判处有期徒刑三年。

四、窝藏、转移、隐瞒毒品、毒赃罪的完成形态

从《中华人民共和国刑法》的有关规定我们可以看出，窝藏、转移、隐瞒毒品、毒赃罪是较为典型的行为犯，即只要实施了特定行为即可认为达到既遂，不需要具备某些特殊情节或出现特定结果。因此，从本罪的性质来看，除了对象不能犯的情况外，构成本罪时几乎不存在未遂的情况。同时本罪也是典型的持续犯，对窝藏行为的认定也要求行为人的行为持续一段时间，非常短暂的窝藏不能构成犯罪。当行为人自以为在窝藏毒品、毒赃，而事实上这些物品并非毒品、毒赃时，即构成对象不能犯的未遂。

第三节 窝藏、转移、隐瞒毒品、毒赃罪量刑处罚标准

《中华人民共和国刑法》在对窝藏、转移、隐瞒毒品、毒赃的行为设定刑罚时，着重考虑了犯罪主体、犯罪情节等因素。

一、立案追诉标准

根据《最高人民检察院、公安部关于公安机关管辖的刑事案件立案追诉标准的规定（三）》第四条的规定：

为走私、贩卖、运输、制造毒品的犯罪分子窝藏、转移、隐瞒毒品或者犯罪所得的财物的，应予立案追诉。

实施前款规定的行为，事先通谋的，以走私、贩卖、运输、制造毒品罪的共犯立案追诉。

二、刑罚区间

根据《中华人民共和国刑法》第三百四十九条的规定，可以将本罪的刑罚配置从重至轻划分为两个档次、区间。根据2016年《最高人民法院关于审理毒品犯罪案件适用法律若干问题的解释》，本罪在满足特定条件下可以免予刑事处罚，故本罪在现实中可以存在三档刑罚区间。

（一）最高档

三年以上十年以下有期徒刑。

（二）中间档

三年以下有期徒刑、拘役或者管制。

（三）最低档

免予刑事处罚。

三、量刑标准

依照《中华人民共和国刑法》以及有关毒品犯罪司法解释的规定，为本罪设定的三个量刑档，每个量刑格所对应的量刑标准、情形分别为：

（一）最高档：三年以上十年以下有期徒刑

本罪的最高档量刑为三年以上十年以下有期徒刑。其对应的量刑要求为“情节严重”，结合《中华人民共和国刑法》第三百四十九条以及根据2016年《最高人民法院关于审理毒品犯罪案件适用法律若干问题的解释》第六条的规定，为走私、贩卖、运输、制造毒品的犯罪分子窝藏、转移、隐瞒毒品或者毒品犯罪所得的财物，具有下列情形之一的，应当认定为刑法第三百四十九条第一款规定的“情节严重”：

1. 为犯罪分子窝藏、转移、隐瞒毒品达到《中华人民共和国刑法》第三百四十七条第二款第一项或者本解释第一条第一款规定的“数量大”标准的；

2. 为犯罪分子窝藏、转移、隐瞒毒品犯罪所得的财物价值达到五万元以上的；

3. 为多人或者多次为他人窝藏、转移、隐瞒毒品或者毒品犯罪所得的财物的；

4. 严重妨害司法机关对该犯罪分子实施的毒品犯罪进行追究的；

5. 其他情节严重的情形。

《中华人民共和国刑法》第三百四十九条第二款规定了“从重处罚情形”：

1. 缉毒人员掩护、包庇走私、贩卖、运输、制造毒品的犯罪分子的；

2. 其他国家机关工作人员掩护、包庇走私、贩卖、运输、制造毒品的犯罪分子的。

（二）中间档：三年以下有期徒刑、拘役或者管制

本罪的中间档量刑为三年以下有期徒刑、拘役或者管制。其对应的量刑情节无特殊要求，即只要实施了为犯罪分子窝藏、转移、隐瞒毒品或者犯罪所得的财物的行为即可。

（三）最低档：免予刑事处罚

本罪的最低档量刑为免予刑事处罚。结合《中华人民共和国刑法》第三百四十九条以及2016年《最高人民法院关于审理毒品犯罪案件适用法律若干问题的解释》第六条的规定，为走私、贩卖、运输、制造毒品窝藏、转移、隐瞒毒品或者毒品犯罪所得的财物的近亲属，不具有本条前两款规定的“情节严重”情形，归案后认罪、悔罪、积极退赃，且系初犯、偶犯，犯罪情节轻微不需要判处刑罚的，可以免予刑事处罚。由此可见，行为人构成本罪可以免予处罚的条件是：

1. 窝藏、转移、隐瞒毒品或者毒品犯罪所得的财物的近亲属，即行为人是走私、贩卖、运输、制造毒品犯罪分子的近亲属；

2. 不具有本条前两款规定的“情节严重”情形；

3. 归案后认罪、悔罪、积极退赃；

4. 系初犯、偶犯；

5. 犯罪情节轻微不需要判处刑罚。

第五章 非法生产、买卖、运输制毒物品罪

第一节 非法生产、买卖、运输制毒物品罪概念及犯罪构成

近年来，毒品形势发生了很大变化，大多数毒品是利用易制毒化学品经过化学加工合成的，易制毒化学品是国家规定管制的可用于制造毒品的化学原料和配剂，同时也是化工、医疗行业中不可或缺的重要原料。非法生产、买卖、运输制毒物品的违法犯罪活动日益猖獗，大量易制毒化学品流入地下毒品加工厂被利用于制造毒品，因此依法惩治非法生产、买卖、运输制毒物品犯罪迫在眉睫。非法生产、买卖、运输制毒物品罪是《中华人民共和国刑法》第三百五十条规定的罪名，《刑法修正案（九）》增加规定了非法生产、运输制毒物品的犯罪，加大了对这类犯罪的惩治力度，同时修改了本条的刑罚规定，提高了本条规定的法定刑，并增加了没收财产的规定。

一、概念法条

非法生产、买卖、运输制毒物品罪，是指违反国家规定，在国内非法生产、买卖、运输醋酸酐、乙醚、三氯甲烷或者其他用于制造毒品的原料、

配剂且数额较大的行为。

《中华人民共和国刑法》第三百五十条：

【非法生产、买卖、运输制毒物品罪】违反国家规定，非法生产、买卖、运输醋酸酐、乙醚、三氯甲烷或者其他用于制造毒品的原料、配剂，或者携带上述物品进出境，情节较重的，处三年以下有期徒刑、拘役或者管制，并处罚金；情节严重的，处三年以上七年以下有期徒刑，并处罚金；情节特别严重的，处七年以上有期徒刑，并处罚金或者没收财产。

明知他人制造毒品而为其生产、买卖、运输前款规定的物品的，以制造毒品罪的共犯论处。

单位犯前两款罪的，对单位判处罚金，并对其直接负责的主管人员和其他直接责任人员，依照前两款的规定处罚。

二、客体

非法生产、买卖、运输制毒物品罪侵犯的客体，是国家对易制毒化学品的管理秩序，即国家对醋酸酐、乙醚、三氯甲烷或者其他用于制造毒品的原料或者配剂的管制。

用于制造毒品的原料或者配剂，既是医药和工农业生产的原料，又是制造毒品不可缺少的物品。我国对易制毒化学品实行由国家统一归口管理制度，国家对易制毒化学品的生产、经营、购买、运输和进口、出口实行分类管理和许可制度。根据《中华人民共和国禁毒法》的规定，国家对易制毒化学品的生产、经营、购买、运输实行许可制度。禁止非法生产、买卖、运输、储存、提供、持有、使用易制毒化学品。生产、买卖、运输易制毒化学品的，应当按照规定履行相关手续。

非法生产、买卖、运输制毒物品罪的犯罪对象是国家统一管制的醋酸酐、乙醚、三氯甲烷或者其他用于制造毒品的原料或配剂。至于“其他用于制造毒品的原料或配剂”，法律没有具体规定，需要国务院有关主管部门参照联合国公约作出具体规定。目前，可以参照《联合国禁止非法贩运麻醉药品和精神药物公约》中附表所列的几种可用于制造毒品的化学物品，这些物品是麻黄碱、麦角新碱、麦角胺、麦角酸、1－苯基－2－丙酮、伪麻黄碱、醋酸酐、丙酮、邻氨基苯甲酸、乙醚、苯乙酸、哌啶，并规定这些物质可能存在的盐类包括在内。

三、客观方面

非法生产、买卖、运输制毒物品罪的客观方面表现为违反国家有关规定，在境内非法实施了生产、买卖、运输醋酸酐、乙醚、三氯甲烷或者其他用于制造毒品的原料或者配剂的行为。

非法生产、买卖、运输制毒物品罪所称制毒物品是指制造毒品的原料和配剂。这些原料和配剂在日常生活中既可以用来生产其他合法产品，也可以用来生产毒品，因此又称为易制毒化学品，也就是说《易制毒化学品管理条例》中所列化学物品均属于本法所称制毒物品。《易制毒化学品管理条例》中列出了23种易制毒化学品：第一类是可以用于制毒的主要原料，第二类、第三类是可以用于制毒的化学配剂。

根据2016年《最高人民法院关于审理毒品犯罪案件适用法律若干问题的解释》的规定，制毒物品种类包括：

1. 麻黄碱（麻黄素）、伪麻黄碱（伪麻黄素）、消旋麻黄碱（消旋麻黄素）；

2. 1－苯基－2－丙酮、1－苯基－2－溴－1－丙酮、3，4－亚甲基二氧苯基－2－丙酮、羟亚胺；

3. 3－氧－2－苯基丁腈、邻氯苯基环戊酮、去甲麻黄碱（去甲麻黄素）、甲基麻黄碱（甲基麻黄素）；

4. 醋酸酐；

5. 麻黄浸膏、麻黄浸膏粉、胡椒醛、黄樟素、黄樟油、异黄樟素、麦角酸、麦角胺、麦角新碱、苯乙酸；

6. N－乙酰邻氨基苯酸、邻氨基苯甲酸、三氯甲烷、乙醚、哌啶；

7. 甲苯、丙酮、甲基乙基酮、高锰酸钾、硫酸、盐酸；

8. 其他制毒物品。

《关于〈办理走私、非法买卖麻黄碱类复方制剂等刑事案件适用法律若干问题的意见〉理解与适用》指出，以非法买卖制毒物品罪定罪处罚的，应当以涉案麻黄碱类复方制剂中麻黄碱类物质的含量作为涉案制毒物品数量。因麻黄碱类复方制剂是由麻黄碱类物质和其他成分混合而成的药物制剂，其中的麻黄碱类物质才是制毒物品，其他成分不属于制毒物品，若不考虑其他成分的含量，直接按照涉案麻黄碱类复方制剂数量定罪量刑不合理，可能导致处罚过重，有违罪刑相适应原则。关于麻黄碱类物质含量的折算方法，对于正规厂家出产的成品药剂，可结合数量按照其药品批准证明文件中列明的成分、含量进行计算；对于已拆除包装、改变形态的麻黄碱类复方制剂，则需要进行含量鉴定。

根据《刑法修正案（九）》与《最高人民法院、最高人民检察院关于执行〈中华人民共和国刑法〉确定罪名的补充规定（六）》的规定，非法生产、买卖、运输制毒物品罪的行为可以分为非法生产、买卖、运输，其中“生产”，包括制造、加工、提炼等不同环节。

根据2009年《最高人民法院、最高人民检察院、公安部关于办理制毒物品犯罪案件适用法律若干问题的意见》的规定，非法买卖制毒物品行为包括：

1. 未经许可或者备案，擅自购买、销售易制毒化学品的；

2. 超出许可证明或者备案证明的品种、数量范围购买、销售易制毒化学品的；

3. 使用他人的或者伪造、变造、失效的许可证明或者备案证明购买、销售易制毒化学品的；

4. 经营单位违反规定，向无购买许可证明、备案证明的单位、个人销售易制毒化学品的，或者明知购买者使用他人的或者伪造、变造、失效的购买许可证明、备案证明，向其销售易制毒化学品的；

5. 以其他方式非法买卖易制毒化学品的。

参阅案例

许某全等三人非法买卖制毒物品案①

2016年9月某天，被告人许某全接到一男子电话，对方在没有备案手续情况下购买甲苯等化学品，且要求将货物发往湖北省赤壁市，并于同年9月10日至11月21日，许某全5次收到该男子汇款共计164.72万元。同一时期，许某全电话联系被告人蓝某喻，要求购买甲苯24余吨，但无备案手续。蓝某喻随后联系被告人曹某裕由其供应24余吨甲苯给许某全，且无备案手续。同年9月14日至9月底，许某全先后通过银行汇款、微信转账的方式向蓝某喻转款共计186627.5元，蓝某喻随即将该款汇给曹某裕。

同年9月20日，被告人曹某裕将从上海某国际贸易有限公司购买的甲苯存放至东莞市某化工有限公司租赁的洪某鞋材厂仓库。当天，许某全联系东莞某智慧物流有限公司以托运涂料的名义从洪某鞋材厂仓库拖运此批甲苯24余吨。9月21日，该批24余吨甲苯等其他化学品被运至赤壁市斋公岭工业园一涉毒团伙租赁的专用仓库内。9月29日，湖北省赤壁市公安局在侦破陈某、周某等涉毒案过程中，该批物品被查获。经鉴定：被查获物品检验出易制毒化学品甲苯。

事后，曹某裕通过微信转账的方式转给蓝某喻“好处费”1000余元。

被告人许某全、曹某裕、蓝某喻违反国家规定，非法买卖制毒物品，

① 本案参见湖北省赤壁市人民法院（2017）鄂1281刑初276号刑事判决书。

情节特别严重，三被告人的行为均构成非法买卖制毒物品罪。依照《中华人民共和国刑法》第三百五十条第一款、第二十五条第一款、第二十七条、第五十二条、第五十三条、第六十七条第一款，《最高人民法院关于审理毒品犯罪案件适用法律若干问题的解释》第七条第一款第（七）项、第八条第二款第（一）项的规定，湖北省赤壁市人民法院作出判决：

一、被告人许某全犯非法买卖制毒物品罪，判处有期徒刑九年，并处罚金人民币5万元；

二、被告人曹某裕犯非法买卖制毒物品罪，判处有期徒刑七年，并处罚金人民币4万元；

三、被告人蓝某喻犯非法买卖制毒物品罪，判处有期徒刑五年，并处罚金人民币4万元。

林某光非法运输制毒物品案①

2018年6月12日晚上，被告人林某光与其女朋友郑某、林某、“小辉”（化名）和另一男子驾驶租来的两辆车运载着藏匿有麻黄碱的7箱净水器从福建省福清市前往广东省深圳市宝安区。次日，一行五人到达宝安区四方速递有限公司停车场。当日8时许，林某光电话联系速递公司业务部的罗某称要送货，被罗某拒绝。8时40分许，小辉和另一男子将装在别克车后备厢的7箱净水器放在速递公司收货区。后民警从净水器内胆查获了棕色颗粒状物品共计21包（净重21754.95克），均检出麻黄碱成分。2018年6月27日，民警在福建省福清市将林某光抓获归案，并在其住处缴获白色粉末状物品3包（净重30.6克），检出麻黄碱成分。

被告人林某光无视国家法律，违反国家规定，非法运输用于制造毒品

---

① 本案参见广东省深圳市宝安区人民法院（2019）粤0306刑初248号刑事判决书。

的原料麻黄碱，情节严重，其行为已构成非法运输制毒物品罪。公诉机关的指控成立。依照《中华人民共和国刑法》第三百五十条第一款、第三百五十六条、第五十二条、第五十三条、第六十四条、第六十五条第一款之规定，广东省深圳市宝安区人民法院作出判决：被告人林某光犯非法运输制毒物品罪，判处有期徒刑六年十个月，并处罚金人民币1万元。

四、主体

非法生产、买卖、运输制毒物品罪的主体是一般主体，即凡是达到刑事责任年龄具有刑事责任能力，实施了非法生产、买卖、运输制毒物品的人，均可构成本罪。年满十六周岁的完全刑事责任能力人都可以构成本罪的犯罪主体。

单位也可以成为非法生产、买卖、运输制毒物品罪的主体，根据《中华人民共和国刑法》第三百五十条第三款："单位犯前两款罪的，对单位判处罚金，并对其直接负责的主管人员和其他直接责任人员，依照前两款的规定处罚。"这里的"直接负责的主管人员"，是指对以单位名义进行上述违法犯罪活动，直接起决定、策划、组织或指挥作用的人员，主要是单位的领导或业务主管人员。"其他直接责任人员"是指上述人员以外的在违法犯罪活动中起主要、骨干作用的人员。由于本罪行为所指向的乃是制毒物品，而制毒物品本身并不为法律所禁止，其中许多物品本身属于生产药物的前体，现实中存在大量生产、销售该类物品的企业，而由于巨大的利益驱使再加上监管环节可能存在的漏洞，这些企业就完全有可能成为实施本罪的主体。

参阅案例

王某枝、某公司非法买卖制毒物品案①

湖北省武汉市某公司成立于2014年10月，法定代表人曾某，股东张某，经营范围为化工产品销售，有危险化学品经营许可证、第二类和第三类易制毒化学品购买备案证明。

2018年1月，曾某甲（另案处理）通过电话联系在武汉做化工生意的被告人王某枝，在未办理任何手续的情况下，欲从王某枝处购买10吨盐酸。后王某枝在未办理任何手续及不明用途的情况下，从武汉某公司被告人曾某处购买10吨盐酸，曾某明知王某枝未办理任何手续且在不明用途的情况下仍然卖给王某枝10吨盐酸，王某枝安排司机吴某甲驾驶鄂A×××××货车在被告单位某公司将10吨盐酸装车送至湖北省黄冈市蕲春县。随后曾某、曾某甲、严某（另案处理）等人使用闽G×××××白色厢式货车在蕲春县新客运站对面一条巷子内从吴某甲处收取该批盐酸，并将该批盐酸运送至位于蕲春县一山坳内的工厂用于生产毒品。蕲春县公安机关对该工厂生产现场进行勘查时发现，现场含有甲卡西酮毒品成分的混合物约9吨。

法院经审理认为：被告单位某公司及被告人王某枝违反国家规定，非法买卖用于制造毒品的原料，数量特别巨大，被告人曾某作为单位直接负责的主管人员和直接责任人员，为单位牟取非法利益，非法买卖制毒物品，其行为均构成非法买卖制毒物品罪，公诉机关指控的罪名成立，依法应予惩处。庭审中二被告人自愿认罪，可酌情从轻处罚。关于王某枝的辩护人认为王某枝不构成犯罪的辩护意见，经查，与事实不符，湖北省蕲春县人民法院不予支持。关于曾某的辩护人认为，被告人曾某主观恶性较小应予

① 本案参见湖北省蕲春县人民法院（2019）鄂1126刑初50号刑事判决书。

从轻处罚的辩护意见，经查，被告人曾某作为经营第三类易制毒化学品公司直接负责的主管人员和直接责任人员，对经营盐酸等第三类易制毒化学品的流程应当清楚，在销售盐酸的过程中未履行相关手续属实，依法应承担相关法律责任，但其主观恶性较小，可酌情从轻处罚。依照《中华人民共和国刑法》第三百五十条、第五十二条、第五十三条的规定，湖北省蕲春县人民法院作出判决：

一、被告人王某枝犯非法买卖制毒物品罪，判处有期徒刑七年六个月，并处罚金5000元；

二、被告单位某公司犯非法买卖制毒物品罪，判处罚金1万元；

三、被告人曾某犯非法买卖制毒物品罪，判处有期徒刑七年，并处罚金5000元。

五、主观方面

非法生产、买卖、运输制毒物品罪在主观方面表现为故意，即行为人明知其生产、买卖、运输的物品是用作可以制造毒品的原料或者配剂。如果确实不知道生产、买卖、运输或者携带进出境的是制毒原料或配剂而实施生产、买卖、运输的行为，不构成犯罪。

本罪主观上要求明知，即行为人对其所生产、运输、携带的物质性质有明确的认知。认定本罪主观方面的焦点在于如何判断直接故意，即行为人对自己携带、运输上述物品性质的明知。根据2009年《最高人民法院、最高人民检察院、公安部关于办理制毒物品犯罪案件适用法律若干问题的意见》规定：“对于走私或者非法买卖制毒物品行为，有下列情形之一，且查获了易制毒化学品，结合犯罪嫌疑人、被告人的供述和其他证据，经综合审查判断，可以认定其‘明知’是制毒物品而走私或者非法买卖，但有证据证明确属被蒙骗的除外：

“1. 改变产品性状、包装或者使用虚假标签、商标等产品标志的；

“2. 以藏匿、夹带或者其他隐蔽方式运输、携带易制毒化学品逃避检查的；

“3. 抗拒检查或者在检查时丢弃货物逃跑的；

“4. 以伪报、藏匿、伪装等蒙蔽手段逃避海关、边防等检查的；

“5. 选择不设海关或者边防检查站的路段绕行出入境的；

“6. 以虚假身份、地址办理托运、邮寄手续的；

“7. 以其他方法隐瞒真相，逃避对易制毒化学品依法监管的。”

2012 年《最高人民法院、最高人民检察院、公安部关于办理走私、非法买卖麻黄碱类复方制剂等刑事案件适应法律若干问题的意见》对办理麻黄碱类案件的主观方面作出了具体规定。涉麻黄碱的案件应当“对于犯罪嫌疑人、被告人的主观目的与明知，应当根据物证、书证、证人证言以及犯罪嫌疑人、被告人供述和辩解等在案证据，结合犯罪嫌疑人、被告人的行为表现，重点考虑以下因素综合予以认定：

“1. 购买、销售麻黄碱类复方制剂的价格是否明显高于市场交易价格；

“2. 是否采用虚假信息、隐蔽手段运输、邮寄、存储麻黄碱类复方制剂；

“3. 是否采用伪报、伪装、藏匿或者绕行进出境等手段逃避海关、边防等检查；

“4. 提供相关帮助行为获得的报酬是否合理；

“5. 此前是否实施过同类违法犯罪行为；

“6. 其他相关因素。”

关于主观明知的认定，如果确有证据证明被蒙骗的，应当认定其主观并不明知。2009 年《最高人民法院、最高人民检察院、公安部关于办理制毒物品犯罪案件适用法律若干问题的意见》也明确指出：“有证据证明确属被蒙骗的除外。”

参阅案例

杨某非法买卖制毒物品案[①]

2018年8月10日至9月9日间，被告人杨某在明知曹某某（另案处理）无盐酸《易制毒化学品购买备案证明》的情况下，先后5次以每吨30元或50元的价格销售易制毒化学品盐酸合计62.72吨给曹某某，并安排江苏省泰州市某公司驾驶员王某某、戎某驾驶槽罐车将上述盐酸从本市海陵区某化工有限公司运输至泰兴市曹某某指定地点，另收取运费每车人民币1800元或900元，违法所得合计人民币7000余元。后曹某某在明知刘某（另案处理）无盐酸《易制毒化学品购买备案证明》的情况下，将上述盐酸销售给刘某。刘某伙同饶某某（另案处理）将其中53.78吨盐酸发往山西省永济市等地，其余8.94吨盐酸被二人在泰兴市用于生产易制毒化学品苯丙酮。

被告人杨某违反国家规定，非法买卖盐酸，情节特别严重，其行为已构成非法买卖制毒物品罪，依法应予惩处。被告人杨某归案后如实供述自己的罪行，依法对其从轻处罚。被告人杨某当庭认罪认罚，依法对其从宽处罚。被告人杨某有多次吸毒劣迹，酌情对其从重处罚。被告人杨某退回违法所得并积极预缴罚金，酌情对其从轻处罚。公诉机关指控的犯罪事实清楚，证据确实、充分，指控的罪名成立，江苏省泰州市海陵区人民法院予以支持。关于辩护人所提“被告人杨某认罪态度好，自愿认罪认罚，量刑时应从轻处罚”之意见，于法有据，法院予以采纳。关于辩护人所提“被告人杨某因被蒙骗而实施犯罪，其主观恶性较小，建议酌情从轻处罚”之意见，经查，被告人杨某明知曹某某无《易制毒化学品购买备案证明》，

① 本案参见江苏省泰州市海陵区人民法院（2019）苏1202刑初75号刑事判决书。

仍向其销售易制毒化学品盐酸，对买卖行为的非法性有清醒认识，不存在因被蒙骗而实施犯罪，其明知盐酸可用于制毒，却对卖给曹某某的大量盐酸是否真正用于合法生产持放任态度，主观恶性不可谓较小，故对上述意见法院不予采纳；关于辩护人所提“起诉书中认定被告人杨某非法所得7000余元没有事实和法律依据”之意见，经查，公诉机关已根据本案事实及证据，从有利于被告人的角度来认定违法所得，被告人杨某为非法销售制毒物品实施的购买、运输行为本身即具有非法性，相对应的犯罪成本不应予以扣除，故对上述意见江苏省泰州市海陵区人民法院不予采纳。关于辩护人所提“被告人杨某系初犯、偶犯，法律意识淡薄，家庭比较特殊，建议酌情对其从轻处罚”之意见，经查，被告人杨某曾多次因吸毒被行政处罚、强制戒毒，其在侦查阶段的供述证实其对易制毒物品买卖的法律规定具备相当认知，家庭的特殊性亦不能成为酌情从轻处罚的理由，故对上述意见法院不予采纳。

为维护国家对毒品的管理制度，惩罚犯罪，依照《中华人民共和国刑法》第三百五十条第一款、第六十七条第三款、第六十四条及《中华人民共和国刑事诉讼法》第十五条之规定，江苏省泰州市海陵区人民法院作出判决：

一、被告人杨某犯非法买卖制毒物品罪，判处有期徒刑八年六个月，并处罚金人民币25000元；

二、违法所得人民币7000元予以没收，上缴国库。

第二节　非法生产、买卖、运输制毒物品罪司法适用疑难问题

非法生产、买卖、运输制毒物品罪作为常见的毒品犯罪类型之一，其

在司法认定上存在一些疑难问题。

一、非法生产、买卖、运输制毒物品罪与非罪的区分

非法生产、买卖、运输制毒物品罪的主观方面要求是故意，即行为人明知是制毒物品而非法加以买卖。如果行为人误以为是其他化学物品而加以买卖，或者受人欺骗为他人购买的，不构成非法买卖制毒物品罪。

2009 年《最高人民法院、最高人民检察院、公安部关于办理制毒物品犯罪案件适用法律若干问题的意见》第一条第（三）项规定了可不以非法买卖制毒物品罪论处的情形。易制毒化学品生产、经营、使用单位或者个人未办理许可证明或者备案证明，购买、销售易制毒化学品，如果有证据证明确实用于合法生产、生活需要，依法能够办理只是未及时办理许可证明或者备案证明，且未造成严重社会危害的，可不以非法买卖制毒物品罪论处。

如果行为人非法买卖的制毒物品尚未达到司法解释所规定的数量标准，则不构成本罪，属于一般违法行为。

二、非法生产、买卖、运输制毒物品罪与其他犯罪的区分

非法买卖制毒物品行为同时构成其他犯罪的，依照处罚较重的规定定罪处罚。

2009 年《最高人民法院、最高人民检察院、公安部关于办理制毒物品犯罪案件适用法律若干问题的意见》第一条第（四）项规定："为了制造毒品或者走私、非法买卖制毒物品犯罪而采用生产、加工、提炼等方法非法制造易制毒化学品的，根据刑法第二十二条的规定，按照其制造易制毒化学品的不同目的，分别以制造毒品、走私制毒物品、非法买卖制毒物品的预备行为论处。"

非法生产、买卖、运输制毒物品罪与走私制毒物品罪都是限于国家严

格管制的醋酸酐、乙醚、三氯甲烷或者其他用于制造毒品的原料或者配剂。两罪区别的关键是行为方式不同：本罪的行为是买卖制毒物品，包括未经有关主观部门批准而擅自出售或者购买制毒物品，以及虽经有关主管部门批准但违规或超量买卖制毒物品的行为；而走私制毒物品罪的行为方式则是走私制毒物品。不过就处罚结果而言，两罪刑罚处罚的依据都是《中华人民共和国刑法》第三百五十条。

2012 年《最高人民法院、最高人民检察院、公安部关于办理走私、非法买卖麻黄碱类复方制剂等刑事案件适用法律若干问题的意见》第一条第四款规定了走私、非法买卖麻黄碱类复方制剂等行为构成非法经营罪、走私普通货物、物品罪等的适用标准。根据此款规定，行为人非法运输、携带、寄递麻黄碱类复方制剂进出境，没有证据证明系用于制造毒品或者走私、非法买卖毒品，或者未达到走私制毒物品罪的定罪数量标准，构成非法经营罪、走私普通货物、物品罪等其他犯罪的，依法定罪处罚。本款规定对走私、非法买卖麻黄碱类复方制剂等行为的处理具有一定的兜底作用。

三、非法生产、买卖、运输制毒物品罪的既遂与未遂

采用加工、提炼的方法非法制造易制毒化学品，是非法买卖制毒物品犯罪的预备行为，属于犯罪预备，可以比照既遂犯减轻处罚。

2012 年《最高人民法院、最高人民检察院、公安部关于办理走私、非法买卖麻黄碱类复方制剂等刑事案件适应法律若干问题的意见》之所以对犯罪预备、未遂作出专门规定，是因为根据现行法律规定，麻黄碱类复方制剂本身既不是毒品，也不是制毒物品，属于毒品前体（制毒物品）的前体。实践中，不法分子主观上具有毒品犯罪故意，客观上将麻黄碱类复方制剂作为“准制毒物品”进行走私、非法买卖或者利用其加工、提炼麻黄碱类物质，并进一步用以制造毒品，虽然可以定性为相应毒品犯罪，但是其相对于通常的走私、非法买卖制毒物品和制造毒品犯罪而言，在社会危

害程度上存在一定差别，犯罪形态也理当根据具体情况有所区分。一般情况下，实施意见规定的行为，原则上应当按照相应毒品犯罪的预备犯、未遂犯论处；对于行为人已经着手实施制造毒品罪或者走私、非法买卖制毒物品罪的犯罪行为，按照实行行为吸收预备行为、重行为吸收轻行为的原则，应当结合具体情况依法认定犯罪未遂或者犯罪既遂。

参阅案例

杨某蓉犯非法生产制毒物品案①

2017年10月左右，朱某积（已判决）从网络上学习用麻黄草提取麻黄碱的技术后，通过互联网购买提取麻黄碱的工具和原料，着手实验提取麻黄碱，直至2018年3月左右提取出成品。2018年4月、5月，经被告人杨某蓉从中介绍和提供资金支持，与陈某涛（已判决）共谋提取麻黄碱以贩卖牟取非法利益。

商议好后，陈某涛出资2万余元，由朱某积联系商家购买了400公斤麻黄草及提取麻黄碱所需的工具和化学原料若干。2018年5月28日左右，第一批200公斤麻黄草寄至珙县巡场镇兄弟物流公司，李某某（17岁，已判）受陈某涛安排，与朱某积一起将该200公斤麻黄草取回存放。5月30日，陈某涛出资1400元，朱某积、李某某前去联系，租用了史某位于珙县巡场镇中坝村7组××号的门市三间（门口挂牌为“泸州饭店”），用作提取麻黄碱的场地。租好场地后，由陈某涛将第一批200公斤麻黄草运至泸州饭店存放。5月31日左右，第二批200公斤麻黄草寄至珙县巡场镇宜南物流，郭某鑫（已判）受陈某涛安排，与朱某积、李某某一起将该200公斤麻黄草取回运至泸州饭店门市内存放。

---

① 本案参见四川省珙县人民法院（2019）川1526刑初139号刑事判决书。

2018 年 6 月 2 日左右，朱某积开始在泸州饭店门市内着手提取麻黄碱，郭某鑫、李某某予以协助。6 月 4 日，郭某鑫向陈某涛称不想干后，陈某涛又安排聂某杰（已判）前去泸州饭店门市看管并协助朱某积。6 月 5 日晚，聂某杰因有事离开泸州饭店门市，离开时将门市锁好（朱某积尚在门市内）并将钥匙交给郭某鑫。当晚 11 时许，郭某鑫前去泸州饭店门市给朱某积开门，二人从该门市出来后，见一辆巡逻警车从门口经过，以为被警察发现，遂分头逃窜。

2018 年 6 月 7 日，公安机关对泸州饭店门市进行搜查，现场查获麻黄草疑似物 6 袋（经称量共 304.15 公斤）、麻黄碱水疑似物 7 桶（经称量共 436.85 公斤）、浸泡过的麻黄草疑似物 11 袋（经称量共 207.25 公斤）等提取麻黄碱的原料、工具共计 29 件（类）。经对查获的麻黄草疑似物、麻黄碱水疑似物分别取样检验，均检出麻黄碱成分。

2019 年 4 月 8 日，公安机关将杨某蓉抓获到案。

被告人杨某蓉违反国家规定，非法生产制毒物品麻黄碱，情节严重，其行为触犯了《中华人民共和国刑法》第三百五十条，构成非法生产制毒物品罪。公诉机关指控罪名成立，四川省珙县人民法院予以支持。本案系犯罪未遂，可以比照既遂犯从轻或者减轻处罚。被告人杨某蓉如实供述犯罪事实，自愿认罪，可以从轻处罚。被告人杨某蓉具有犯罪前科，酌情从重处罚。

综上，根据被告人杨某蓉犯罪的事实、性质、情节及对社会的危害程度，依照《中华人民共和国刑法》第三百五十条、第二十三条、第二十五条第一款、第六十七条第三款的规定，四川省珙县人民法院作出判决：被告人杨某蓉犯非法生产制毒物品罪，判处有期徒刑一年十个月，并处罚金人民币 5000 元。

四、非法生产、买卖、运输制毒物品罪的共同犯罪

一般共同犯罪，即基于共同的犯罪故意，即两个或两个以上行为人，基于共同的走私制毒物品的故意，共同实施走私制毒物品的行为应当认定为共犯。在司法实践中，大部分有关毒品的犯罪都是二人及二人以上的共同犯罪，甚至是组织严密的集团犯罪。明知他人实施非法买卖制毒物品罪，而为其运输、储存或者以其他方式提供便利的，以非法生产、买卖、运输制毒物品罪的共犯论处。明知他人系制造毒品而卖给他人制毒物品的，应当以制造毒品罪的共犯处罚。若没有实施毒品犯罪的共同故意，仅在客观上为相互关联的毒品犯罪上下家，不构成共同犯罪。

在非法买卖制毒物品罪的审判过程中，应注意区分主犯与从犯。正确区分主犯与从犯，应当以各共同犯罪人在毒品共同犯罪中的地位和作用为根据。只要认定为从犯，无论主犯是否到案，均应依照刑法关于从犯的规定从轻、减轻或者免除处罚。为了非法买卖制毒物品犯罪而采用加工、提炼的方法非法制造易制毒化学品，是非法买卖制毒物品犯罪的预备行为，并在共同犯罪中起辅助作用，系从犯，应当从轻处罚。

在非法生产、买卖、运输制毒物品罪的审判过程中，也要正确认定共同犯罪案件中主犯和从犯的毒品犯罪数量。对于非法买卖制毒物品犯罪集团的首要分子，应按集团毒品犯罪的总数量处罚；对一般共同犯罪的主犯，应按其所参与的或者组织、指挥的毒品犯罪数量处罚；对于从犯，应当按照其所参与的毒品犯罪的数量处罚。

另外，不管是其他毒品犯罪的实行行为还是帮助行为，都应当以其构成的具体犯罪来追究刑事责任。

参阅案例

李某斌等四人非法生产、运输、买卖制毒物品案[①]

2016年至2017年4月期间，被告人李某斌在明知邻氯苯基环戊酮（以下简称邻酮）为国家管制的易制毒物品的情况下，违法国家规定，在位于河南省宜阳县张午镇程子村的洛阳豫贺科技生物有限公司车间内与他人非法生产邻酮约3.2吨并销售牟利。被告人吴某俊、刘某战明知邻酮为国家管制的易制毒品仍帮助被告人李某斌生产、运输和销售。被告人蔡某明知邻酮为国家管制易制毒物品仍为被告人李某斌销售邻酮。其中吴某俊帮助被告人李某斌生产、运输并销售邻酮2.2吨，被告人刘某战帮助被告人李某斌生产、运输邻酮共计2吨，被告人李某斌通过被告人蔡某销售邻酮2.2吨。

被告人李某斌、吴某俊、刘某战、蔡某明知邻酮为国家管制易制毒物品的情况下，违反国家规定进行非法生产、买卖、运输，情节特别严重，其行为已触犯刑律，其中被告人李某斌、吴某俊、刘某战构成非法生产、运输、买卖制毒物品罪，被告人蔡某构成非法买卖制毒物品罪。公诉机关指控被告人李某斌、吴某俊、刘某战犯非法生产、运输、买卖制毒物品罪，被告人蔡某犯非法买卖制毒物品罪的事实清楚，证据确实、充分，指控的罪名成立，江苏省建湖县人民法院予以支持。被告人李某斌分别与吴某俊、刘某战、蔡某构成共同故意犯罪。被告人吴某俊、刘某战在共同犯罪中起次要作用，应当认定为从犯，应当从轻处罚。被告人李某斌、吴某俊、刘某战能如实供述自己的主要犯罪事实，可以从轻处罚。被告人蔡某当庭认罪，可酌情从轻处罚。被告人李某斌、吴某俊、蔡某的辩护人对侦查机关取证的合法性有异议与法院查明的事实不符，法院不予采纳。被告人李某

① 本案参见江苏省建湖县人民法院（2017）苏0925刑初363号刑事判决书。

斌参与邻酮的生产、运输，有其在侦查阶段的供述，被告人吴某俊的供述，证人阮某丁、阮某乙的证言等证据予以证明，足可认定。因此，被告人李某斌及其辩护人辩护认为李某斌没有参与生产、运输的辩护意见，法院不予采纳。被告人吴某俊的辩护人辩护认为，被告人吴某俊仅构成非法运输制毒物品犯罪，不构成非法生产、买卖制毒物品犯罪，经查被告人吴某俊参与生产、买卖制毒物品有其在侦查阶段的供述，被告人李某斌、刘某战的供述，证人阮某丁、阮某乙的证言予以证明，足可认定。因此，被告人吴某俊的辩护人该辩护意见，法院不予采纳。被告人刘某战的辩护人辩护认为，被告人刘某战具有自首情节，与法院查明的事实不符，法院不予采纳。被告人蔡某的辩护人辩护认为，被告人蔡某具有从犯、坦白的量刑情节，与法院审理查明的事实不符，法院不予采纳。被告人及其辩护人其他辩护意见符合法律规定，本院予以采纳。据此，依照《中华人民共和国刑法》第三百五十条第一款、第二十五条第一款、第二十六条第一款、第二十七条、第六十七条第三款、第五十二条、第五十三条的规定，江苏省建湖县人民法院作出判决：

一、被告人李某斌犯非法生产、运输、买卖制毒物品罪，判处有期徒刑八年，并处罚金8万元；

二、被告人吴某俊犯非法生产、买卖、运输制毒物品罪，判处有期徒刑五年六个月，并处罚金3万元；

三、被告人刘某战犯非法生产、运输制毒物品罪，判处有期徒刑五年六个月，并处罚金3万元；

四、被告人蔡某犯非法买卖制毒物品罪，判处有期徒刑七年三个月，并处罚金7万元。

五、非法生产、买卖、运输制毒物品罪的罪数形态

涉毒品犯罪往往不是单一的行为，而是多种行为互相衔接完成，比如

从源头的非法买卖制毒物品，然后加工制造成毒品，再进行非法运输、销售，甚至走私到境外，且司法实践中查获的毒品犯罪类型也鲜有只实施一种毒品犯罪行为的。因此，正确处理不同毒品犯罪类型在司法实践上具有重要意义。

2009 年《最高人民法院、最高人民检察院、公安部关于办理制毒物品犯罪案件适用法律若干问题的意见》第一条第（六）项规定："走私、非法买卖制毒物品行为同时构成其他犯罪的，依照处罚较重的规定定罪处罚。"但在司法实践中，往往不是严格按照处罚较重的规定定罪处罚。

牵连犯是指犯罪的手段行为或结果行为，与目的行为或原因行为分别触犯不同罪名的情况。对于牵连犯的处理，刑法总则没有明确规定其处罚原则，理论上一般认为对牵连犯应从一重罪处罚。因此，以制造毒品为目的而非法买卖制毒物品的，应当以制造毒品罪依法追究刑事责任；以走私制毒物品为目的而进行的非法买卖制毒物品的，应当以走私制毒物品罪依法追究刑事责任。

关于法条竞合的情况。2009 年《最高人民法院、最高人民检察院、公安部关于办理制毒物品犯罪案件适用法律若干问题的意见》第一条第（六）项规定："走私、非法买卖制毒物品行为同时构成其他犯罪的，依照处罚较重的规定定罪处罚。"2012 年《最高人民法院、最高人民检察院、公安部关于办理走私、非法买卖麻黄碱类复方制剂等刑事案件适用法律若干问题的意见》第一条第一款规定："以加工、提炼制毒物品制造毒品为目的，购买麻黄碱类复方制剂，或者运输、携带、寄递麻黄碱类复方制剂进出境的，依照刑法第三百四十七条的规定，以制造毒品罪定罪处罚。"该条第二款规定："以加工、提炼制毒物品为目的，购买麻黄碱类复方制剂，或者运输、携带、寄递麻黄碱类复方制剂进出境的，依照刑法第三百五十条第一款、第三款的规定，分别以非法买卖制毒物品罪、走私制毒物品罪定罪处罚。"

该条第五款还规定了犯罪竞合的处断原则。该款具体规定："实施第一款、第二款规定的行为，同时构成其他犯罪的，依照处罚较重的规定定罪处罚。”具体而言，实施第一款规定的行为与非法经营罪、走私普通货物、物品等其他犯罪竞合的，由于刑法对于制造毒品罪的法定刑设置较高，按照制造毒品罪处罚通常较重；实施第二款规定的行为与非法经营罪、走私普通货物、物品等其他犯罪竞合的，根据麻黄碱类复方制剂的涉案金额及其中麻黄碱类物质的数量的大小，会出现不同的适用关系。具体而言，根据涉案金额适用非法经营罪等其他犯罪的法定刑高于根据麻黄碱类物质的数量适用有关制毒物品犯罪的法定刑时，则适用非法经营罪等其他犯罪；反之，以有关制毒物品犯罪定罪处罚。

参阅案例

朱某清等三人污染环境、非法买卖制毒物品案①

2018年6月4日，被告人朱某清在江西省南昌市进贤县温圳镇白沙村委会白沙砖厂旁的砖房里，非法从事铝管氧化加工，聘请被告人俞某辉、吴某华在其氧化厂内进行一系列流程操作，共同配合完成氧化加工的各个流程，事先挖通暗管，将氧化加工产生的废水通过暗管直排入旁边的废水井内。该氧化废水经取样检测pH值为1.57，呈酸性，为危险废物；废水中镍的检测结果为10.8mg/L，超过国家规定标准的21.6倍。

被告人朱某清在进贤县温圳镇白沙村委会白沙砖厂旁的砖房里及该砖房倒塌的一房屋内进行氧化铝管加工，先后在未办理任何购买易制毒化学品手续的情况下，私自购进原材料硫酸进行清洗铝管，共计硫酸重量为314.8千克。经取样鉴定均检出硫酸根离子，未检出磷酸根离子成分、硝酸根离子成分。

---

① 本案参见江西省南昌市进贤县人民法院（2019）赣0124刑初26号刑事判决书。

作案后，被告人朱某清、俞某辉主动投案，被告人吴某华系在案发现场当场抓获。公诉机关据此指控被告人朱某清、俞某辉、吴某华在进行氧化铝管加工过程中，私设暗管，排放有毒物质及重金属镍超过国家排放标准达21.6倍的废水，其行为触犯了《中华人民共和国刑法》第三百三十八条之规定，应当以污染环境罪追究其刑事责任。被告人朱某清在未办理任何购买易制毒化学品手续的情况下，购买硫酸进行氧化铝管加工的原材料，经查获的硫酸重量为314.8千克，其行为触犯了《中华人民共和国刑法》第三百五十条之规定，应当以非法买卖制毒物品罪追究其刑事责任。同时，被告人朱某清具有《中华人民共和国刑法》第二十六条第一款规定的情节，被告人俞某辉、吴某华具有《中华人民共和国刑法》第二十七条规定的情节。

被告人朱某清、俞某辉、吴某华违反国家规定，排放有毒物质，严重污染环境，其行为已构成污染环境罪。公诉机关指控被告人朱某清、俞某辉、吴某华犯污染环境罪的罪名成立。被告人朱某清违反国家规定，非法买卖其他用于制造毒品的原料、配剂，情节较重，其行为已构成非法买卖制毒物品罪。公诉机关指控被告人朱某清犯非法买卖制毒物品罪的罪名成立。公诉机关指控被告人朱某清在污染环境的共同犯罪中起主要作用，属主犯；被告人俞某辉、吴某华在污染环境的共同犯罪中起次要作用，属从犯的意见，与查明的事实及法律规定相符，予以认定。被告人朱某清、俞某辉主动到案，如实供述污染环境的犯罪事实，属自首，可从轻处罚；被告人吴某华如实供述自己的犯罪事实，属坦白，可从轻处罚。被告人吴某华曾受行政处罚，可酌情从重处罚。被告人朱某清的辩护人辩称其不构成非法买卖制毒物品罪的辩解意见，与查明的事实及法律规定不符，不予采纳。根据《中华人民共和国刑法》第三百三十八条、第三百五十条第一款、第二十五条第一款、第二十六条第一款、第二十七条、第六十七条第一款及第三款、第六十九条第一款及第三款之规定，江西省南昌市进贤县人民法院作出判决：

一、被告人朱某清犯污染环境罪，判处有期徒刑十个月，并处罚金人民币5000元；犯非法买卖制毒物品罪，判处有期徒刑一年二个月，并处罚金人民币8000元；二罪并罚，决定执行有期徒刑一年七个月，并处罚金人民币13000元；

二、被告人俞某辉犯污染环境罪，判处有期徒刑八个月，并处罚金人民币3000元；

三、被告人吴某华犯污染环境罪，判处有期徒刑九个月，并处罚金人民币3000元。

第三节　非法生产、买卖、运输制毒物品罪量刑处罚标准

《中华人民共和国刑法》在对非法生产、买卖、运输制毒物品的行为设定刑罚时，着重考虑了犯罪情节轻重等因素。

一、立案追诉标准

根据《最高人民检察院、公安部关于公安机关管辖的刑事案件立案追诉标准的规定（三）》第六条的规定，违反国家规定，在境内非法买卖制毒物品，数量达到本规定第五条第一款规定情形之一的，应予立案追诉。

非法买卖两种以上制毒物品，每种制毒物品均没有达到本条第一款规定的数量标准，但按前款规定的立案追诉数量比例折算成一种制毒物品后累计相加达到上述数量标准的，应予立案追诉。

违反国家规定，实施下列行为之一的，认定为本条规定的非法买卖制

毒物品行为：

（一）未经许可或者备案，擅自购买、销售易制毒化学品的；

（二）超出许可证明或者备案证明的品种、数量范围购买、销售易制毒化学品的；

（三）使用他人的或者伪造、变造、失效的许可证明或者备案证明购买、销售易制毒化学品的；

（四）经营单位违反规定，向无购买许可证明、备案证明的单位、个人销售易制毒化学品的，或者明知购买者使用他人的或者伪造、变造、失效的许可证明或者备案证明，向其销售易制毒化学品的；

（五）以其他方式非法买卖易制毒化学品的。易制毒化学品生产、经营、使用单位或者个人未办理许可证明或者备案证明，购买、销售易制毒化学品，如果有证据证明确实用于合法生产、生活需要，依法能够办理只是未及时办理许可证明或者备案证明，且未造成严重社会危害的，可不以非法买卖制毒物品罪立案追诉。

为了非法买卖制毒物品而采用生产、加工、提炼等方法非法制造易制毒化学品的，以非法买卖制毒物品罪（预备）立案追诉。

非法买卖制毒物品主观故意中的"明知"，依照走私制毒物品罪有关规定予以认定。

根据上述规定可知，有下列情形之一的，即可根据《最高人民法院、最高人民检察院、公安部关于公安机关管辖的刑事案件立案追诉标准的规定（三）》认定其"明知"是制毒物品而走私或者非法买卖，但有证据证明确属被蒙骗的除外，具体如下：

（一）改变产品形状、包装或者使用虚假标签、商标等产品标志的；

（二）以藏匿、夹带、伪装或者其他隐蔽方式运输、携带易制毒化学品逃避检查的；

（三）抗拒检查或者在检查时丢弃货物逃跑的；

（四）以伪报、藏匿、伪装等蒙蔽手段逃避海关、边防等检查的；

（五）选择不设海关或者边防检查站的路段绕行出入境的；

（六）以虚假身份、地址或者其他虚假方式办理托运、寄递手续的；

（七）以其他方法隐瞒真相，逃避对易制毒化学品依法监管的。

明知他人实施非法买卖制毒物品犯罪，而为其运输、储存、代理进出口或者以其他方式提供便利的，以非法买卖制毒物品罪的共犯立案追诉。

二、刑罚区间

根据《中华人民共和国刑法》第三百五十条和2016年《最高人民法院关于审理毒品犯罪案件适用法律若干问题的解释》的相关规定，可以将本罪的刑罚配置从重至轻划分为三个档次、区间。

（一）最高档

七年以上有期徒刑，并处罚金或者没收财产。

（二）中间档

三年以上七年以下有期徒刑，并处罚金。

（三）最低档

三年以下有期徒刑、拘役或者管制，并处罚金。

三、量刑标准

依照《中华人民共和国刑法》以及有关毒品犯罪司法解释的规定，为本罪设定的三个量刑档，每个量刑格所对应的量刑标准、情形分别为：

（一）最高档：七年以上有期徒刑，并处罚金或者没收财产

这是本罪的最高档量刑，为七年以上有期徒刑，并处罚金或者没收财产。其对应的量刑要求为“情节特别严重”，结合《中华人民共和国刑法》第三百五十条第一款的规定，以及2016年《最高人民法院关于审理毒品犯

罪案件适用法律若干问题的解释》第七条、第八条的规定，非法生产、买卖、运输制毒物品，具有下列情形之一的：

1. 制毒物品数量在三年以下有期徒刑、拘役或者管制量刑最低档规定的最高数量标准五倍以上的；

2. 达到三年以下有期徒刑、拘役或者管制量刑最低档规定的数量标准，且具有以下情形之一的：

（1）一次组织五人以上或者多次非法生产、买卖、运输制毒物品、走私制毒物品，或者在多个地点非法生产制毒物品的；

（2）利用、教唆未成年人非法生产、买卖、运输制毒物品、走私制毒物品的；

（3）国家工作人员非法生产、买卖、运输制毒物品、走私制毒物品的；

（4）严重影响群众正常生产、生活秩序的。

3. 其他情节特别严重的情形。

（二）中间档：三年以上七年以下有期徒刑，并处罚金

这是本罪的中间档。其对应量刑为三年以上七年以下有期徒刑，并处罚金。其对应的量刑情节为“情节严重”。结合《中华人民共和国刑法》第三百五十条第一款以及2016年《最高人民法院关于审理毒品犯罪案件适用法律若干问题的解释》第七条、第八条的规定，非法生产、买卖、运输制毒物品，具有下列情形之一的：

1. 制毒物品数量在三年以下有期徒刑、拘役或者管制量刑最低档规定的最高数量标准以上，不满最高数量标准五倍的；

2. 达到三年以下有期徒刑、拘役或者管制量刑最低档规定的数量标准，且具有以下情形之一的：

（1）一次组织五人以上或者多次非法生产、买卖、运输制毒物品、走私制毒物品，或者在多个地点非法生产制毒物品的；

（2）利用、教唆未成年人非法生产、买卖、运输制毒物品、走私制毒

物品的；

（3）国家工作人员非法生产、买卖、运输制毒物品、走私制毒物品的；

（4）严重影响群众正常生产、生活秩序的。

3. 其他情节特别严重的情形。

（三）最低档：三年以下有期徒刑、拘役或者管制，并处罚金

本罪的最低档量刑为三年以下有期徒刑、拘役或者管制，并处罚金。其对应的量刑情节为“情节较重”。结合《中华人民共和国刑法》第三百五十条以及2016年《最高人民法院关于审理毒品犯罪案件适用法律若干问题的解释》第七条的规定，情节较重的情况包括两大类：一类是数量情节；一类是行为情节。二者的关系是，特定制毒物品达到一定的数量即构成本罪，在特定物品数量未达到起刑点数量但超过起刑点数量50%的情况下，满足特定条件的也认定构成“情节较重”。

1. 数量情节

达到下列数量标准的，应当认定为《中华人民共和国刑法》第三百五十条第一款规定的“情节较重”：

（1）麻黄碱（麻黄素）、伪麻黄碱（伪麻黄素）、消旋麻黄碱（消旋麻黄素）一千克以上不满五千克；

（2）1－苯基－2－丙酮、1－苯基－2－溴－1－丙酮、3，4－亚甲基二氧苯基－2－丙酮、羟亚胺二千克以上不满十千克；

（3）3－氧－2－苯基丁腈、邻氯苯基环戊酮、去甲麻黄碱（去甲麻黄素）、甲基麻黄碱（甲基麻黄素）四千克以上不满二十千克；

（4）醋酸酐十千克以上不满五十千克；

（5）麻黄浸膏、麻黄浸膏粉、胡椒醛、黄樟素、黄樟油、异黄樟素、麦角酸、麦角胺、麦角新碱、苯乙酸二十千克以上不满一百千克；

（6）N－乙酰邻氨基苯酸、邻氨基苯甲酸、三氯甲烷、乙醚、哌啶五十千克以上不满二百五十千克；

（7）甲苯、丙酮、甲基乙基酮、高锰酸钾、硫酸、盐酸一百千克以上不满五百千克；

（8）其他制毒物品数量相当的。

2. 行为情节

根据《最高人民法院关于审理毒品犯罪案件适用法律若干问题的解释》第七条第二款的规定，违反国家规定，非法生产、买卖、运输制毒物品、走私制毒物品，达到前款规定的数量标准最低值的百分之五十，且具有下列情形之一的，应当认定为《中华人民共和国刑法》第三百五十条第一款规定的“情节较重”：

（1）曾因非法生产、买卖、运输制毒物品、走私制毒物品受过刑事处罚的；

（2）二年内曾因非法生产、买卖、运输制毒物品、走私制毒物品受过行政处罚的；

（3）一次组织五人以上或者多次非法生产、买卖、运输制毒物品、走私制毒物品，或者在多个地点非法生产制毒物品的；

（4）利用、教唆未成年人非法生产、买卖、运输制毒物品、走私制毒物品的；

（5）国家工作人员非法生产、买卖、运输制毒物品、走私制毒物品的；

（6）严重影响群众正常生产、生活秩序的；

（7）其他情节较重的情形。

第六章 走私制毒物品罪

第一节 走私制毒物品罪概念及犯罪构成

为了消除境外生产制造毒品所需要的化学物品的来源，配合国际禁毒斗争，我国加大了对易制毒化学品的管制力度。随着化学合成技术的日新月异，国内也不断出现新型合成毒品，而用于制造这些新型合成毒品的原料等化学品有些却尚未列入管制。近年来，由于泰国、缅甸等国家对有关化学物品的生产、进口、运输、使用等环节进行了严格的管理和控制，境外的制毒犯罪分子有时转而从我国“进口”相关化学品，因此依法打击惩治走私制毒物品犯罪迫在眉睫，任重而道远。

走私制毒物品罪与非法生产、买卖、运输制毒物品罪都是《中华人民共和国刑法》第三百五十条规定的罪名，《刑法修正案（九）》修改了该条的刑罚规定，提高了该条规定的法定刑，并增加了没收财产的规定。

一、概念法条

走私制毒物品罪，是指违反国家规定，非法运输、携带醋酸酐、乙醚、三氯甲烷或者其他用于制造毒品的原料或者配剂进出境的行为。

《中华人民共和国刑法》第三百五十条：

【非法生产、买卖、运输制毒物品、走私制毒物品罪】违反国家规定，非法生产、买卖、运输醋酸酐、乙醚、三氯甲烷或者其他用于制造毒品的原料、配剂，或者携带上述物品进出境，情节较重的，处三年以下有期徒刑、拘役或者管制，并处罚金；情节严重的，处三年以上七年以下有期徒刑，并处罚金；情节特别严重的，处七年以上有期徒刑，并处罚金或者没收财产。

明知他人制造毒品而为其生产、买卖、运输前款规定的物品的，以制造毒品罪的共犯论处。

单位犯前两款罪的，对单位判处罚金，并对其直接负责的主管人员和其他直接责任人员，依照前两款的规定处罚。

二、客体

走私制毒物品罪侵犯的客体，是国家对醋酸酐、乙醚、三氯甲烷或者其他用于制造毒品的原料或者配剂进出口的管制和国家对外贸易管制，是复杂客体。

国家对易制毒化学品的进口、出口实行许可制毒。国务院有关部门按照规定的职责，对进口、出口易制毒化学品依法进行管理。禁止走私易制毒化学品。进出口易制毒化学品的，应当履行相关手续。用于制造毒品的原料或者配剂，既是医药和工农业生产的原料，又是制造毒品不可缺少的物品。我国政府十分重视对制毒物品的原料或者配剂的进出口管理工作，实行由国家统一归口管理制度，严禁任何单位和个人非法运输、携带制毒化学物品进出国（边）境。

《联合国禁止非法贩运麻醉药品和精神药物公约》中第三条第一款第（四）项规定，明知其用途或目的是非法生产或制造麻醉药品或精神药品而制造、运输、分销设备、材料表一和表二所列的物质，各缔约国应采取可能必要的措施将其故意行为确定为国内法中的刑事犯罪。我国是该公约的缔约国，所以刑法明文将其规定为独立的犯罪，以利于打击非法运输、携带制毒化学物品进出国（边）境的犯罪分子。

三、客观方面

走私制毒物品罪的客观方面表现为违反国家制毒物品管理法规和海关法规，逃避海关监管，非法运输、携带数量较大的醋酸酐、乙醚、三氯甲烷或者其他用于制造毒品的原料或者配剂等制毒物品进出国（边）境的行为。

运输制毒物品进出境，是指利用飞机、火车、汽车、船只等交通工具，将制毒物品从境外运入境或由境内运往境外；携带制毒物品进出境，是指过境人员将制毒物品随身带入境或者带出境。这两种行为并不要求全部具备，只要实施其中之一者，即可构成犯罪。

走私制毒物品的常见手段有绕过海关和关卡，偷运制毒物品进出国（边）境的；采用藏匿、伪装、假报等欺骗手段，逃避海关对制毒物品监管的；超越经营范围将制毒物品以合法形式进出国（边）境的；向走私犯罪分子直接收购制毒物品的；没有合法证明在内海海域运输、贩卖、收购制毒物品的。

走私制毒物品罪所称制毒物品是指制造毒品的原料和配剂。又称为易制毒化学品，也就是说，《易制毒化学品管理条例》中所列化学物品均属于本法所称制毒物品。《易制毒化学品管理条例》中列管了23种易制毒化学品：第一类是可以用于制毒的主要原料，第二类、第三类是可以用于制毒的化学配剂。

根据2016年《最高人民法院关于审理毒品犯罪案件适用法律若干问题的解释》的规定，制毒物品种类包括：

（一）麻黄碱（麻黄素）、伪麻黄碱（伪麻黄素）、消旋麻黄碱（消旋麻黄素）；

（二）1－苯基－2－丙酮、1－苯基－2－溴－1－丙酮、3，4－亚甲基二氧苯基－2－丙酮、羟亚胺；

（三）3－氧－2－苯基丁腈、邻氯苯基环戊酮、去甲麻黄碱（去甲麻黄素）、甲基麻黄碱（甲基麻黄素）；

（四）醋酸酐；

（五）麻黄浸膏、麻黄浸膏粉、胡椒醛、黄樟素、黄樟油、异黄樟素、麦角酸、麦角胺、麦角新碱、苯乙酸；

（六）N－乙酰邻氨基苯酸、邻氨基苯甲酸、三氯甲烷、乙醚、哌啶；

（七）甲苯、丙酮、甲基乙基酮、高锰酸钾、硫酸、盐酸；

（八）其他制毒物品。

四、主体

走私制毒物品罪的主体是一般主体，即凡是达到刑事责任年龄具有刑事责任能力，实施了走私制毒物品行为的人，均可构成本罪。年满十六周岁的完全刑事责任能力人都可以构成本罪的犯罪主体。

单位也可以成为走私制毒物品罪的主体，根据《中华人民共和国刑法》第三百五十条第三款“单位犯前两款罪的，对单位判处罚金，并对其直接负责的主管人员和其他直接责任人员，依照前两款的规定处罚”之规定，这里的“直接负责的主管人员”，是指对以单位名义进行上述违法犯罪活动，直接起决定、策划、组织或指挥作用的人员，主要是单位的领导或业务主管人员。“其他直接责任人员”是指上述人员以外的在违法犯罪活动中起主要、骨干作用的人员。由于本罪行为所指向的乃是制毒物品，而制毒物品本身并不为法律所禁止，其中许多物品本身属于生产药物的前体，现实中存在大量生产、销售该类物品的企业，而由于巨大的利益驱使再加上监管环节可能存在的漏洞，这些企业就完全有可能成为实施本罪的主体。

参阅案例

杨某腾、翁某彬走私制毒物品案①

2016年下半年，被告人杨某腾和GAOTING（另案处理）密谋从国内走私麻黄碱到澳大利亚。GAOTING负责境外联络，被告人杨某腾负责购买麻黄碱、安排出境。2016年底至2017年初，被告人杨某腾先后多次向他人购买约1000千克麻黄碱，并指使被告人翁某彬使用收货专用手机到福清市高速公路口附近分数批接收麻黄碱，后储存在被告人杨某腾的父亲杨某甲位于福建省福清市牛头尾自建别墅内。2017年4月至5月，“菲利普”（身份不明）通过互联网向上海某生物科技有限公司订购了216桶海盐，向厦门某水产技术开发有限公司订购了蛋白分离器、陶瓷环、过滤棉、珊瑚砂等货物，均要求供货商送货到福清市，并预留了被告人杨某腾提供给GAOTING的收货专用号码。2017年5月，被告人翁某彬根据被告人杨某腾的指示，使用收货专用号码分别接收了物流公司运送到福清市的蛋白分离器、陶瓷环、过滤棉、珊瑚砂等货物，并存储在杨某甲的别墅内。后被告人杨某腾指使被告人翁某彬将麻黄碱装入海盐桶内，具体伪装方法由GAOTING与被告人翁某彬直接联系。被告人翁某彬根据GAOTING的要求，将其中的120桶海盐清空，将麻黄碱装入桶中伪装成海盐，按每桶11千克进行包装，并在装有麻黄碱的海盐桶桶部用记号笔做标记。2017年5月下旬，“菲利普”联系深圳市华某国际物流有限公司厦门分公司，要求将海盐、蛋白分离器、陶瓷环、过滤棉、珊瑚砂等货物出口至澳大利亚，并预留被告人杨某腾提供给GAOTING的收货专用号码用于联系报关事宜。被告人翁某彬根据被告人杨某腾的指示，使用收货专用号码，以“许先生”名义联系深圳

---

① 本案参见福建省福州市中级人民法院（2018）闽01刑初114号刑事判决书。

市华某物流公司厦门分公司业务员黄某甲，要求安排空柜“甩柜”到福清市路边空地。同年5月24日，黄某甲联系物流公司派拖车将“EISU2118672”空集装箱停放在被告人翁某彬指定的位置。5月24日夜和5月25日中午，被告人杨某腾、翁某彬分两批将藏匿有麻黄碱的216桶海盐桶及蛋白分离器、陶瓷环、过滤棉、珊瑚砂等货物从牛头尾别墅分批运到福清市路边空地，并装入“EISU2118672”空集装箱，锁上封签。随后被告人翁某彬通知黄某甲将集装箱拉走。2017年5月26日，“EISU2118672”集装箱进入福州市马尾青州港。次日，深圳市华某物流公司提供发票、装箱单和合同文本，委托福州某报关有限公司向马尾海关申报出口。马尾海关放行后，同年5月31日，“EISU2118672”集装箱装船离开马尾青州港，同年6月23日抵达澳大利亚新南威尔士州悉尼。同年6月24日，澳大利亚执法部门开箱查验“EISU2118672”集装箱，发现216桶海盐中的120桶中装有米色晶体物质，净重共1310千克。经鉴定，上述米色晶体物质含麻黄碱，纯度75.07%—80.64%。

福州海关缉私局于2017年8月21日在福清市音西街道传唤翁某彬、在福州市小吃店传唤杨某腾。另查明，被告人杨某腾利用买麻黄碱的差价，从中牟利人民币20万元。

被告人杨某腾、翁某彬违反国家禁毒管理法规，合伙将藏匿1310千克麻黄碱的物品运输出境，情节特别严重，其行为均构成了走私制毒物品罪。被告人杨某腾、翁某彬到案后能如实供述自己的罪行，依法予以从轻处罚；被告人杨某腾退出违法所得20万元，酌情予以从轻处罚。关于被告人杨某腾、翁某彬辩护人提出的被告人杨某腾、翁某彬应认定为从犯，本案属于犯罪未遂的辩护意见，经查，被告人杨某腾、翁某彬与GAOTING（现在澳大利亚处理）三人共谋走私麻黄碱到澳大利亚。其中被告人杨某腾负责从龙岩购进麻黄碱，提供专用手机给被告人翁某彬，并指使翁某彬根据GAOTING的要求具体行动。被告人翁某彬根据杨某腾和GAOTING的要求，负责接收麻黄碱及伪装物并将麻黄碱装入伪装物内，伪装好后，其根据杨某腾和GAOTING的交代联系集装箱在福清收件。后由杨某腾、翁某彬二人共同将包含麻黄碱在内的所有伪装物装进集装箱并出口至澳大利亚。被告人杨某腾、翁某彬二人都是共同预谋者，都起了积极且重要的作用，二者都不能认定为从犯；本案的制毒物品麻黄碱已经出口到澳大利亚，属于犯罪既遂，辩护人的辩护意见与查明的事实不符，不予采纳。综上，依照《中华人民共和国刑法》第三百五十条第一款、第二十五条第一款之规定，福建省福州市中级人民法院作出判决：

一、被告人杨某腾犯走私制毒物品罪，判处有期徒刑十二年，并处罚金人民币3万元；

二、被告人翁某彬犯走私制毒物品罪，判处有期徒刑九年，并处罚金人民币2万元；

三、被告人杨某腾退出的违法所得人民币20万元，依法予以没收，上缴国库。

从被告人杨某腾处查扣的作案工具手机一部，从被告人翁某彬处查扣的作案工具手机一部，从杨某仁别墅处查扣的电子秤一台、透明塑料袋五个，依法由扣押机关予以没收。扣押在案的杨某丽、杨某仁手机各一部，依法发还二人。

五、主观方面

走私制毒物品罪在主观方面表现为故意，即行为人明知是国家管制的用于制造毒品的原料或配剂，而携带、运输进出国（边）境的行为。如果确实不知道运输或者携带进出境的是制毒原料或配剂而运输、携带进出境的行为，不构成犯罪。

本罪主观上要求明知，即行为人对其运输、携带的物质性质有明确的认知。认定本罪主观方面的焦点在于如何判断直接故意，即行为人对自己携带、运输上述物品性质的明知。根据2009年《最高人民法院、最高人民检察院、公安部关于办理制毒物品犯罪案件适用法律若干问题的意见》的规定："对于走私或者非法买卖制毒物品行为，有下列情形之一，且查获了易制毒化学品，结合犯罪嫌疑人、被告人的供述和其他证据，经综合审查判断，可以认定其'明知'是制毒物品而走私或者非法买卖，但有证据证明确属被蒙骗的除外：

"1. 改变产品性状、包装或者使用虚假标签、商标等产品标志的；

"2. 以藏匿、夹带或者其他隐蔽方式运输、携带易制毒化学品逃避检查的；

"3. 抗拒检查或者在检查时丢弃货物逃跑的；

"4. 以伪报、藏匿、伪装等蒙蔽手段逃避海关、边防等检查的；

"5. 选择不设海关或者边防检查站的路段绕行出入境的；

"6. 以虚假身份、地址办理托运、邮寄手续的；

"7. 以其他方法隐瞒真相，逃避对易制毒化学品依法监管的。"

2012年《最高人民法院、最高人民检察院、公安部关于办理走私、非法买卖麻黄碱类复方制剂等刑事案件适应法律若干问题的意见》对办理麻黄碱类案件的主观方面作出了具体规定。涉麻黄碱的案件应当按照如下条文的规定："对于犯罪嫌疑人、被告人的主观目的与明知，应当根据物证、书证、证人证言以及犯罪嫌疑人、被告人供述和辩解等在案证据，结合犯罪嫌疑人、被告人的行为表现，重点考虑以下因素综合予以认定：

"1. 购买、销售麻黄碱类复方制剂的价格是否明显高于市场交易价格；

"2. 是否采用虚假信息、隐蔽手段运输、邮寄、存储麻黄碱类复方制剂；

"3. 是否采用伪报、伪装、藏匿或者绕行进出境等手段逃避海关、边防等检查；

"4. 提供相关帮助行为获得的报酬是否合理；

“5. 此前是否实施过同类违法犯罪行为；

“6. 其他相关因素。”

关于主观明知的认定，如果确有证据证明被蒙骗的，应当认定其主观并不明知。2009 年《最高人民法院、最高人民检察院、公安部关于办理制毒物品犯罪案件适用法律若干问题的意见》也明确指出：“有证据证明确属被蒙骗的除外。”

参阅案例

廖某生、叶某林走私制毒物品案[①]

2016 年开始，被告人廖某生受他人指使，在福建漳州将制毒物品麻黄碱夹藏在塑料篮子底下，邮寄到深圳某公司，通过该公司将货物邮寄到新西兰，廖某生每月获 5000 元固定工资加数额不等的奖金。2016 年 9 月，廖某生又叫来被告人叶某林协助封装麻黄碱，2016 年 10 月 9 日，廖某生、叶某林将封装好的麻黄碱 8905.48 克的 60 个篮子寄到该公司，在深圳被查获。2016 年 10 月 15 日，民警在福建省龙岩市一处房屋门口将廖某生抓获。2016 年 10 月 16 日，在福建省漳州市××健身馆一楼将叶某林抓获，缴获麻黄碱 89 份共 10717.49 克。

被告人廖某生、叶某林无视国家法律，故意逃避海关监管，通过邮递物品内夹藏麻黄碱的方式走私制毒物品出境，其行为已构成走私制毒物品罪。公诉机关指控的犯罪事实清楚，证据确实、充分，指控罪名成立，应予支持。被告人廖某生在走私制毒物品过程中，负责包装伪装货品、招募同伙、洽谈邮寄费用，在走私制毒物品犯罪中起主要作用，系主犯；被告人廖某生被抓获后，主动交代了同案人叶某林的情况，并陪同民警一同前

---

① 本案参见广东省深圳市中级人民法院（2017）粤 03 刑初 446 号刑事判决书。

往抓获了叶某林，同时查获了其他麻黄碱，行为构成立功，依法可从轻处罚。被告人叶某林受廖某生指使，负责将涉案麻黄碱封装夹藏在货品中，在走私制毒物品犯罪中起次要作用，系从犯，依法可减轻处罚。

关于被告人廖某生的辩护人提出“廖某生是受他人雇佣和指使参与犯罪，涉案的资金以及麻黄碱均由第三人提供，系从犯”的意见，广东省深圳市中级人民法院认为：被告人廖某生在整个走私制毒物品行为过程中，招募了同案人叶某林共同参与犯罪，并具体负责包装伪装货品，与货运公司洽谈邮寄费用，其在走私制毒物品犯罪中起了主要作用，系主犯，故辩护人的这一辩护观点不能成立，本院不予采纳。关于辩护人辩护称“廖某生有协助公安机关抓获同案犯叶某林的立功情节”的意见与公安机关出具的证明材料相符，法院予以采纳。关于辩护人辩护称“廖某生到案后能主动坦白交代犯罪事实，有明显的悔罪表现”的意见成立，法院予以采纳。

关于被告人叶某林及其辩护人辩护称“并不清楚包装的麻黄碱是要走私出境的，行为不应当按照走私制毒物品罪定罪”的意见，法院认为，被告人叶某林受被告人廖某生纠集参与本案，其不但参与了将麻黄碱夹藏伪装在货物中的活动，还与廖某生一同前往陆某茶叶店交寄货物，该批货物是邮寄到深圳某公司后再通过该公司转运出境至新西兰，因此被告人叶某林的行为是整个走私制毒物品行为中不可或缺的一个环节，应当按照走私制毒物品罪对其定罪处罚，故辩护人的辩护意见不能成立，法院不予采纳。关于辩护人辩护称“叶某林系从犯”的意见与事实相符，法院予以采纳。

综合评判被告人廖某生、叶某林的犯罪事实、性质、情节以及悔罪表现等，依照《中华人民共和国刑法》第三百五十条、第二十五条、第二十六条、第二十七条、第六十一条、第六十四条、第六十七条、第六十八条之规定，广东省深圳市中级人民法院作出判决：

一、被告人廖某生犯走私制毒物品罪，判处有期徒刑三年，并处罚金人民币 2 万元；

二、被告人叶某林犯走私制毒物品罪，判处有期徒刑一年六个月，并处罚金人民币5000元；

三、本案查扣的制毒物品麻黄碱，由扣押机关依法予以销毁。

第二节　走私制毒物品罪司法适用疑难问题

走私制毒物品罪作为常见的毒品犯罪类型之一，其在司法认定上存在一些疑难问题。

一、走私制毒物品罪与非罪的区分

区分走私制毒物品罪与非罪的关键考量因素主要有以下三个方面：首先，是否经过批准，即行为人是否持有有效的特殊化学品出口准许证。如果行为人经过国家授权的主管部门批准，取得了有关准许证，办理了相关手续，而运输、携带制毒物品出入国（边）境，则是合法行为，不能认定为犯罪。其次，是否明知，包括确定的明知和应当知道的明知。行为人已经被告知其携带、运输的物品是国家规定管制的制毒物品，或者根据行为人的知识和经验，在具体案件中特定的环境和条件下应该认识到携带、运输的物品是国家规定管制的制毒物品，则构成犯罪。如果运输、携带者在某种特殊条件下（如受人欺骗），根本无法认识到所运输、携带的物品属于制毒物品的，便不具备走私制毒物品的故意，也不能构成犯罪。当然，如果行为人主观上具有犯罪过失，应当按照刑法规定的过失犯罪的相关罪名定罪处罚。最后，数量标准，如果行为人非法运输、携带出入国（边）境的制毒物品的数量没有达到有关司法解释所要求的数量标准，属于数量较小的，则不能认定为犯罪，应以一般违法走私制毒物品行为处理。但是，如果数量已经接近标准，而行为人又有其他恶劣情节，如系多次走私制毒物品的，或者以武装掩护走私制毒物品的，或者有暴力抗拒缉私情节的，或者利用未成年人进行走私活动的，也可以犯罪论处。

二、走私制毒物品罪与其他犯罪的区分

在司法实践中，应注意走私制毒物品罪与走私毒品罪的区别。构成走私制毒物品罪的关键是行为人须有走私制毒物品的行为。走私制毒物品罪的走私行为与走私毒品罪的行为方式相同，但所走私的对象不同。走私制毒物品罪走私的是制毒物品，即醋酸酐、乙醚、三氯甲烷以及丙酮、麻黄碱、麦角胺、苯乙酸等用于制造毒品的原料或者配剂。走私毒品罪走私的则是鸦片、海洛因等毒品。走私制毒物品的行为，具体表现为违反国家规定，非法运输、携带醋酸酐、乙醚、三氯甲烷或者其他用于制造毒品的原料或者配剂进出国（边）境的行为，以及直接向走私人非法收购走私进口的制毒物品。本罪与走私毒品罪的另一个区别在于，走私毒品罪不论数量多少，都追究刑事责任。走私制毒物品罪数量较大才构成本罪。

走私制毒物品罪与其他走私类犯罪的区别也主要在于犯罪对象不同。例如走私普通货物、物品罪的对象是普通货物、物品，且偷逃应缴税额在5万元以上的，才追究刑事责任。

三、走私制毒物品罪的既遂与未遂

判断走私制毒物品行为的既遂与未遂，应以制造毒品的原料或者配剂是否被运输或者携带出境或者入境为标准。走私制造毒品的原料或者配剂已经运输或者携带出境或者入境的，认定为既遂，反之则为未遂。

2012年《最高人民法院、最高人民检察院、公安部关于办理走私、非法买卖麻黄碱类复方制剂等刑事案件适应法律若干问题的意见》第四条规定了有关走私麻黄碱类复方制剂的犯罪预备、未遂的认定问题。根据《中华人民共和国刑法》第二十二条和第二十三条的规定，“犯罪预备”是指为

了犯罪，准备工具、制造条件的行为。对于预备犯，可以比照既遂犯从轻、减轻处罚或者免除处罚。“犯罪未遂”是指已经着手实行犯罪，由于犯罪分子意志以外的原因而未得逞的，是犯罪未遂。对于未遂犯，可以比照既遂犯从轻或者减轻处罚。麻黄碱类复方制剂本身既不是毒品，也不是制毒物品，属于毒品前体（制毒物品）的前体。实践中，不法分子主观上具有毒品犯罪故意，客观上将麻黄碱类复方制剂作为“准制毒物品”进行走私、非法买卖或者利用其加工、提炼麻黄碱类物质，并进一步制造毒品，虽然可以定性为相应毒品犯罪，但是其相对于通常的走私、非法买卖制毒物品和制造毒品犯罪而言，在社会危害程度上存在一定差别，犯罪形态也理当根据具体情况有所区分。一般情况下，实施意见规定的行为，原则上应当按照相应毒品犯罪的预备犯、未遂犯论处；对于行为人已经着手实施制造毒品罪或者走私、非法买卖制毒物品罪的犯罪行为，按照实行行为吸收预备行为、重行为吸收轻行为的原则，应当结合具体情况依法认定犯罪未遂或者犯罪既遂。

参阅案例

钱某德、苏某云走私制毒物品案①

被告人钱某德、苏某云以牟利为目的，明知他人意图运输制毒物品出境仍受雇在福建省帮助他人运输制毒物品。2015 年 7 月，被告人钱某德以吴某勤名义租赁福建省厦门市湖里区五通村埔东社某号作为堆放毒品原料仓库，并购买面膜粉、包装袋等物品以掩饰制毒物品包装。2015 年 8 月，被告人钱某德先后说服被告人高某羽、郭某麒协助其从事制毒物品包装等事宜。被告人高某羽明知钱某德协助他人运输毒品原料，仍参与面膜粉接

① 本案参见福建省厦门市海沧区人民法院（2016）闽 0205 刑初 307 号刑事判决书。

收、制毒物品包装；被告人郭某麒参与制毒物品包装。2015 年 9 月 3 日，公安机关在厦门市湖里区五通村埔东社某号抓获被告人钱某德、郭某麒，并现场缴获制毒物品 400. 6766 千克。经检验，上述缴获的制毒物品中含有氯麻黄碱成分，含量为 43. 1% 至 71. 9% 不等。2015 年 9 月 3 日，公安机关在厦门市思明区新景中心一处住宅内抓获被告人高某羽。2015 年 9 月 4 日，公安机关在福建省晋江市金井镇新兴住商区某号将被告人苏某云抓获并当场缴获制毒物品 400. 6766 千克。经检验，上述缴获的制毒物品中含有氯麻黄碱成分，含量为 43. 1% 至 71. 9% 不等。

2015 年 8 月，被告人钱某德经人授意购买麻黄碱后遂与被告人钟某琪联络，双方商定以每千克人民币 4000 元的价格购买麻黄碱 400 千克。而后，被告人钱某德让钟某琪前往厦门市湖里区吕岭路厦门日报社附近一旅行社取款现金人民币 120 万元作为定金，被告人钟某琪收下该款后回福建龙岩联系麻黄碱购买事宜。2015 年 9 月 4 日，被告人钟某琪被抓获归案。被告人钱某德归案后协助公安机关抓获同案犯并主动供述第二起犯罪事实。

被告人钱某德、苏某云、高某羽、郭某麒违反国家规定，欲运输制毒物品氯麻黄碱 400. 6766 千克出境，数量大，其行为均已构成走私制毒物品罪，但属未遂，可以比照既遂犯减轻处罚；在共同犯罪中，被告人钱某德系主犯，被告人高某羽、郭某麒系从犯，应当从轻处罚。被告人钱某德、钟某琪违反国家规定，约定买卖麻黄素 400 千克，数量大，其行为均已构成非法买卖制毒物品罪，属犯罪预备，可以比照既遂犯减轻处罚。被告人钱某德具有自首和立功情节，依法均可以从轻处罚；被告人钱某德一人犯两罪，应数罪并罚。被告人苏某云、高某羽、钟某琪、郭某麒能如实供述犯罪事实，可以从轻处罚。据此，依照《中华人民共和国刑法》第三百五十条第一款、第二十二条、第二十三条、第二十五条第一款、第二十六条、第二十七条、第六十九条、第六十四条之规定，福建省厦门市海沧区人民法院作出判决：

一、被告人钱某德犯走私制毒物品罪，判处有期徒刑一年六个月，并处罚金人民币15000元；犯非法买卖制毒物品罪，判处有期徒刑一年，并处罚金人民币5000元，数罪并罚，决定执行有期徒刑二年二个月，并处罚金人民币2万元；

二、被告人苏某云犯非走私制毒物品罪，判处有期徒刑二年，并处罚金人民币15000元；

三、被告人高某羽犯走私制毒物品罪，判处有期徒刑一年，并处罚金人民币5000元；

四、被告人钟某琪犯非法买卖制毒物品罪，判处有期徒刑十一个月零十五日，并处罚金人民币4000元；

五、被告人郭某麒犯走私制毒物品罪，判处有期徒刑十一个月零十五日，并处罚金人民币4000元；

六、扣押在案的作案工具、物证、毒资（详见清单）予以没收；

七、继续向被告人钟某琪追缴毒资人民币23万元。

四、走私制毒物品罪的共同犯罪

通常情况下走私制毒物品罪的共同犯罪容易认定。《中华人民共和国刑法》第三百五十条第二款规定：“明知他人制造毒品而为其生产、买卖、运输前款规定的物品的，以制造毒品罪的共犯论处。”那么，如何认定行为人的走私制毒物品行为是构成走私制毒物品罪还是制造毒品罪？区分的关键在于行为人的主观方面。因为醋酸酐、乙醚、三氯甲烷或者其他用于制造毒品的原料或者配剂，除了是用化学方法制造毒品不可缺少的物品外，还可以用于制造业和其他工业生产。行为人如果明知他人非法制造毒品而向其提供制毒物品的，而且该制毒物品是行为人走私入境的，那么行为人的行为不仅构成走私制毒物品罪，其行为还为他人制造毒品提供了便利条件，所以符合共同犯罪的特征，构成制造毒品罪。根据《中华人民共和国刑法》

第三百五十条第二款的规定，在此种情形下，对走私制毒物品的行为人按照制造毒品罪的共犯论处，不再单独构成走私制毒物品罪，也不与制造毒品罪实行数罪并罚。如果行为人走私制毒物品后并不是提供给制造毒品者，或者不明知对方是毒品制造者而提供的，都不能与制造毒品者共同构成制造毒品罪，而只能构成走私制毒物品罪。

走私制毒物品罪多是团伙犯罪。司法实践中，对为走私制毒物品犯罪提供运输、存储、拆改包装等帮助行为的人应当作为共犯处理，但是量刑时应具体考量其行为性质和在共同犯罪中所起的作用。对于不具备上述主观明知，单纯受雇、受托提供帮助等行为的，或者明显处于从属、辅助地位，情节显著轻微危害不大的，不作为犯罪处理。

参阅案例

蒋某甲、傅某涛等走私制毒物品案①

2014年2月间，被告人蒋某甲在邱某甲（另案处理）家与我国台湾地区居民“阿甘”（身份不明）认识，后二人共谋走私制毒物品。同年4月的一天，“阿甘”将6袋麻黄碱及1袋α－氰基苯丙酮制毒物品在福建省龙岩市高速公路路口的一条小路上交由被告人蒋某甲运回家中。同月中旬一天，被告人蒋某甲向“阿甘”收取运费人民币10万元后将该制毒物品运到广东省惠东县欲经船运走私至台湾，后未得逞，被告人蒋某甲又将制毒物品运回家中。经“阿甘”介绍，被告人蒋某甲、傅某涛分别于2014年4月27日和5月6日先后到漳浦县佛昙镇找被告人杨某，后商定以人民币5万元的价格雇用被告人杨某用渔船将制毒物品运到“阿甘”指定的外海，让“阿甘”联系的台湾地区船只接走。2014年5月16日18时许，被告人傅某涛

① 本案参见福建省漳州市漳浦县人民法院（2015）浦刑初字第169号刑事判决书。

驾驶闽F×××××号小车在前，张某（另案处理）驾驶粤039××号小车载被告人蒋某甲及制毒物品随后，至佛昙镇入住某大酒店。次日凌晨，漳州市边防支队在某大酒店查获被告人蒋某甲、杨某、傅某涛及张某，现场缴获麻黄碱148.8763千克、α－氰基苯丙酮4.9374千克及人民币5万元。

被告人蒋某甲、傅某涛、杨某违反国家规定，非法运输148.8763千克的麻黄碱及4.9374千克的α－氰基苯丙酮等制毒原料进出境，其行为均已构成走私制毒物品罪，属共同犯罪。在共同犯罪中，被告人蒋某甲起主要作用，是主犯，被告人傅某涛、杨某均起次要作用，是从犯，依法应当减轻处罚。被告人蒋某甲、傅某涛、杨某的犯罪行为因其意志以外的原因而未得逞，属犯罪未遂，均可比照既遂犯从轻处罚。被告人傅某涛曾因故意犯罪被判处有期徒刑，在刑罚执行完毕后五年内，又犯走私制毒物品罪，属累犯，依法应从重处罚。被告人蒋某甲具有犯罪前科，可酌情从重处罚。公诉机关对被告人蒋某甲、傅某涛、杨某犯走私制毒物品罪，属共同犯罪，其中被告人傅某涛、杨某属从犯，被告人傅某涛系累犯的指控及所提请适用的法律条文正确，予以采纳。辩护人李某敢、叶某青提出被告人蒋某甲能自愿认罪，且属犯罪未遂，建议对被告人蒋某甲从轻处罚；辩护人张某东提出被告人傅某涛能自愿认罪，主观恶性较小，且在共同犯罪中仅起辅助作用，是从犯，属犯罪未遂，建议对被告人傅某涛减轻处罚；辩护人朱某辉、黄某杰提出被告人杨某能自愿认罪，犯罪情节较轻，社会危害性较小，且属犯罪未遂，在共同犯罪中起次要作用，是从犯，建议对被告人杨某减轻处罚的辩护意见均成立，予以采纳。

依照《中华人民共和国刑法》第三百五十条、第二十五条第一款、第二十六条第一款及第四款、第二十七条、第二十三条、第六十五条第一款、第六十七条第三款、第六十四条和《最高人民法院关于审理毒品案件定罪量刑标准有关问题的解释》第四条的规定，福建省漳州市漳浦县人民法院作出判决：

一、被告人蒋某甲犯走私制毒物品罪，判处有期徒刑三年六个月，并处罚金人民币3万元；

二、被告人傅某涛犯走私制毒物品罪，判处有期徒刑二年二个月，并处罚金人民币2万元；

三、被告人杨某犯走私制毒物品罪，判处有期徒刑二年，并处罚金人民币2万元；

四、没收扣押在案的麻黄素148.8763千克、α－氰基苯丙酮4.9374千克及赃款人民币5万元。

何某甲等走私制毒物品案[①]

2014年初，被告人何某甲得知将感冒药康泰克、麻黄碱等制毒物品走私到国外有巨大利润，便产生走私制毒物品的念头，其与被告人林某根、詹某等人共同策划走私制毒物品。约定由被告人何某甲提供制毒物品和收货地址，被告人林某根将货物伪装后邮寄给被告人詹某，詹某收到货物后，再通过被告人林某的雄鹰快递公司寄往国外。

被告人何某甲、林某根违反国家规定，结伙非法运输用于制造毒品的麻黄碱、康泰克等原料出境，其中麻黄碱约17.31千克，其行为分别构成走私制毒物品罪。被告人詹某、林某、周某违反国家规定，结伙非法运输用于制造毒品的麻黄碱、康泰克等原料出境，其中麻黄碱约12.3千克出入境，其已构成走私制毒物品罪。被告人何某乙违反国家规定，结伙非法运输用于制造毒品的原料麻黄碱约9.3千克出境，其行为已构成走私制毒物品罪。在走私制毒物品的共同犯罪中，被告人何某甲、林某根、詹某、林某起主要作用，系主犯；被告人周某、何某乙起次要或辅助作用，系从犯，依法

① 本案参见福建省福州市福清市人民法院（2015）融刑初字第798号刑事判决书。

予以从轻处罚。辩护人何某琦、黄某城提出的关于“被告人詹某、林某系从犯”的辩护意见不能成立，福建省福州市福清市人民法院不予采纳。被告人林某积极缴纳罚金并退回全部非法所得；被告人周某积极缴纳罚金并退出部分非法所得；被告人何某甲、林某根、詹某、何某乙能够积极缴纳罚金；对上述各被告人均酌情予以从轻处罚。被告人林某根、詹某、林某、周某、何某乙到案后均能够如实供述自己的罪行，依法予以从轻处罚。被告人何某甲当庭表示认罪，依法予以从轻处罚。辩护人薛某亮、何某琦、黄某城、徐某莹针对上述问题提出的相关辩护意见成立，法院予以采纳。被告人詹某到案后协助公安机关抓获同案其他被告人，系立功表现，依法予以从轻处罚。辩护人何某琦提出的相关辩护意见成立，法院予以采纳。关于辩护人何某琦、黄某城、徐某莹提出的其他辩护意见均不能成立，不予采纳。根据各被告人的犯罪事实、犯罪的性质、情节以及对社会的危害程度，福建省福州市福清市人民法院作出判决：

一、被告人何某甲犯走私制毒物品罪，判处有期徒刑一年六个月，并处罚金人民币5万元；

二、被告人林某根犯走私制毒物品罪，判处有期徒刑一年五个月，并处罚金人民币5万元；

三、被告人詹某犯走私制毒物品罪，判处有期徒刑一年二个月，并处罚金人民币5万元；

四、被告人林某犯走私制毒物品罪，判处有期徒刑一年，并处罚金人民币5万元；

五、被告人周某犯走私制毒物品罪，判处有期徒刑十个月，并处罚金人民币1万元；

六、被告人何某乙犯走私制毒物品罪，判处有期徒刑九个月，并处罚金人民币1万元；

七、被告人林某退回的非法所得人民币75000元；被告人周某退回的非法所得人民币 2000 元均予以没收，上缴国库；

八、继续追缴被告人何某甲、林某根、詹某、林某、周某的非法所得予以没收，上缴国库。

五、走私制毒物品罪的罪数形态

行为人往往在走私制毒物品的同时，走私毒品或者其他物品，此种情况应该如何处理，值得探讨。

行为人一次同时走私物品既包括制毒物品，又包括毒品或者其他物品的情况，应按数罪并罚处理。但如果行为人一次同时走私两种或者两种以上的制毒物品的，或者行为人走私制毒物品两次或两次以上之后再被抓获或案发的，应按走私制毒物品罪一罪予以处罚。

在走私普通货物、物品或者废物的同时，藏匿其他特定走私货物、物品的，实行数罪并罚。在走私普通货物、物品或者废物的同时，又涉嫌走私武器弹药罪，或走私核材料罪，走私伪造货币、走私文物、走私贵重金属、走私珍贵动物制品罪，走私国家禁止进出口货物物品罪，走私淫秽物品、走私废物、走私毒品罪，走私制毒物品的，依据 2006 年《最高人民法院关于审理走私刑事案件具体应用法律若干问题的解释（二）》第五条的规定，对在走私的普通货物、物品或者废物中藏匿《中华人民共和国刑法》第一百五十一条、第一百五十二条、第三百四十七条、第三百五十条规定的货物、物品，构成犯罪的，以实际走私的货物、物品定罪处罚；构成数罪的，实行数罪并罚。

参阅案例

黄某甲、黄某乙等犯非法经营、走私制毒物品案①

2012年5月至2013年7月，被告人黄某甲通过网络在国内发布收购康泰克胶囊的信息，并通过德邦物流公司、天地华宇物流公司代付货款的方式，分别向没有资质的被告人黄某丙、刘某、王某甲、张某甲、程某华等人收购康泰克胶囊，合计金额约为人民币2599980元。其中，被告人黄某丙使用“陆虎”等身份，先后7次将康泰克胶囊卖给被告人黄某甲，合计金额217000元，从中非法所得1万元；被告人刘某使用“张某丙”“刘粉珍”等身份，先后11次将康泰克胶囊卖给被告人黄某甲，合计金额263640元，从中非法所得1万元；被告人王某甲使用“王某丙”等身份，先后6次将康泰克胶囊卖给被告人黄某甲，合计金额252700元，从中非法所得2万元；被告人张某甲使用“苏朋”等多个身份，先后5次将康泰克胶囊卖给被告人黄某甲，合计金额125500元，从中非法所得1万元；被告人程某华使用“张永钢”等多个身份，先后9次将康泰克胶囊卖给被告人黄某甲，合计金额95842元，从中非法所得1万元。被告人黄某甲将所购的康泰克胶囊存放在租住处福州市台江区黎明新村某单元等地进行外包装拆除，其中部分拆除外包装的康泰克颗粒藏匿在粘尘器、拳击手套、真空保温壶等物品内，先邮寄给被告人蒋某，后被告人蒋某再根据被告人黄某甲提供的新西兰等国的境外收货人信息，将上述藏匿有康泰克颗粒的物品邮寄卖给境外收货人，被告人黄某甲从中非法所得20多万元，被告人蒋某从中非法所得9000元。其间，被告人黄某乙于2012年6月，被告人林某于2012年8月、9月左右，各投资数千元至被告人黄某甲处，共同经营，并参与拆除康泰克胶

① 本案参见福建省福州市台江区人民法院（2014）台刑初字第773号刑事判决书。

囊的外包装，被告人黄某乙从中应得非法所得16万元，已获取非法所得3万元，被告人林某从中应得非法所得8万元。案发后，公安机关从上述租住处查获康泰克颗粒8170克，康泰克胶囊2540板；从邮寄给被告人蒋某的包裹中查获康泰克颗粒4545克；从被告人林某家中查获康泰克胶囊11090板。新西兰警方扣押的被告人黄某甲邮寄到新西兰的包裹中共查获康泰克颗粒18724克。2013年9月28日，被告人刘某主动到公安机关投案自首，如实供述上述事实。诉讼中，被告人黄某甲所购的康泰克胶囊中经计算麻黄碱重量约35千克，其中公安机关扣押的康泰克胶囊、颗粒经计算麻黄碱重量约11千克，邮寄到境外的康泰克颗粒麻黄碱重量约24千克。

被告人黄某甲、黄某乙、林某、蒋某违反国家规定，明知麻黄碱类复方制剂是制毒的原料，仍予以拆除包装、改变形态后，通过藏匿手段已邮寄出境卖给境外买家的麻黄碱重量约24千克，尚未邮寄出境的麻黄碱重量约11千克，被告人黄某甲、黄某乙、林某、蒋某的行为均已构成走私制毒物品罪。被告人黄某丙违反国家规定，非法经营药品，涉及金额人民币217000元，情节严重，其行为已构成非法经营罪，还违反国家禁毒法规，明知甲基苯丙胺是毒品，仍予以贩卖，数量0.2克，其行为还构成贩卖毒品罪，依法应实行数罪并罚；被告人程某华违反国家规定，非法经营药品，涉及金额人民币95842元，情节严重，其行为已构成非法经营罪；被告人刘某违反国家规定，非法经营药品，涉及金额人民币263640元，情节严重，其行为已构成非法经营罪；被告人王某甲违反国家规定，非法经营药品，涉及金额人民币252700元，情节严重，其行为已构成非法经营罪；被告人张某甲违反国家规定，非法经营药品，涉及金额人民币125500元，情节严重，其行为已构成非法经营罪；公诉机关指控被告人黄某丙犯非法经营罪、贩卖毒品罪及被告人程某华、王某甲、刘某、张某甲犯非法经营罪和被告人蒋某犯走私制毒物品的罪名成立。被告人黄某甲、黄某乙、林某明知康泰克胶囊中所含麻黄碱物质系国家列管的易制毒化学品，但为获取非法利益，仍然将所购的康泰克药品胶囊拆封，并将胶囊内的颗粒倒出藏匿于粘尘器、拳击手套、真空保温壶等物品中邮寄出境卖给境外买主，其行为已改变了康泰克胶囊的药品属性，不具备非法经营罪的犯罪构成要件，具备了走私制毒物品罪的犯罪构成要件，应以走私制毒物品罪定罪处罚。因此，公诉机关指控被告人黄某甲、黄某乙、林某犯非法经营罪，福建省福州市台江区人民法院不予采纳。从而，被告人黄某甲、黄某乙、林某所作及辩护人提出被告人黄某甲、黄某乙、林某不构成非法经营罪的辩解及辩护意见，法院予以采纳。被告人黄某甲所称康泰克是他独自购买，黄某乙、林某没有投资及被告人黄某乙所作他没有投资参与购买康泰克的辩解，因与事实不符，法院均不予采纳。被告人黄某甲、黄某乙、林某、蒋某在走私制毒物品犯罪过程中，仅实施的购买康泰克胶囊及将康泰克胶囊拆除包装、改变形态后，尚未着手邮寄出境，即被公安机关查获的麻黄碱重量 10 千克的这部分行为，依法应认定为犯罪预备，该数量不应计入走私制毒物品罪既遂数量，可作为既遂的酌情从重情节。因此辩护人提出部分被查获的麻黄碱重量，为犯罪未遂的辩护意见，法院不予采纳。被告人黄某甲在共同犯罪中起主要作用系主犯，但归案后能够如实供述自己的罪行，依法可从轻处罚。被告人黄某乙受被告人黄某甲指使，参与小额投资和将麻黄碱类复方制剂拆除包装、改变形态，在共同犯罪起次要作用，系从犯，且归案后如实供述自己的罪行，辩护人提出对被告人黄某乙依法应从轻处罚的辩护意见，有事实和法律依据，法院予以采纳。被告人林某在被告人黄某甲已着手实施犯罪过程中参加进来，受被告人黄某甲指使，参与小额投资和将麻黄碱类复方制剂拆除包装、改变形态，在共同犯罪起次要作用，系从犯，辩护人提出对被告人林某依法应从轻处罚的辩护意见，有事实和法律依据，予以采纳，但被告人林某归案后未如实供述自己的犯罪事实，辩护人提出被告人林某有自首情节的辩护意见，法院不予采纳。被告人蒋某受被告人黄某甲指使，帮助被告人黄某甲将含有麻黄碱的制毒物品邮寄出境，在共同犯罪起次要作用，系从犯，归案后如实供述自己的罪行，依法可从轻处罚。被告人程某华曾因故意犯罪被判处有期徒刑，在刑罚执行完毕后，五年内再犯应当判处有期徒刑以上刑法之罪，属累犯，依法应当从重处罚，但归案后如实供述自己的罪行，依法可从轻处罚。被告人刘某犯罪以后自动投案，如实供述自己的罪行，系自首，依法可从轻处罚。被告人黄某丙、王某甲、张某甲归案后如实供述自己的罪行，依法可从轻处罚。对被告人黄某甲依照《中华人民共和国刑法》第三百五十条第一款、第二十五条第一款、第二十六条第一款、第六十七条第三款、第六十四条及《最高人民法院、最高人民检察院、公安部关于办理走私、非法买卖麻黄碱类复方制剂等刑事案件适用法律若干问题意见》第一条第三款、第七条第一款之规定，对被告人黄某乙、蒋某依照《中华人民共和国刑法》第三百五十条第一款、第二十五条第一款、第二十七条、第六十七条第三款、第六十四条及《最高人民法院、最高人民检察院、公安部关于办理走私、非法买卖麻黄碱类复方制剂等刑事案件适用法律若干问题意见》第一条第三款、第七条第一款之规定，对被告人林某依照《中华人民共和国刑法》第三百五十条第一款、第二十五条第一款、第二十七条、第六十四条及《最高人民法院、最高人民检察院、公安部关于办理走私、非法买卖麻黄碱类复方制剂等刑事案件适用法律若干问题意见》第一条第三款、第七条第一款之规定，对被告人黄某丙依照《中华人民共和国刑法》第二百二十五条第（一）项、第三百四十七条第一款和第四款、第六十九条、第六十七条第三款、第六十四条之规定，对被告人程某华依照《中华人民共和国刑法》第二百二十五条第（一）项、第六十五条第一款、第六十七条第三款、第六十四条之规定，对被告人刘某依照《中华人民共和国刑法》第二百二十五条第（一）项、第六十七条第一款、第六十四条之规定，对被告人王某甲、张某甲依照《中华人民共和国刑法》第二百二十五条第（一）项、第六十七条第三款、第六十四条之规定，福建省福州市台江区人民法院作出判决：

一、被告人黄某甲犯走私制毒物品罪，判处有期徒刑三年，并处罚金人民币20万元；

二、被告人黄某乙犯走私制毒物品罪，判处有期徒刑二年六个月，并处罚金人民币16万元；

三、被告人林某犯走私制毒物品罪，判处有期徒刑二年六个月，并处罚金人民币8万元；

四、被告人蒋某犯走私制毒物品罪，判处有期徒刑二年，并处罚金人民币2000元；

五、被告人黄某丙犯非法经营罪，判处有期徒刑一年六个月，并处罚金人民币2万元；犯贩卖毒品罪，判处有期徒刑六个月，并处罚金人民币1000元，决定执行有期徒刑一年九个月，并处罚金人民币21000元；

六、被告人程某华犯非法经营罪，判处有期徒刑一年六个月，并处罚金人民币2万元；

七、被告人刘某犯非法经营罪，判处有期徒刑一年，并处罚金人民币2万元；

八、被告人王某甲犯非法经营罪，判处有期徒刑一年，并处罚金人民币2万元；

九、被告人张某甲犯非法经营罪，判处有期徒刑一年，并处罚金人民币2万元。

第三节　走私制毒物品罪量刑处罚标准

《中华人民共和国刑法》在对走私制毒物品的行为设定刑罚时，着重考虑了犯罪情节轻重等因素。

一、立案追诉标准

根据《最高人民检察院、公安部关于公安机关管辖的刑事案件立案追诉标准的规定（三）》第五条的规定：

违反国家规定，非法运输、携带制毒物品进出国（边）境，涉嫌下列情形之一的，应予立案追诉：

（一）1－苯基－2－丙酮五千克以上；

（二）麻黄碱、伪麻黄碱及其盐类和单方制剂五千克以上，麻黄浸膏、麻黄浸膏粉一百千克以上；

（三）3，4－亚甲基二氧苯基－2－丙酮、去甲麻黄素（去甲麻黄碱）、甲基麻黄素（甲基麻黄碱）、羟亚胺及其盐类十千克以上；

（四）胡椒醛、黄樟素、黄樟油、异黄樟素、麦角酸、麦角胺、麦角新碱、苯乙酸二十千克以上；

（五）N－乙酰邻氨基苯酸、邻氨基苯甲酸、哌啶一百五十千克以上；

（六）醋酸酐、三氯甲烷二百千克以上；

（七）乙醚、甲苯、丙酮、甲基乙基酮、高锰酸钾、硫酸、盐酸四百千克以上；

（八）其他用于制造毒品的原料或者配剂相当数量的。

非法运输、携带两种以上制毒物品进出国（边）境，每种制毒物品均没有达到本条第一款规定的数量标准，但按前款规定的立案追诉数量比例折算成一种制毒物品后累计相加达到上述数量标准的，应予立案追诉。

为了走私制毒物品而采用生产、加工、提炼等方法非法制造易制毒化学品的，以走私制毒物品罪（预备）立案追诉。

二、刑罚区间

根据《中华人民共和国刑法》第三百五十条和2016年《最高人民法院

关于审理毒品犯罪案件适用法律若干问题的解释》的相关规定，可以将本罪的刑罚配置从重至轻划分为三个档次、区间。

（一）最高档

七年以上有期徒刑，并处罚金或者没收财产。

（二）中间档

三年以上七年以下有期徒刑，并处罚金。

（三）最低档

三年以下有期徒刑、拘役或者管制，并处罚金。

三、量刑标准

依照《中华人民共和国刑法》以及有关毒品犯罪司法解释的规定，为本罪设定的三个量刑档，每个量刑格所对应的量刑标准、情形分别为：

（一）最高档：七年以上有期徒刑，并处罚金或者没收财产

本罪的最高档量刑为七年以上有期徒刑，并处罚金或者没收财产。其对应的量刑要求为“情节特别严重”，结合《中华人民共和国刑法》第三百五十条第一款以及2016年《最高人民法院关于审理毒品犯罪案件适用法律若干问题的解释》第七条、第八条的规定，走私制毒物品，具有下列情形之一的：

1. 制毒物品数量在三年以下有期徒刑、拘役或者管制量刑最低档规定的最高数量标准五倍以上的；

2. 达到三年以下有期徒刑、拘役或者管制量刑最低档规定的数量标准，且具有以下情形之一的：

（1）一次组织五人以上或者多次非法生产、买卖、运输制毒物品、走私制毒物品，或者在多个地点非法生产制毒物品的；

（2）利用、教唆未成年人非法生产、买卖、运输制毒物品、走私制毒

物品的；

（3）国家工作人员非法生产、买卖、运输制毒物品、走私制毒物品的；

（4）严重影响群众正常生产、生活秩序的。

3. 其他情节特别严重的情形。

（二）中间档：三年以上七年以下有期徒刑，并处罚金

本罪的中间档量刑为三年以上七年以下有期徒刑，并处罚金。其对应的量刑情节为“情节严重”。结合《中华人民共和国刑法》第三百五十条第一款以及2016年《最高人民法院关于审理毒品犯罪案件适用法律若干问题的解释》第七条、第八条的规定，走私制毒物品，具有下列情形之一的：

1. 制毒物品数量在三年以下有期徒刑、拘役或者管制量刑最低档规定的最高数量标准以上，不满最高数量标准五倍的；

2. 达到三年以下有期徒刑、拘役或者管制量刑最低档规定的数量标准，且具有以下情形之一的：

（1）一次组织五人以上或者多次非法生产、买卖、运输制毒物品、走私制毒物品，或者在多个地点非法生产制毒物品的；

（2）利用、教唆未成年人非法生产、买卖、运输制毒物品、走私制毒物品的；

（3）国家工作人员非法生产、买卖、运输制毒物品、走私制毒物品的；

（4）严重影响群众正常生产、生活秩序的。

3. 其他情节特别严重的情形。

（三）最低档：三年以下有期徒刑、拘役或者管制，并处罚金

本罪的最低档量刑为三年以下有期徒刑、拘役或者管制，并处罚金。其对应的量刑情节为“情节较重”。结合《中华人民共和国刑法》第三百五十条以及2016年《最高人民法院关于审理毒品犯罪案件适用法律若干问题的解释》第七条的规定，情节较重的情况包括两大类：一类是数量情节；一类是行为情节。二者的关系是，特定制毒物品达到一定的数量即构成本

罪，在特定物品数量未达到起刑点数量但超过起刑点数量50%的情况下，满足特定条件的也认定构成“情节较重”。

1. 数量情节

达到下列数量标准的，应当认定为《中华人民共和国刑法》第三百五十条第一款规定的“情节较重”：

（1）麻黄碱（麻黄素）、伪麻黄碱（伪麻黄素）、消旋麻黄碱（消旋麻黄素）一千克以上不满五千克；

（2）1-苯基-2-丙酮、1-苯基-2-溴-1-丙酮、3，4-亚甲基二氧苯基-2-丙酮、羟亚胺二千克以上不满十千克；

（3）3-氧-2-苯基丁腈、邻氯苯基环戊酮、去甲麻黄碱（去甲麻黄素）、甲基麻黄碱（甲基麻黄素）四千克以上不满二十千克；

（4）醋酸酐十千克以上不满五十千克；

（5）麻黄浸膏、麻黄浸膏粉、胡椒醛、黄樟素、黄樟油、异黄樟素、麦角酸、麦角胺、麦角新碱、苯乙酸二十千克以上不满一百千克；

（6）N-乙酰邻氨基苯酸、邻氨基苯甲酸、三氯甲烷、乙醚、哌啶五十千克以上不满二百五十千克；

（7）甲苯、丙酮、甲基乙基酮、高锰酸钾、硫酸、盐酸一百千克以上不满五百千克；

（8）其他制毒物品数量相当的。

2. 行为情节

违反国家规定，非法生产、买卖、运输制毒物品、走私制毒物品，达到前款规定的数量标准最低值的百分之五十，且具有下列情形之一的，应当认定为《中华人民共和国刑法》第三百五十条第一款规定的“情节较重”：

（1）曾因非法生产、买卖、运输制毒物品、走私制毒物品受过刑事处罚的；

（2）二年内曾因非法生产、买卖、运输制毒物品、走私制毒物品受过行政处罚的；

（3）一次组织五人以上或者多次非法生产、买卖、运输制毒物品、走私制毒物品，或者在多个地点非法生产制毒物品的；

（4）利用、教唆未成年人非法生产、买卖、运输制毒物品、走私制毒物品的；

（5）国家工作人员非法生产、买卖、运输制毒物品、走私制毒物品的；

（6）严重影响群众正常生产、生活秩序的；

（7）其他情节较重的情形。

第七章 非法种植毒品原植物罪

第一节 非法种植毒品原植物罪概念及犯罪构成

除了少部分毒品可以通过化学合成的方法进行制造外，毒品原植物是绝大多数毒品生产的源头。同时，毒品原植物也是部分药品生产或者其他工业、农业生产的必需品。因此，国家对毒品原植物的种植是严格管理和控制的，严禁私自种植或者违规种植。例如1987年国务院颁布的《麻醉药品管理办法》① 第五条第一款规定："麻醉药品原植物的种植单位，必须经卫生部会同农牧渔业部、国家医药管理局审查批准，并抄报公安部。"第六条规定："麻醉药品原植物的年度种植计划由卫生部会同农牧渔业部审查批准，麻醉药品的年度生产计划由卫生部会同国家医药管理局审查批准并联合下达执行，种植或生产单位不得擅自改变计划。……"1990年《全国人民代表大会常务委员会关于禁毒的决定》第六条规定："非法种植罂粟、大麻等毒品原植物的，一律强制铲除。有下列情形之一的，处五年以下有期徒刑、拘役或者管制，并处罚金：（一）种植罂粟五百株以上不满三千株或者其他毒品原植物数量较大的；（二）经公安机关处理后又种植的；（三）抗拒铲除的。（四）非法种植罂粟三千株以上或者其他毒品原植物数量大

① 本条例自2005年11月1日《麻醉药品和精神药品管理条例》施行起废止。

的，处五年以上有期徒刑，并处罚金或者没收财产。非法种植罂粟不满五百株或者其他毒品原植物数量较小的，由公安机关处十五日以下拘留，可以并处三千元以下罚款。非法种植罂粟或者其他毒品原植物，在收获前自动铲除的，可以免除处罚。”

《中华人民共和国刑法》在修订时吸收上述内容，专门设置了非法种植毒品原植物罪，就是为了从源头上打击、遏制毒品犯罪。

一、概念法条

非法种植毒品原植物罪，是指违反国家关于毒品原植物种植的管理规定，非法种植罂粟、大麻以及其他毒品原植物，数量较大或者具有其他严重情节的行为。

《中华人民共和国刑法》第三百五十一条：

【非法种植毒品原植物罪】非法种植罂粟、大麻等毒品原植物的，一律强制铲除。有下列情形之一的，处五年以下有期徒刑、拘役或者管制，并处罚金：

（一）种植罂粟五百株以上不满三千株或者其他毒品原植物数量较大的；

（二）经公安机关处理后又种植的；

（三）抗拒铲除的。

非法种植罂粟三千株以上或者其他毒品原植物数量大的，处五年以上有期徒刑，并处罚金或者没收财产。

非法种植罂粟或者其他毒品原植物，在收获前自动铲除的，可以免除处罚。

二、客体

非法种植毒品原植物罪侵犯的客体是国家对毒品原植物种植的管理

制度。

我国自1978年9月13日国务院颁布施行的《麻醉药品管理条例》开始，先后颁布了一系列的法律法规、法令通知，例如1981年国务院《关于重申严禁鸦片烟毒的通知》，1982年国务院《关于禁绝鸦片烟毒问题的紧急通知》，1987年《麻醉药品管理办法》① 及1988年《公安部、卫生部关于查禁非法私种罂粟的通知》，1990年《全国人民代表大会常务委员会关于禁毒的决定》，2008年《中华人民共和国禁毒法》，2013年《最高人民法院、最高人民检察院、公安部、农业部、国家食品药品监督管理总局关于进一步加强麻黄草管理严厉打击非法买卖麻黄草等违法犯罪活动的通知》等。此外，我国一些经审批允许种植部分毒品原植物的地方，也纷纷出台了相关的管理规定，比如《云南省工业大麻管理暂行规定》《云南省工业大麻种植加工许可规定》等，以法规形式允许工业大麻种植；《黑龙江省禁毒条例》明确将工业用大麻和毒品大麻区分开，并允许工业用大麻的种植。在这些法律法规中，对毒品原植物种植方面的管理有着严格的规定，如果违法种植，构成犯罪的，依照《中华人民共和国刑法》追究刑事责任。

三、客观方面

非法种植毒品原植物罪的客观方面表现为非法种植罂粟、大麻等毒品原植物，数量较大的行为或者非法种植毒品原植物，同时具有经公安机关处理后又种植或者抗拒铲除等严重违法情节的行为。

（一）关于“种植”的理解

在日常生活中，“种植”一般指的是种植种子和幼苗的农作活动。按照相关汉语词典的解释，“种植”是指“把植物的种子埋在土里，把植物的幼苗栽到土里”或者“播种种子和栽培幼苗”。但是在刑法的语境中，毒品原

---

① 该行政法规根据2005年11月1日起施行的《麻醉药品和精神药品管理条例》废止。

植物的种植并非仅指播种、栽培，而是从“种”到“收”的整个过程，包括种、栽、灌、收等一系列行为。依照《最高人民检察院、公安部关于公安机关管辖的刑事案件立案追诉标准的规定（三）》第七条的规定，非法种植毒品原植物罪中的“种植”，是指播种、育苗、移栽、插苗、施肥、灌溉、割取津液或者收取种子等行为。

有的观点认为，只要是为种植毒品原植物而播下种子，即使尚未实施管理和收割，也可以认定行为人实施了种植毒品原植物的行为。但有的观点认为，因为法律规定了种植株数，所以一般来说，只有行为人实施了非法种植毒品原植物的行为，且已经见苗，可以计算数量时，其行为才能作为犯罪处理。我们认为，按照上述立案追诉标准中对“种植”的定义，播种、育苗、移栽、插苗、施肥、灌溉、割取津液、收取种子属于并列规定，成立作出一个“行为”即构成“种植”，并非全部成立才能构成“种植”。因此，无论行为人是实施其中一个行为还是几个行为，都应认定为“种植”。

（二）关于“毒品原植物”的理解

毒品原植物，一般指的是用来提炼、加工成鸦片、海洛因、甲基苯丙胺、吗啡、可卡因等麻醉药品和精神药品的原植物。《中华人民共和国刑法》第三百五十一条中明确规定了“罂粟”“大麻”属于毒品原植物。对于其他可以用于制作毒品的植物，将其规定为“其他毒品原植物”。

从禁毒形势和司法实践来看，我国非法种植的毒品原植物绝大部分是罂粟，很少一部分是大麻、古柯植物等。因为禁毒宣传的大力普及，人民群众对于罂粟、大麻还是比较了解和容易辨识的。随着毒品产业的发展和蔓延，新型毒品不断涌现，某些毒品原植物例如恰特草、迷幻蘑菇等，本身稍加处理甚至不用进行加工、提炼就具有使人产生瘾癖的毒品功能。一些不常见的毒品和毒品原植物因普通群众了解较少，辨识度也不高，甚至可以说潜在的危害反而非常大。

下面对一些较为常见的毒品原植物的种类、成分和危害逐一进行介绍：

1. 罂粟

此处的罂粟泛指通称为罂粟属的170余种植物，作为毒品原植物的罂粟指的是其中的一种即鸦片罂粟（拉丁文学名：Papaver somniferum subsp. somniferum L.）。据《中国植物志》记载，罂粟属的下级分类有7种，其中一种命名为“罂粟（Papaver somniferum）”，也就是本罪中作为毒品原植物的罂粟。罂粟原产南欧、印度等地，在缅甸、老挝及泰国北部也会有栽培。罂粟的蒴果呈球形或长圆状椭圆形，长4—7厘米，直径4—5厘米，无毛，成熟时褐色。种子多数为黑色或深灰色，表面呈蜂窝状。

罂粟是制取鸦片的主要原料，罂粟果实中有乳汁，将未成熟的罂粟果割出一道道的刀口，果中浆汁渗出，并凝结成黏稠物，这就是生鸦片。长期吸食容易成瘾，慢性中毒，危害身体健康，严重时还会因呼吸困难而送命。历史上，我国就深受“鸦片”之害。此外，罂粟也是制造多种传统毒品和医用镇静剂的来源，如海洛因、吗啡，等等。

罂粟作为我国最常见的毒品原植物，果实、果壳、浆液等均含有吗啡、可待因、罂粟碱等多种生物碱。我国《麻醉药品品种目录》（2013年版）将罂粟浓缩物（包括罂粟果提取物，罂粟果提取物粉）列为麻醉药品（目录序号为27），将罂粟壳列为麻醉药品（目录序号为121）。

我国对罂粟种植严加控制，除用于有关药物研究或是药品制作外，一律禁止种植。经世界卫生组织批准，全世界现在有6个国家可以合法种植罂粟，中国是较早合法种植药用罂粟的国家之一。目前，我国唯一合法的罂粟种植基地在甘肃，甘肃农垦集团有限公司是全国药用罂粟的唯一种植、加工、调拨单位。

在认定罂粟为毒品原植物时，还需要注意一个问题，就是作为毒品原植物的罂粟仅是罂粟科中吗啡、罂粟碱等含量较高，可以提炼毒品的鸦片罂粟，而不是所有的罂粟属植物，比如常见的观赏类花卉“虞美人”，在植物学上和鸦片罂粟一样同属于罂粟属，但属于不同种。此外，还有一些外形外观及中文名称上与鸦片罂粟相似的同属植物，如冰岛罂粟，所含化学成分不同，无法用于提炼毒品，也不能认定为毒品原植物。2002 年，江西省南昌市中级人民法院、江西省高级人民法院在审理《农村百事通》杂志社诉《楚天都市报》报社的名誉权纠纷案中，认定冰岛罂粟花不属于毒品，而是园林观赏植物，可以作为花卉种植。因此，在具体案件中，如果对涉案的罂粟是否属于作为毒品原植物的鸦片罂粟存疑，司法机关应通过鉴定等手段确定涉案罂粟的性质，从而依法认定行为人是否构成犯罪。

2. 大麻

大麻（学名：Cannabis sativa L.）是桑科大麻属植物，一年生直立草本，高 1—3 米。枝具纵沟槽，密生灰白色贴伏毛。叶掌状全裂，裂片披针形或线状披针形，特指雌性植物经干燥的花和毛状体。大麻原分布于锡金、印度、不丹和中亚细亚，现各国均有野生或栽培，在我国甘肃、新疆、云南等地均有野生类大麻。

一般来说，大麻从用途上划分为工业大麻和毒品大麻两类（也有划分为三类，即增加一个介于工业大麻和毒品大麻之间的中间型大麻）。因为对毒品性质认识的不同，许多国家对于工业大麻的认定标准也不统一。我国云南省 2003 年制定的《云南省工业用大麻管理暂行规定》，首次规定工业用大麻是指任何四氢大麻酚含量低于 0.3%（THC < 0.3%，已晾干物质重量百分比）的大麻属原植物及其提取物。2009 年制定的《云南省工业大麻种植加工许可规定》，再次明确了工业大麻是指四氢大麻酚含量低于 0.3%（干物质重量百分比）的大麻属原植物及其提取产品。工业大麻可以广泛应用于农业、纺织、造纸等领域，具有很高的经济价值。

按照《中国植物志》的分类，大麻属的下级分类是大麻，其有两个亚种，分别是印度大麻（Cannabis sativa subsp. indica）和火麻（Cannabis indica）。我们通常所说的毒品大麻，指的是印度大麻。这种大麻的雌花枝上的顶端、叶、种子及茎中均有树脂，叫作大麻脂，这种大麻脂可提取大量的大麻类毒品。我国《麻醉药品品种目录》（2013 年版）将“大麻和大麻树脂与大麻浸膏和酊”列为麻醉药品（目录序号为 22）。大麻的主要有害成分是四氢大麻酚，已经被我国《精神药品品种目录》（2013 年版）列入一类精神药品（目录序号为 27）。四氢大麻酚的含量越多，烈性成分越强，毒品的毒性就越大。大麻在吸食或口服后有精神和生理的活性作用。长期吸食会引起懒散、意识混乱、无方向感、时空扭曲、动作协调差，记忆、思考、注意力、判断力下降，对时间、距离判断失真，控制平衡能力下降等，对驾车和复杂技术操作容易发生意外事故。成瘾后，能使人失去记忆，出现幻觉，时而还会促使发生残暴攻击行为。此外，吸食大麻常有幻觉及精神病反应，如果本身患有精神分裂症再行吸食大麻则会使精神病症状加剧。

目前，很多西方的新闻报道或者影视作品中，弱化了大麻的危害性，再加上部分西方国家允许吸食大麻，导致了国内部分青少年及个别演艺界明星丧失了对大麻危害的警惕。同时，大麻容易和香烟、电子烟等混合，隐蔽性强，可直接吸食度高，利于吸毒者之间传播，造成的潜在危害更大。比如浙江省杭州市查处的一起案件中，犯罪分子就是将大麻油作为电子烟油走私入境。在实际查处种植大麻的案件中，比较常见的是吸毒人员因国内对大麻的管控和打击较为严厉，毒品来源获取不方便，进而私自非法种植大麻以供随时吸食。部分吸毒人员甚至利用温室温箱、大麻灯等物品模拟大麻生长环境进行种植，这些犯罪行为隐蔽性更强，更应当依法严厉打击。

前文所述，大麻存在不同亚种。在认定大麻为毒品原植物时，对于是否和罂粟一样对二者进行严格区分的问题，我们认为，在司法实践中不应区分。主要有两个原因：第一，罂粟有 170 余种，外观、性质、成分差异较大，且很多观赏性花卉类罂粟本来就是普通植物，日常生活中可以任意种植、栽培；但大麻与罂粟不同，虽然大麻品种、变种较多，但从植物学的分类上，大麻属下的大麻只有两个亚种，即印度大麻和火麻；按照相关管理部门的规定，如国家麻类产业技术体系文件《关于加强国家麻类产业体系工业大麻种植与加工管理的通知》中记载："根据国际相关法规及大麻植物学分类，大麻属为单一种属，大麻属植物均为受管制的毒品原植物，适用国家毒品管制的法律、法规"；并且，大麻直接吸食度较高，吸食者并不严格区分大麻的种类。因此，从管控毒品的角度看，不宜区分。第二，我国部分地区虽然将四氢大麻酚含量低于0.3%的大麻定义为工业大麻，但即使属于工业大麻，也需要履行严格的备案、申报、审批等监管手续，纳入到禁毒工作体系当中，并非可以随意种植；而且，有研究认为大麻植物都可产生毒品的作用，只是所含效果不同，甚至已经有相关案件反映出，即使是从经济作物角度进行推广、种植的大麻，经过收获、加工后进行检验，仍然能检出较高含量的四氢大麻酚。因此，从毒品原植物种植管理的角度看，也不能区分。

综上所述，司法机关在办理具体案件时，只要涉案的大麻经鉴定为大麻科大麻属的"大麻"，就应当认定为毒品原植物。如果确实有充分的证据证明涉案的大麻不属于印度大麻或者其中毒品有效成分四氢大麻酚含量较低，可以作为酌定从轻、减轻甚至免除处罚的情节来考虑。

参阅案例

宋某某非法种植毒品原植物案①

2011年春季，在征得黑龙江省农业科学院经济作物研究所所长关某甲的同意后，被告人宋某某代表黑龙江省农业科学院经济作物研究所与吉林省农安县民和经济作物研究所投资人张某甲（已判刑）签订了大麻高产栽

---

① 本案参见吉林省松原市中级人民法院（2014）松刑终字第105号刑事判决书。

培技术研究及良种繁育协议书。协议书约定：由黑龙江省农业科学院经济作物研究所提供大麻原种“龙大麻1号”100公斤，张某甲在吉林省内选择大麻繁种地块，所繁育的大麻种子由经济作物研究所全部回收。2011年4月21日，黑龙江省农业科学院经济作物研究所对张某甲交付的大麻种子款人民币1600元出具收据一张。张某甲于2011年在前郭县深井子镇承包耕地20公顷用于种植“龙大麻1号”，秋天收获5000余株，收获大麻种子1500余公斤。其向经济作物研究所谎称所种植的大麻受水灾绝收，而将所收获的大麻种子私自予以销售。当年9月，张某乙（已判刑）得知张某甲在前郭县深井子镇种植大麻，待张某甲秋收后便在种植大麻的田地里加工大麻粉。后通过物流方式发往新疆，以每公斤人民币1500元的价格向他人贩卖30公斤。

2012年1月16日，在征得黑龙江省农业科学院经济作物研究所所长关某甲的同意后，被告人宋某某代表黑龙江省农业科学院经济作物研究所与张某甲签订了大麻高产栽培技术研究及良种繁育协议书。协议书约定：由黑龙江省农业科学院经济作物研究所提供大麻原种“龙大麻1号”1000公斤，每公斤价格人民币10元，共计人民币1万元，张某甲在吉林省内选择大麻繁种地块，所繁育的大麻种子由经济作物研究所全部回收。张某甲于2012年在前郭县深井子镇承租29公顷土地种植大麻，实际种植22公顷，秋收时收获大麻24000余株，收获大麻种子15000余公斤，张某乙利用张某甲所种植的大麻制造出成品大麻粉100余公斤，半成品大麻粉500公斤，在贩往新疆途中被查获。经鉴定，张某乙大麻粉检材检出四氢大麻酚含量7%，张某乙粗制大麻粉检材检出四氢大麻酚含量3.1%，四氢大麻酚含量均大于0.3%。

虽然本案二审法院最终认定被告人宋某某构成非法买卖毒品原植物种子罪，并改判其免予刑事处罚，但从案件中反映出的信息来看，即使是作为经济作物而种植、研究的大麻，也会含有较高含量的四氢大麻酚，因此应当作为毒品原植物对其进行管控。

3. 古柯

古柯原产于南美洲高山地区，属于当地的一大特产，可以制作成医用局部麻醉剂。古柯叶味较涩、微苦，它是一种兴奋剂和强壮剂，能够用来解除疲劳。古柯叶能够提取出的古柯碱（Cocaine）属于中枢神经兴奋剂，其盐类呈白色晶体状，无气味，味略苦而麻，易溶于水和酒精，兴奋作用强，主要用于制造毒品可卡因。

我国《麻醉药品品种目录》（2013 年版）将古柯叶列为麻醉药品（目录序号为 24）。由古柯碱制造而成的可卡因，也被我国《麻醉药品品种目录（2013 年版）》列为麻醉药品（目录序号为 25）。此外，根据《中华人民共和国禁毒法》第十九条的规定，国家对麻醉药品药用原植物种植实行管制。禁止非法种植罂粟、古柯植物、大麻植物以及国家规定管制的可以用于提炼加工毒品的其他原植物。可见，法律明确规定古柯植物为毒品原植物。

吸毒者吸食古柯碱会出现情绪亢奋，警觉性增高，精力异常旺盛，判断力下降等，其实这是中毒的症状，如果吸毒者耐受性增强，还有可能出现戒断综合征，主要表现为情绪障碍、疲乏、睡眠障碍、精神运动性兴奋，严重者导致自杀。吸食可卡因可产生很强的心理依赖性，长期吸食可导致精神障碍，也称可卡因精神病，使吸食者产生触幻觉与嗅幻觉，最典型的是皮下虫行蚁走感，奇痒难忍，造成严重抓伤甚至断肢自残，情绪不稳定，容易引发暴力或攻击行为。

4. 恰特草

恰特草（英文 Catha edulis），又名阿拉伯茶、也门茶、埃塞俄比亚茶。恰特草是一种卫矛科巧茶属的植物，分布在热带非洲、埃塞俄比亚、阿拉伯半岛，我国海南、广西等地的部分地区也曾出现过。恰特草外观上类似于市场上常见的苋菜，吸毒者可以直接像吃生菜一样嚼食，其中令人兴奋的成分会对人体中枢神经产生刺激作用，吸食者会变得精力充沛、兴奋不已，但药力退却之后，又会感到沮丧，逻辑混乱。如果将恰特草晒干，外形又像茶叶一样，可以磨粉冲服。恰特草中主要精神活性成分是卡西酮、去甲伪麻黄碱，效果类似于精神类药物安非他明，对人体中枢神经有刺激性，长久嚼食、吸食会成瘾，过量易造成永久脑部损伤，严重时可致人死亡。

我国《精神药品品种目录》（2013 年版）将恰特草（目录序号为 50）列入第一类精神药品进行管制。同时，恰特草的主要活性成分卡西酮，属于《精神药品品种目录》（2013 年版）第一类精神药品（目录序号为 2）；去甲伪麻黄碱属于《精神药品品种目录》（2013 年版）第二类精神药品（目录序号为 3）。根据《中华人民共和国刑法》第三百五十七条的规定，毒品是指鸦片、海洛因、甲基苯丙胺、吗啡、大麻、可卡因以及国家规定管制的其他能够使人形成瘾癖的麻醉药品和精神药品。因此，恰特草属于《中华人民共和国刑法》规定的毒品范畴。同样，也属于本罪中的“毒品原植物”。

在我国，恰特草不是常见的毒品，甚至很多人可能都没有听说过。但近年来随着毒品的蔓延，现实中已发生若干起境外的不法分子向我国境内走私恰特草的案件，应当引起人民群众的警惕以及执法部门的重视。根据相关媒体的报道：2017 年 1 月 20 日至 2 月 8 日期间，上海海关连续查获走私恰特草案件 6 起，累计查获恰特草干叶 85. 85 千克；2018 年 6 月，山东青岛海关连续查获 3 起通过邮递渠道走私恰特草案，查获恰特草干叶 53. 95 千克；2016 年 1 月，江苏南京海关查获一个利用邮递渠道走私、运输、贩卖恰特草的犯罪团伙，涉案恰特草数量更是高达 1898 千克。

5. 迷幻蘑菇

“迷幻蘑菇”又称“神奇蘑菇”，它们在生物属分类上涵盖了田头菇属、锥盖伞属、灰斑褶菇属、盔孢伞属、老伞属、裸伞属、韧伞属、丝盖伞属、小菇属、斑褶菇属、光柄菇属及裸盖菇属，其中以裸盖菇属为大宗，迷幻蘑菇在全球各地都有分布。“迷幻蘑菇”外形与普通蘑菇相似，茎粗，顶部亦尖长及细小，在一些地方被加工成粉末食用，味苦，让人神经麻痹出现幻觉，因而得名。

迷幻蘑菇中含有一种被称为裸盖菇素（psilocybin），又称赛洛西宾的物质。赛洛西宾已经被我国《精神药品品种目录》（2013 年版）列入一类精神药品（目录序号为22）进行管制。这种物质是一种血清素受体激动剂，能够刺激一些受体，使人产生做梦一样的感受，导致神经系统的紊乱和兴奋，进而使人的言行失去控制。吸毒者如果服用或者吸食迷幻蘑菇，裸盖菇素首先进入血液循环，再到达神经系统，引起神经兴奋作用，从而出现幻觉。这使得吸毒者沉迷在幻觉的“快感”中无法自拔，容易成瘾，去寻找自我迷幻、飘飘欲仙的感觉，但吸毒者会对时间和空间产生错觉，直至出现自我歪曲、妄想和思维分裂等症状，严重的可出现心动过速、瞳孔放大、排尿困难等症状。还有部分迷幻蘑菇，含有二甲四羟色胺和二甲四羟色胺磷酸，这些成分与“迷幻药”麦角酸二乙基酰胺（LSD）相似，能够刺激交感神经，使人产生多重的幻觉，进而影响人体的精神机能，造成身体上的伤害。

西方有些国家，比如荷兰，可以在指定的地方出售迷幻蘑菇，很多年轻群体为了寻求刺激，体验“幻觉”而购买服用。对于迷幻蘑菇，应当与上文中所列举的恰特草一样，因其本身含有能够使人形成瘾癖的麻醉药品和精神药品，故应当归入毒品的范畴。同样，迷幻蘑菇作为一种植物，可以直接服用，也应当视为《中华人民共和国刑法》所规定的毒品原植物。虽然迷幻蘑菇在国内较为罕见，但随着新型毒品的传播，迷幻蘑菇也在国内出现，一些涉毒人员开始吸食、服用。根据媒体的报道，在黑龙江省哈尔滨市就曾发生吸食“迷幻蘑菇”致死的案例。

四、主体

非法种植毒品原植物罪的主体是一般主体，即年满十八周岁，达到刑事责任年龄，具有刑事责任能力的个人可以构成。

值得注意的是，本罪不同于《中华人民共和国刑法》第三百四十七条走私、贩卖、运输、制造毒品罪，第三百五十条非法生产、买卖、运输制毒物品罪、走私制毒物品罪以及第三百五十五条非法提供麻醉药品、精神药品罪，在这些罪名中，《中华人民共和国刑法》明确规定单位可以构成犯罪。但本罪中，该法没有规定单位可以构成，因此不能成立单位犯罪。

有观点认为，《中华人民共和国禁毒法》第二十条规定："国家确定的麻醉药品药用原植物种植企业，必须按照国家有关规定种植麻醉药品药用原植物"，这些企业如果违法种植麻醉药品药用原植物的话，完全有可能构成单位犯罪，因此在立法上有必要增加该罪的单位犯罪。我们认为，本罪没有规定单位犯罪是合理的。因为具有合法种植资质的企业，一来较为固定，便于监管，二来在种植时有完备、严格的申报、审核、监督等程序，即使存在违法种植，对于该企业也可以通过其他行政手段予以规制。当然在今后对《中华人民共和国刑法》的修正中，立法部门可以进行论证本罪是否应当增加单位犯罪。因此，在目前该法没有规定单位犯罪的情况下，如果司法实践中存在以单位作为犯罪主体实施的非法种植毒品原植物的情况，则对直接或者共同参与实施非法种植毒品原植物的行为人个人进行定罪处罚。

五、主观方面

非法种植毒品原植物罪的主观方面表现为故意，即要求行为人明知自己种植的是违反国家规定的毒品原植物。如果没有确实、充分的证据证明行为人明知，则不能认定本罪。比如没有充足的证据证明行为人明知是制造毒品的原植物而非法种植，或者混杂在其他植物种子中共同播种的，行为人播种前未能知晓的或者受蒙蔽而进行种植，原植物发芽生长后尚未达到识别的程度，行为人确实不明知的，不应作为犯罪处理。而对于欺骗、利用他人进行毒品原植物种植的行为人，属于刑法理论上的“间接正犯”，如果数量或者情节达到入罪的标准，则按本罪定罪处罚。

参阅案例

冯某某非法种植毒品原植物案①

2016年4月，被告人冯某某租用他人承包地非法种植“麻子”（大麻）。经现场勘验，抽样计算为117232株。经对抽样检材鉴定，均为大麻科大麻属的大麻。

一审宁夏回族自治区西吉县人民法院认为：被告人冯某某多次供述不一致、前后矛盾，具有逃避打击的侥幸心理，且综合冯某某不在自家承包地里种植而去其他县种植，种植大麻的地点偏僻、种植面积大、其家人也不知晓及冯某某曾在新疆打工等情节，认定冯某某在种植时主观上应当是明知其种植的所谓“麻子”就是大麻，故以非法种植毒品原植物罪判处被告人冯某某有期徒刑五年，冯某某提出上诉。

二审固原市中级人民法院认为：认定非法种植毒品原植物罪的主观方面，必须要求被告人在主观上是明知的，认定明知须根据基础事实与待证事实之间具有必然的常态联系，运用情理推理判断和逻辑推理得出的，判断冯某某是否明知应当以客观实际情况为依据。一审法院的判决是根据冯某某种植大麻的地点偏僻、种植面积大、其家人也不知晓及冯某某曾在新疆打工等情节来认定冯某某明知种植的是大麻，该基础事实与冯某某明知之间没有必然的联系，无法认定冯某某种植大麻时主观上是明知。二审固

① 本案参见宁夏回族自治区西吉县人民法院（2017）宁0422刑初9号刑事判决书、宁夏回族自治区西吉县人民法院（2017）宁0422刑初112号刑事判决书、宁夏回族自治区固原市中级人民法院（2017）宁04刑终128号刑事判决书、宁夏回族自治区高级人民法院（2019）宁刑再6号刑事裁定书。

原市中级人民法院对被告人冯某某宣告无罪。

检察机关对二审无罪判决提出抗诉，宁夏回族自治区高级人民法院经审理认为，现有证据不能确定冯某某种植“麻子”时主观上存在故意。二审判决认定冯某某明知种植的是大麻的定案证据存在不足，并无不当。最终驳回了抗诉，维持了二审无罪判决。

第二节　非法种植毒品原植物罪司法适用疑难问题

一、对于毒品原植物的鉴定问题

前文所述，毒品原植物存在外观上近似、相似但不具有毒品功效的其他同属植物。按照罪刑法定和证据裁判的原则，应当对于涉案的原植物进行检验、鉴定，以确定是《中华人民共和国刑法》所规制的毒品原植物。

2016 年，最高人民法院、最高人民检察院、公安部联合制定的《办理毒品犯罪案件毒品提取、扣押、称量、取样和送检程序若干问题的规定》第三十四条规定：“对毒品原植物及其种子、幼苗，应当委托具备相应资质的鉴定机构进行鉴定。当地没有具备相应资质的鉴定机构的，可以委托侦办案件的公安机关所在地的县级以上农牧、林业行政主管部门，或者设立农林相关专业的普通高等学校、科研院所出具检验报告。”

一般来讲，毒品原植物的检验、鉴定分为三种：外观检验、理化检验和 DNA 检验。大部分的毒品原植物，鉴定部门或者专业部门经过外观即可鉴别，如果丧失了植物形态或者不具备外观检验条件的，可以采取理化检验和 DNA 检验的方法进行确定。

二、对“经公安机关处理后又种植”的理解和把握

“经公安机关处理后又种植”属于本罪的入罪条件之一，需要注意以下三个方面：

（一）准确理解“处理”的含义

“处理”本身不是一个法律概念和用语，一般来讲，“处理”包括行政处罚和刑事处罚。如果行为人因种植毒品原植物受到罚款、拘留或者被判刑，必然属于“处理”，这一点没有争议。但对于“公安机关处理”的理解，有两种不同的观点：一是指公安机关采取的行政处罚措施，如罚款、拘留等；二是指除了行政处罚手段外，还包括教育、批评、警告等执法措施。我们认为，应当采取第二种观点。主要有两点考虑：一是“处理”的外延要大于“处罚”，显然刑法条文中在制定时已经考虑，否则在本罪的刑法条文中就会使用“处罚”而非“处理”；二是无论是经公安机关批评教育还是行政处罚后又种植毒品原植物，均说明行为人的主观恶性深，社会危害大，应作为犯罪行为予以打击。

（二）“处理”的主体仅限公安机关

《中华人民共和国禁毒法》第十九条第二款规定：“地方各级人民政府发现非法种植毒品原植物的，应当立即采取措施予以制止、铲除。村民委员会、居民委员会发现非法种植毒品原植物的，应当及时予以制止、铲除，并向当地公安机关报告。”可见，地方政府相关部门、村民委员会、居民委员会都有制止、铲除非法种植毒品原植物行为的权利和义务，但这些主体的“处理”仅是从全民禁毒、全面禁毒的角度出发，并不属于公安机关“处理”的范畴。如果要对行为人依据“处理后又种植”而入罪，则只能是经公安机关处理才行。

同时，从证据裁判的角度看，以“经公安机关处理后又种植”入罪的，公安机关应当提供相应的证据，如行政处罚手续、询问笔录、视听资料等

证明行为人确因非法种植毒品原植物而受到公安机关的处理。

（三）“经公安机关处理后又种植”前后种植的数量和间隔时间

对于数量的问题，也有两种不同的观点：一是不论处理前后两次种植的数量多少，只要有种植行为就应当入罪；二是处理前后的两次种植数量应当累计达到相关司法解释规定的500株（罂粟）或者5000株（大麻）。

我们认为，应当采取第一种观点。主要因为有两点：一是《中华人民共和国刑法》规定的“经公安机关处理后又种植”与种植毒品原植物数量均是入罪的要件，法律条文本身并未要求处理后又种植的前后数量要达到相应的数量；二是该条款的立法本意就是约束那些不听规劝、对抗法律的人，公安机关第一次处理时已明确告知行为人种植毒品原植物的违法性，那么再次种植的，即使数量不大也说明行为人主观恶性深，应予追究刑事责任。当然，如果两次确实种植量很少，可以考虑适用《中华人民共和国刑法》第十三条的规定，因情节显著轻微，而不作为犯罪处理，也可以考虑定罪免刑或者适用缓刑等。

对于间隔时间的问题，一般有五年、十年、不限时间等不同的观点。我们认为，鉴于本罪一般是判处五年以下有期徒刑以及参照累犯的规定，可以考虑以五年为限。但也并非绝对，比如再次种植时具有其他恶劣情节的，可以在保障公平正义的前提下不拘泥于具体时间的限制。

参阅案例

李某非法种植毒品原植物案①

2015年4月24日，被告人李某因非法种植毒品原植物罂粟46株，被湖北省枝江市公安局行政拘留二日。2018年12月的一天，李某再次在自己

① 本案参见湖北省枝江市人民法院（2019）鄂0583刑初263号刑事判决书。

家菜园里播撒罂粟种子后任其生长，平时将长出的叶子摘来喂猪。2019年4月17日15时许，被董市派出所民警巡逻时发现。后民警与被告人李某、村干部阎某一起将疑似毒品原植物罂粟的草本植物进行铲除，经清点共计27株。当日，经农艺师项某、王某、蔡某三人对李某种植的疑似毒品原植物罂粟的草本植物进行检验，检验结果确认为罂粟（非观赏型）。法院认为，被告人李某违反国家毒品管制法规，非法种植毒品原植物罂粟，且经公安机关处理后又种植，其行为已经构成非法种植毒品原植物罪，依法应受刑罚处罚。李某到案后能如实供述其犯罪事实，自愿接受处罚，依法可以从轻处罚。依照《中华人民共和国刑法》第三百五十一条第一款第（二）项、第六十七条第三款，《中华人民共和国刑事诉讼法》第十五条、第二百零一条之规定，判决被告人李某犯非法种植毒品原植物罪，判处管制四个月，并处罚金2000元。

三、对“抗拒铲除”的理解和把握

本罪将“抗拒铲除”这种公然挑战法律的行为作为入罪条件之一，在具体认定时应当注意以下几个方面：

（一）“抗拒铲除”的主体

以“抗拒铲除”这种行为入罪时，“抗拒铲除”的主体只能是实施或者参与非法种植毒品原植物的行为人，而不是其他参与“抗拒铲除”的人。因为其他人虽然实施了“抗拒铲除”的行为，但缺乏构成非法种植毒品原植物罪共犯的成立条件，如果以暴力、胁迫方法抗拒铲除，阻碍国家机关工作人员依法执行职务，构成犯罪的，应当依照妨害公务罪定罪处罚，而不能认定为非法种植毒品原植物罪。

（二）对行为人“抗拒”对象的认定

前文所述，认定“经公安机关处理后又种植”入罪时，将“处理”机关限定为公安机关，不包括其他机关。但需要注意的是，在认定“抗拒铲除”入罪时，被行为人抗拒的机关不应只限于公安机关，还应当包括其他政府有关职能部门，但不包括村民委员会、居民委员会等群众性自治组织。主要有以下两个方面的原因：

第一，2000 年 12 月制定的《国家禁毒委员会成员单位主要职责》规定：公安部的主要职责之一是禁种铲毒工作，农业部的主要职责之一是协助有关部门指导麻醉药品原植物的禁种和铲除工作，国家林业局的主要职责之一是协调地方林业主管部门，配合地方人民政府做好东北和内蒙古有林地区毒品原植物的禁种和铲除工作，依法打击林区毒品犯罪活动。从上述规定来看，有权铲除毒品原植物的包括各级公安部门、农业主管部门与林业主管部门。所以，抗拒的对象不应当限定于公安部门的工作人员，各级农业主管部门与各级林业主管部门的工作人员也都可以成为抗拒的对象。

第二，按照全国人大法工委的解释，“抗拒铲除”是指非法种植毒品原植物的行为人，在公安机关或者政府有关部门依法强制铲除这些毒品原植物时，使用暴力、威胁、设置障碍等方法拒不铲除的。由此可见，铲除机关包括公安机关，还包括政府其他有关部门，但排除了群众性自治组织。行为人如果抗拒村民委员会、居民委员会的铲除，不能认定为本罪入罪条件中的“抗拒铲除”，如果抗拒过程中有伤害、杀人行为的，则按照故意伤害罪、故意杀人罪定罪处罚。

（三）“抗拒铲除”的具体表现

“抗拒铲除”具体表现为行为人使用暴力、威胁、设置障碍等方法进行抗拒。暴力是指殴打、捆绑等强制行为；威胁是指以伤害身体、侵害财产、破坏名誉等胁迫行为；设置障碍是指利用工具、地形使人无法接近等阻拦行为。上述这些“抗拒铲除”的行为，应当要达到足以抵抗相关部门的铲除工作或者对铲除工作造成极大困难和阻碍的程度。实际上，这种以暴力、威胁、设置障碍等方法进行抗拒的行为属于妨害公务的一种表现形式，目的就是“维护”种植毒品原植物的违法行为，“保护”非法成果。从刑法理论上看，与非法种植毒品原植物属于牵连犯，择一重罪，按照本罪处理。

当然，如果行为人只是采用轻微的抗拒行为，比如软磨硬泡、强词夺理、胡搅蛮缠、吵闹漫骂等方式，不足以妨碍和阻拦相关部门机关铲除的，如果数量尚未达到入罪标准，则应采用行政处罚的方式，不作为犯罪处理。

（四）“抗拒铲除”入罪时不要求达到数量标准

同认定“经公安机关处理后又种植”时不要求毒品原植物达到入罪数量标准的理由一样，存在“抗拒铲除”行为的，同样不要求达到“种植罂粟五百株以上不满三千株或者其他毒品原植物数量较大”的数量标准，即存在“抗拒铲除”行为的，就应认定为犯罪。当然，如果毒品原植物数量很少，可以考虑适用《中华人民共和国刑法》第十三条“但书”部分出罪，也可以考虑定罪免刑或者适用缓刑等较为轻缓的处罚。

四、对“收获前自动铲除可以免除处罚”的理解和把握

（一）对自动铲除行为免除处罚不应设置前提条件

有部分观点认为，该款适用的前提是行为人的行为不符合第一款规定的三种情况，即未达到数量较大标准、不属于公安机关处理后又种植、没有抗拒铲除行为。我们认为，此种观点不妥。主要是因为：第一，该款是《中华人民共和国刑法》第三百五十一条第三款，与包含上述三种情况的第一款是并列关系，并不存在前款是后款的前提，后款依存于前款的关系；第二，从立法本意和打击犯罪的角度看，本罪设置第三款的目的在于鼓励行为人在收获前主动铲除，从而消除潜在的毒源，减少甚至消除了更严重的社会危害性，也节约了执法和司法资源，因此不宜设置前提条件；第三，该款规定的“收获前自动铲除”是“可以免除”，就赋予了司法机关根据具体案情，综合考虑被告人的主观恶性、种植数量、影响程度、认罪悔罪表现等进行是否免除的判断和决定权，如果存在数量大、有其他恶劣情节的，

也可以不免除处罚，不会违背罪责刑相适应的原则。综上，对于毒品原植物收获前自动铲除可以免除处罚的情况，不应设置其他前提条件。

（二）“自动铲除”须具备主动性、彻底性

我们认为，认定行为人在毒品原植物收获前“自动铲除”，应重点把握以下两点：

第一，“自动铲除”需要具备主动性，即行为人是自愿、主动地进行铲除，而不是在执法人员的强制下铲除，当然行为人在初步接受教育、提示等非强制手段下主动铲除的，亦应认定其具备主动性。

第二，“自动铲除”需要具备彻底性，即对毒品原植物进行彻底、有效的铲除，而不能敷衍了事，导致毒品原植物复生、复长甚至扩散。全国人大法工委在对《中华人民共和国禁毒法》进行释义时，明确指出“铲除”就是对毒品原植物已经实施了种植行为，应当铲除干净。本罪将该款作为可以免除处罚的条款，就是要求行为人必须达到“铲除”的目的和效果。

参阅案例

冯某某非法种植毒品原植物案①

2008年9月间，被告人冯某某与冯某甲（另案处理）经密谋后，二人携带罂粟种子到光泽县坪溪农场，一边务工，一边在该农场梁山寺与磨菇寺附近一偏僻的山垄田里种植罂粟，面积达1.8亩。同年11月29日，被告人冯某某等人种植的罂粟长出部分幼苗后被他人发现，被告人冯某某与冯某甲便返回宁德家乡，此后被告人冯某某打电话给在光泽县坪溪农场做工的妹夫冯某乙，请其代为铲除罂粟苗，冯某乙于同年12月初的一个晚上带了四人一起到种植罂粟的田地里对已生长出的罂粟幼苗进行铲除，并对种

① 本案参见福建省南平市光泽县人民法院（2009）光刑初字第123号刑事判决书。

植的土地进行耕耘。但2008年12月22日、2009年3月10日和3月11日经光泽县公安局对种植罂粟的田地进行三次勘查并清点后，该田地先后又长出罂粟幼苗共计6161株（2008年12月22日1034株、2009年3月11日1167株、同年3月12日3960株），直至2009年4月12日在农艺师的指导下，才由光泽县坪溪农场职工将上述罂粟苗彻底清除。

法院认为，被告人冯某某违反国家法规，在未取得合法种植罂粟手续的情况下，非法种植1034株罂粟，其行为已构成非法种植毒品原植物罪，公诉机关指控的罪名成立，应依法追究其刑事责任。被告人冯某某在种植罂粟长出幼苗被他人发现后便自动进行了铲除，虽然铲除后又长出罂粟幼苗与被告人非法种植罂粟有直接关系，但犯罪数量应认定为被告人自动铲除时罂粟苗的数量，即1034株，由于被告人自动铲除后，未经强制铲除，其自动铲除后复长出的数量不应计算为被告人冯某某的犯罪数量。被告人冯某某虽然在罂粟长出后自动进行了铲除，但铲除后又复长了5000余株，仍具有较大的社会危害性。因此，被告人冯某某的行为不符合《中华人民共和国刑法》第三百五十一条第三款“非法种植罂粟或者其他毒品原植物，在收获前自动铲除的，可以免除处罚”的规定。依照《中华人民共和国刑法》第三百五十一条第一款、第二十五条第一款、第五十二条、第五十三条，福建省南平市光泽县人民法院作出判决：被告人冯某某犯非法种植毒品原植物罪，判处有期徒刑一年。

五、非法种植毒品原植物罪的共同犯罪

如前所述，“种植”包括播种、育苗、移栽、插苗、施肥、灌溉、割取津液或者收取种子等行为，行为人只要实施其中一项或者几项行为即可认定为“种植”。即使没有参与前期播种、育苗等前期培育行为，而仅参与后续的收割等行为，同样属于“种植”的范围，成立共同犯罪。

参阅案例

张某某、黄某某等人非法种植毒品原植物案[①]

2015年，被告人张某某在陕西省富县张家湾镇石坊头村自己所住院内的东侧蔬菜地以北199.8平方米地里种植了2357株罂粟，在该院内上述罂粟地西北方向7米处的地里种植了129株罂粟，在距院内窑洞150多米处山沟内300平方米地里种植了4536株罂粟，在距院内窑洞200米左右的西侧山坡上的三块地内种植了3961株罂粟。2015年6月底左右，在罂粟收获期间，被告人张某某先后约请被告人黄某某、祁某某、唐某某、高某某、李某某帮助自己收割罂粟。收割过程中，被告人张某某、祁某某主要负责用自制小刀割开罂粟壳；被告人黄某某、高某某、唐某某、李某某负责用一个铁质圆筒盒子收集罂粟壳内流出的白色液体。其中被告人黄某某帮忙四天，被告人唐某某、祁某某、高某某、李某某各帮忙两天。其中被告人黄某某帮忙割取2000余株罂粟，被告人李某某帮忙割取1000余株罂粟，被告人祁某某帮忙割取1600余株罂粟。被告人高某某、唐某某各收集罂粟汁液1000余株。

法院认为，被告人张某某非法种植毒品原植物罂粟10983株，数量大，其行为已构成非法种植毒品原植物罪，被告人黄某某、祁某某、高某某、唐某某、李某某帮助被告人张某某收获毒品原植物罂粟津液，其中被告人黄某某帮助割取2000余株罂粟津液，被告人祁某某帮助割取1600余株罂粟津液，被告人李某某帮助割取1000余株罂粟津液，被告人高某某、唐某某各帮助收集1000余株罂粟津液，5名被告人的行为均已构成非法种植毒品原植物罪。共同犯罪中，被告人张某某非法种植毒品原植物，又约请他人

---

① 本案参见陕西省富县人民法院（2015）富刑初字第00087号刑事判决书。

帮助其收获毒品原植物罂粟津液，起主要作用，属主犯。被告人黄某某、祁某某、高某某、唐某某、李某某明知被告人张某某种植的是毒品原植物罂粟，仍帮助其收获，起辅助作用，系从犯，依法应当对其从轻处罚。被告人张某某年满75周岁，依法可对其从轻处罚。被告人李某某主动投案，如实供述自己的犯罪事实，属自首，依法可对其从轻处罚。被告人张某某、黄某某、祁某某、高某某、唐某某到案后，能如实供述自己的犯罪事实，依法可对其从轻处罚。被告人黄某某、祁某某、高某某、唐某某、李某某符合适用缓刑条件，可对其宣告缓刑。依照《中华人民共和国刑法》第三百五十一条、第十七条之一、第二十五条第一款、第二十六条第一款、第二十七条、第五十二条、第五十三条、第六十四条、第六十七条第一款及第三款之规定，判决：

一、被告人张某某犯非法种植毒品原植物罪，判处有期徒刑五年，并处罚金2万元；

二、被告人黄某某犯非法种植毒品原植物罪，判处有期徒刑二年，缓刑三年，并处罚金5000元；

三、被告人祁某某犯非法种植毒品原植物罪，判处有期徒刑一年六个月，缓刑二年，并处罚金3000元；

四、被告人高某某犯非法种植毒品原植物罪，判处有期徒刑一年，缓刑二年，并处罚金2000元；

五、被告人唐某某犯非法种植毒品原植物罪，判处有期徒刑一年，缓刑二年，并处罚金2000元；

六、被告人李某某犯非法种植毒品原植物罪，判处有期徒刑一年，缓刑一年，并处罚金2000元。

六、本罪的既未遂问题

有观点认为，非法种植原植物，如果尚未出苗，应当按照犯罪未遂处理。我们对此持不同意见，其主要原因是：

第一，按照立案追诉标准中对“种植”的定义，是包括播种、栽培等一系列行为，即播种就是认定“种植”成立的表现形式之一，出苗与否并非“种植”成立与否的条件。

第二，按照《最高人民法院关于审理毒品犯罪案件适用法律若干问题的解释》第九条的相关规定，种植毒品原植物尚未出苗但种植面积达到相应标准的即可入罪。可见，即使没有出苗，亦可以构成本罪。因此，出苗与否与犯罪既遂还是未遂没有对应关系。

综上，行为人播种毒品原植物种子后，即使尚未出苗，也应当认定为既遂。尚未出苗的情节，可以作为酌定因素在定罪量刑时予以综合考虑。当然，如果因毒品原植物种子、幼苗出现问题，本身即无法出苗或者无法生长为毒品原植物的，这属于行为人意志以外的原因而未得逞，可以认定为犯罪未遂。

七、非法种植毒品原植物罪与制造毒品罪的区分

毒品原植物是制造毒品的源头，因此种植毒品原植物与制造毒品之间的关系相对比较紧密。如何准确认定犯罪和确定罪数形态是司法实践中经常遇到的问题。在具体案件中，我们要综合全案证据，结合具体事实、情节，准确认定和划分犯罪行为的性质和形态。

如果有确实、充分的证据证明行为人种植毒品原植物就是为了制造毒品，且使用种植的原植物为原料来制造毒品，那么制造行为和种植行为之间“手段”和“目的”的牵连关系就比较紧密，应当按照刑法理论中牵连犯“择一重处断”的原则，对行为人按照制造毒品罪定罪处罚。在这种情况下，被告人关于为了制造毒品而种植毒品原植物的供述是比较稳定一致的，而且种植毒品原植物和制造毒品在行为上具有关联性，在时间上具有紧密性。

如果被告人供述并非制造毒品或者供述不真实、不稳定，或者在案证据证明种植行为和制造行为的关联度并非十分紧密，再结合案件中已查获了毒品原植物，亦查明了制造毒品的事实，从证据裁判的角度，一般倾向于认定行为人属于种植毒品原植物，又实施其他制造毒品行为的情形，以非法种植毒品原植物罪和制造毒品罪数罪并罚。

参阅案例

孙某某制造毒品、非法种植原植物案①

2017年，被告人孙某某从辽宁省彰武县村民冯某甲、孙某甲等人处承租土地后，在承租地上种植大麻16000余株。经公安部物证鉴定中心鉴定，在孙某某种植的大麻植物、幼苗、大麻茎中均检出雌性大麻特异性DNA片段。2018年2月、3月，孙某某雇用并指导张某、胥某、宋某、崔某、郭某等人在彰武县双庙镇孙某甲家中前院的塑料大棚内，先用车碾压种植后收割、晾干的大麻，然后用电筛子把麻籽和麻糠分离出来，最后用自制的木筛子将麻糠筛成麻面，制成大麻烟，并用塑料袋将大麻烟分装后存放在孙某乙家屋内欲出售给他人。2018年4月19日16日时许，上述大麻烟被公安机关查获。当日，孙某某被公安机关抓获，经称量，被查获的大麻烟共计53袋，净重261.46千克。经鉴定，被查获的大麻烟检出四氢大麻酚、大麻酚成分。

一审法院认定孙某某犯制造毒品罪，判处无期徒刑，剥夺政治权利终身，并处没收个人财产人民币40万元；犯非法种植毒品原植物罪，判处有期徒刑三年，并处罚金人民币2万元。数罪并罚，决定执行无期徒刑，剥夺政治权利终身，并处没收个人财产人民币40万元，罚金人民币2万元。

---

① 本案参见辽宁省高级人民法院（2019）辽刑终427号刑事裁定书。

二审法院认为：上诉人孙某某非法种植大麻，数量较大，其行为已构成非法种植毒品原植物罪；孙某某将大麻加工成大麻烟，属于其他毒品数量大的，其行为构成制造毒品罪，依法应数罪并罚。关于上诉人孙某某及其辩护人所提其不构成非法种植毒品原植物罪、制造毒品罪的上诉理由和辩护人所提认定上诉人孙某某犯非法种植毒品原植物罪、制造毒品罪的事实不清，证据不足的辩护意见，经查，孙某某系以种植线麻的名义承租土地用于非法种植毒品原植物、制造毒品的事实，其在侦查阶段已供述明知种植线麻系违法行为，亦有相关证人的证言、现场勘查笔录、检验报告、提取笔录等证据在卷佐证，足以认定。故上诉人孙某某的上诉理由及其辩护人所提辩护意见，于法无据，不予采纳。一审判决定罪准确，量刑适当。审判程序合法。依法驳回上诉，维持原判。

第三节　非法种植毒品原植物罪量刑处罚标准

一、立案追诉标准

根据《最高人民检察院、公安部关于公安机关管辖的刑事案件立案追诉标准的规定（三)》第七条的规定：

“非法种植罂粟、大麻等毒品原植物，涉嫌下列情形之一的，应予立案追诉：

“（一）非法种植罂粟五百株以上的；

“（二）非法种植大麻五千株以上的；

“（三）非法种植其他毒品原植物数量较大的；

“（四）非法种植罂粟二百平方米以上、大麻二千平方米以上或者其他毒品原植物面积较大，尚未出苗的；

“（五）经公安机关处理后又种植的；

“（六）抗拒铲除的。

“本条所规定的‘种植’，是指播种、育苗、移栽、插苗、施肥、灌溉、割取津液或者收取种子等行为。非法种植毒品原植物的株数一般应以实际查获的数量为准。因种植面积较大，难以逐株清点数目的，可以抽样测算每平方米平均株数后按实际种植面积测算出种植总株数。

“非法种植罂粟或者其他毒品原植物，在收获前自动铲除的，可以不予立案追诉。”

二、刑罚区间

根据《中华人民共和国刑法》第三百五十一条的规定，可以将本罪的刑罚配置从重到轻划分为两个档次、区间：

（一）最高档

五年以上有期徒刑，并处罚金或者没收财产。

（二）最低档

五年以下有期徒刑、拘役或者管制，并处罚金。

这里需要注意的两个问题：

第一个问题是，最高档即五年以上有期徒刑，并处罚金或者没收财产的上限如何把握。依照《中华人民共和国刑法》四十五条的规定，有期徒刑的期限除减刑和数罪并罚外，为六个月以上十五年以下。非法种植毒品原植物罪最高档的主刑是五年以上有期徒刑，理论上可以判处五年以上十五年以下的有期徒刑。在司法实践中，如果存在种植毒品原植物数量特别巨大或者同时具有其他严重情节的，可以根据毒品原植物的数量、犯罪的具体情节在五年以上十五年以下确定相应的有期徒刑量刑。

参阅案例

王某、冯某某非法种植毒品原植物案[1]

2014年5月，在被告人王某提议下，王某与被告人冯某某一起在河北省沽源县东房子自然村的南北两块架豆地里，非法种植毒品原植物罂粟。2014年7月，在罂粟成熟后，王某雇用被告人刘某甲、贾某、刘某乙多次帮助其集取北边地块的罂粟津液，冯某某雇用被告人李某多次帮助集取南、北两个地块的罂粟津液，同年8月5日被沽源县公安局民警查获。经现场清点，北边地块内非法种植的罂粟21635株，南边地块内非法种植的罂粟3910株，南北地块的罂粟共计25545株，经清点后非法种植的罂粟全部被当场铲除。案发后，王某在逃跑过程中将割取的罂粟津液5瓶放在被告人王某甲的架豆地里，王某甲明知此罂粟津液为王某非法种植所得，而将其埋藏在架豆地下，妨害了侦查机关正常查明犯罪、追缴犯罪所得的活动。

法院认为，被告人王某、冯某某非法种植毒品原植物罂粟25545株，被告人李某、刘某甲、贾某、刘某乙多次帮助收取罂粟津液，6名被告人的行为均构成非法种植毒品原植物罪。在共同犯罪中，被告人王某、冯某某在种植毒品原植物中起主要作用，系主犯。被告人王某有前科，可予以从重处罚，但被告人王某当庭认罪，亦可予以从轻处罚。被告人冯某某当庭认罪，可予以从轻处罚。被告人李某、刘某甲、贾某、刘某乙帮助收取罂粟津液，在共同犯罪中作用较小，系从犯，且被告人李某、刘某甲、贾某、刘某乙当庭认罪，应予以减轻处罚。被告人王某甲明知罂粟津液为王某非法种植所得，而将其予以埋藏，妨害了侦查机关正常活动，其行为构成掩饰、隐瞒犯罪所得罪。被告人王某甲当庭认罪，亦可予以从轻处罚。依照

---

① 本案参见河北省沽源县人民法院（2014）沽刑初字第72号刑事判决书。

《中华人民共和国刑法》第三百五十一条第二款、第三百一十二条、第二十五条第一款、第二十六条、第二十七条之规定，河北省沽源县人民法院作出判决：被告人王某犯非法种植毒品原植物罪，判处有期徒刑十年，并处罚金1万元；被告人冯某某犯非法种植毒品原植物罪，判处有期徒刑九年，并处罚金7000元；被告人李某犯非法种植毒品原植物罪，判处有期徒刑七个月，并处罚金2000元；被告人刘某甲犯非法种植毒品原植物罪，判处有期徒刑七个月，并处罚金2000元；被告人贾某犯非法种植毒品原植物罪，判处有期徒刑七个月，并处罚金2000元；被告人刘某乙犯非法种植毒品原植物罪，判处有期徒刑七个月，并处罚金2000元；被告人王某甲犯掩饰、隐瞒犯罪所得罪，判处有期徒刑一年，并处罚金3000元。

第二个问题是，最低档即五年以下有期徒刑、拘役或者管制的刑罚中，附加刑规定的是“并处罚金”，而最高档即五年以上有期徒刑的刑罚中，附加刑中规定的是“并处罚金或者没收财产”。这样的刑罚设置无疑是科学的，因为判处五年以上有期徒刑针对的是被告人种植毒品原植物数量大的情况，这种犯罪行为的罪行程度更为严重，社会危害性更大，因此附加刑中增加了“没收财产”这一刑罚选项，可以使得司法机关在打击此类违法犯罪中，能够更好地从经济上制裁被告人，更大程度上减少再犯的机会。另外，审判机关在处理非法种植毒品原植物案件时，在量刑上要注意刑法规定的是“并处罚金”，而不是“单处罚金”，也就是说，量刑时必须既要判处主刑，又要判处附加刑。

参阅案例

米某某非法种植毒品原植物案①

2017年4月20日13时30分许，河南省沈丘县公安局民警在沈丘县刘湾镇郝庄行政村米寨村村民米某某的儿子米某家院内，查获种植的罂粟560株，经侦查系被告人米某某所种植，后由民警当场予以强制铲除。经国家林业局森林公安司法鉴定中心物证鉴定，被告人米某某种植的植物为毒品原植物罂粟。

一审法院以非法种植毒品原植物罪判处被告人米某某罚金人民币1000元。判决生效后，检察机关以原审判决对被告人没有判处主刑，属于适用法律错误为由，依照审判监督程序提出抗诉。经再审审理，认为原审法院对被告人非法种植罂粟的犯罪行为未判处主刑，属于适用法律错误，量刑不当。再审应予纠正。检察机关的抗诉理由符合法律规定，再审予以支持。最终以非法种植毒品原植物罪判处被告人管制三个月，并处罚金人民币3000元。

三、量刑标准

依照《中华人民共和国刑法》为本罪设定的两个量刑档，每个量刑档所对应的标准、情形分别为：

（一）最高档：五年以上有期徒刑，并处罚金或者没收财产

根据《中华人民共和国刑法》第三百五十一条第二款以及《最高人民

① 本案参见河南省沈丘县人民法院（2017）豫1624刑初521号刑事判决书、河南省周口市中级人民法院（2018）豫16刑再18号刑事判决书。

法院关于审理毒品犯罪案件适用法律若干问题的解释》第九条第二款的规定，非法种植毒品原植物，“数量大”的情形指的是达到第九条第一款规定的最高数量标准的，即分别是：

1. 非法种植罂粟三千株以上的；

2. 非法种植大麻三万株以上的；

3. 非法种植罂粟一千二百平方米以上、大麻一万二千平方米以上，尚未出苗的；

4. 对于非法种植其他毒品原植物数量大的。这里的“数量大”应当与前两种情形中大麻、罂粟“数量大”的危害性相当。

（二）最低档：五年以下有期徒刑、拘役或者管制，并处罚金

根据《中华人民共和国刑法》第三百五十一条第一款第（一）项以及《最高人民法院关于审理毒品犯罪案件适用法律若干问题的解释》第九条第一款的规定，非法种植毒品原植物，“数量较大”的情形是：

1. 非法种植罂粟五百株以上不满三千株的；

2. 非法种植大麻五千株以上不满三万株的；

3. 非法种植罂粟二百平方米以上不满一千二百平方米、大麻二千平方米以上不满一万二千平方米，尚未出苗的；

4. 非法种植其他毒品原植物数量较大的。

此外，对于非法种植毒品原植物未达到上述数量标准的，但具有“经公安机关处理后又种植”“抗拒铲除”这两种行为的，也构成非法种植毒品原植物罪，判处五年以下有期徒刑、拘役或者管制，并处罚金。

第八章 非法买卖、运输、携带、持有毒品原植物种子、幼苗罪

第一节 非法买卖、运输、携带、持有毒品原植物种子、幼苗罪概念及犯罪构成

毒品原植物可以用来提炼、加工成鸦片、海洛因、甲基苯丙胺、吗啡、可卡因等毒品和一系列麻醉药品和精神药品。众所周知，种子经播种，幼苗经栽培，都可以成长为原植物。因此，如果说毒品原植物是毒品的源头，那么毒品原植物种子和幼苗就可以称为是毒品源头的“源头”。如果不加以严格管控，势必会造成毒品原植物乃至毒品的泛滥和蔓延。

《联合国禁止非法贩运麻醉药品和精神药物公约》规定，对罂粟籽严格加以管制。《中华人民共和国禁毒法》第五十九条规定：“有下列行为之一，构成犯罪的，依法追究刑事责任；尚不构成犯罪的，依法给予治安管理处罚：……（四）非法买卖、运输、携带、持有未经灭活的毒品原植物种子或者幼苗的。”因此，无论是在国内还是国际上，对于毒品原植物的种子、幼苗都是进行严格管控的。

《中华人民共和国刑法》第三百五十二条专门设置了非法买卖、运输、携带、持有毒品原植物种子、幼苗罪，就是为了严厉打击与毒品原植物种子、幼苗相关的违法犯罪活动，从而从源头上管控和遏制毒品犯罪。

一、概念法条

非法买卖、运输、携带、持有毒品原植物种子、幼苗罪，是指违反国家关于毒品原植物的管理规定，非法买卖、运输、携带、持有毒品原植物种子、幼苗，数量较大的行为。

《中华人民共和国刑法》第三百五十二条：

【非法买卖、运输、携带、持有毒品原植物种子、幼苗罪】非法买卖、运输、携带、持有未经灭活的罂粟等毒品原植物种子或者幼苗，数量较大的，处三年以下有期徒刑、拘役或者管制，并处或者单处罚金。

二、客体

非法买卖、运输、携带、持有毒品原植物种子、幼苗罪的客体是国家对毒品原植物种子、幼苗的管理制度。

国务院1987年颁布的《麻醉药品管理办法》第六条第二款规定："对成品、半成品、罂粟壳及种子等，种植或生产单位必须有专人负责，严加保管，严禁自行销售和使用。"2005年国务院颁布的《麻醉药品和精神药品管理条例》取代了《麻醉药品管理办法》，虽然没有直接对毒品原植物种子、幼苗进行规定，但明确规定了"对麻醉药品药用原植物实行管制"，当然也就包括属于原植物初始、萌芽形态的种子和幼苗。

三、客观方面

非法买卖、运输、携带、持有毒品原植物种子、幼苗罪的客观方面表现为非法买卖、运输、携带、持有未经灭活的罂粟、大麻等毒品原植物种子或者幼苗，数量较大的行为。

本罪的犯罪对象是未经灭活的罂粟、大麻等毒品原植物的种子、幼苗。关于"未经灭活"的理解，应当重点把握以下几点：

第一，“未经灭活”是指罂粟、大麻等毒品原植物的种子和幼苗未经专门的灭活程序进行处理。幼苗一般通过高温、去根等方式，目前没有固定的手段，只要是将幼苗的成长活性去掉，使其不能再继续生长即可。种子一般经过蒸煮、微波、放射性照射等手段，使其丧失萌发、繁殖能力，无法发芽生长，目前较为通行的做法是将毒品原植物种子使用钴60放射线进行辐照灭活处理。

第二，在具体案件中，如何认定毒品原植物种子、幼苗是否经过灭活，一般需要鉴定机构或者其他专业机构出具鉴定或者检验报告，如果认定行为人构成本罪，则必须证明涉案的种子、幼苗属于“未经灭活”。对于幼苗而言，认定是否未经灭活相对简单，经过目测、检测或者试验性栽培等可以得出相应结论。对于种子而言，目前通行的做法是经鉴定部门或者专门机构进行“发芽率”试验，如果涉案种子能够继续萌发，则认定为“未经灭活”。这里需要注意的是，不同案件中，种子的发芽率有高有低，但目前法律没有规定按照发芽率的高低来区分是否灭活。因此，在司法实践中，对于涉案种子经检测或者鉴定能够发芽的，均应认定为“未经灭活”。如果确实存在发芽率极低的情况，可以根据案件具体情况，对行为人进行从轻、减轻处理或者定罪免刑；如果情节显著轻微的，可以不起诉或者依据《中华人民共和国刑法》第十三条“但书”部分作出罪处理。

参阅案例

张某某涉嫌非法持有毒品原植物种子案[①]

2018年4月16日16时许，安徽省太和县公安局马集派出所开展毒品原植物踏查，在太和县某乡某村张某某家菜地里发现有罂粟植株6株，向张

① 本案参见安徽省太和县人民检察院太检刑不诉（2018）30号不起诉决定书。

调查该情况时，另发现张某某家堂屋西墙大衣柜上存放有大量罂粟壳，经太和县公安局禁毒大队称量罂粟种子重量为117.93克。2018年5月3日，太和县公安局对该罂粟种子抽样委托安徽农业大学进行鉴定，5月14日，安徽农业大学农学院出具鉴定意见："该样品罂粟种子平均发芽率为9%。"鉴定意见表明，该罂粟种子未经灭活。

检察院认为，张某某实施了《中华人民共和国刑法》第三百五十二条规定的行为，但犯罪情节轻微，具有坦白情节，根据《中华人民共和国刑法》第三十七条的规定，不需要判处刑罚。依据《中华人民共和国刑事诉讼法》第一百七十七条第二款的规定，决定对张某某不起诉。

第三，"未经灭活"是指人为地通过相应的灭活程序对毒品原植物种子、幼苗进行处理，而不是指种子、幼苗的自然灭活。有观点认为，"'灭活'是人为造成植物死亡的手段，'死亡'是植物经过'灭活'后生命的终止。'灭活'是植物死亡原因之一，但植物不经灭活，也可能或者最终总是会自然死亡。因此，《中华人民共和国刑法》第三百五十二条所称的'未经灭活'，不仅是看毒品原植物的种子或者幼苗有无死亡，更重要的是看有没有经过人为的灭活处理。如果涉案的毒品原植物的种子或者幼苗虽然已经死亡，但并未经过灭活处理的，仍有可能构成本罪"。我们认为，这种观点是可取的。在这种情况下，因犯罪对象已不具备毒品原植物种子、幼苗的活性，应认定为本罪的犯罪未遂，可以比照既遂犯从轻或者减轻处罚，也可以根据案件具体情节，决定不起诉。

参阅案例

马某某涉嫌非法携带、持有毒品原植物种子案[①]

2019年9月4日，马某某从河南省某市老家来到社旗县饶良镇饶良街做卖膏药生意时，因泡罂粟酒医治其手脚疼痛之需，即在离开家时将一袋未经人为灭活处理的带籽罂粟携带至其居住的社旗县饶良镇饶良街郭某某所开旅馆三楼住宿客房内。2019年9月8日被执行公务的民警依法查获。经对罂粟去壳称重，马某某携带的罂粟种子重量为100.23克。后经鉴定，该罂粟种子不具有活性。

检察院认为，马某某实施了《中华人民共和国刑法》第三百五十二条规定的行为，因其自愿如实供述自己的犯罪事实，且系犯罪未遂，犯罪情节轻微，依照刑法规定不需要判处刑罚，故依照《中华人民共和国刑事诉讼法》第一百七十七条第二款的规定，决定对马某某不起诉。

本罪是选择性罪名。具体案件中，司法机关根据行为方式、犯罪对象的不同，分别确定相应的罪名。构成本罪的四种行为方式具体如下：

（一）非法买卖

“非法买卖”是指行为人以金钱或者实物作价非法购买或者出售未经灭活的毒品原植物种子、幼苗的行为。

需要注意的是，“买卖”不同于“贩卖”。对于“买”和“卖”这两种行为，均按照本罪定罪处罚。而贩卖毒品罪中的“贩卖”，只处罚“卖”的行为，“买”的行为如果达到相应的数额标准，一般按照非法持有毒品罪处罚；如果没有其他行为，毒品数额达不到非法持有的标准，则不构成犯罪。

---

① 本案参见河南省南阳市社旗县人民检察院社检一部刑不诉（2019）34号不起诉决定书。

参阅案例

刘某某非法买卖毒品原植物种子案①

2019年8月21日，被告人刘某某在云南省富源县后所镇街上购买大烟苞后乘坐自家的黑色别克小型轿车返回盘州市，在途经盘州市盘关镇花木树村糯瓦口子时被盘州市公安局断江派出所民警查获，经称量查获大烟苞重1149.53克，剥壳后种子称量重512.66克。经云南省农业科学院经济作物研究所鉴定，查获大烟苞种子为罂粟科罂粟属植物罂粟的干燥种子，发芽率为96%。

法院认为，公诉机关指控被告人刘某某犯非法买卖毒品原植物种子罪的事实清楚，证据确实、充分，指控罪名成立，量刑建议适当，予以采纳。被告人刘某某到案后如实供述自己的罪行，且自愿认罪、悔罪，依法给予从轻处罚。依照《中华人民共和国刑法》第三百五十二条、第六十七条第三款、第六十四条，《最高人民法院关于审理毒品犯罪案件适用法律若干问题的解释》第十条第（一）项之规定，贵州省盘州市人民法院作出判决：被告人刘某某犯非法买卖毒品原植物种子罪，判处有期徒刑一年，并处罚金人民币2000元。

另外，需要注意的是，按照《武汉会议纪要》的规定，贩毒分子被抓获后，对于从其住所、车辆等处查获的毒品，一般均应认定为其贩卖的毒品。但是本罪不同于贩卖毒品罪，如果行为人买卖毒品原植物种子、幼苗被抓获后，从其住所、车辆等处查获的其他毒品原植物种子、幼苗，不宜归入买卖的数量当中，对行为人应认定为非法买卖、持有毒品原植物种子、幼苗罪。

---

① 本案参见贵州省盘州市人民法院（2019）黔0222刑初545号刑事判决书。

参阅案例

韩某某非法买卖、持有毒品原植物种子案[①]

2017年10月14日，被告人韩某某在河北省吴桥县桑园镇大集上非法出售罂粟果实，经吴桥县农业局对罂粟种子进行发芽实验，罂粟种子未经灭活。经吴桥县公安局破壳称重，罂粟种子重达246.3克。同日，吴桥县公安局侦查人员在被告人韩某某家中查获罂粟果实，经吴桥县农业局对罂粟种子进行发芽实验，罂粟种子未经灭活。经吴桥县公安局破壳称重，罂粟种子重达130.6克。

法院认为，被告人韩某某非法出售、持有未经灭活的罂粟种子，数量较大，其行为已经构成非法买卖、持有毒品原植物种子罪。被告人韩某某当庭自愿认罪，如实供述自己的罪行，可以从轻处罚。被告人韩某某犯罪时已满七十五周岁，可以从轻处罚。被告人韩某某犯罪情节较轻，有悔罪表现，没有再犯罪的危险，对其宣告缓刑对所居住社区没有重大不良影响。根据其犯罪事实、性质、情节、危害程度及认罪态度和悔罪表现，依照《中华人民共和国刑法》第三百五十二条、第六十七条、第七十二条、第七十三条之规定，河北省吴桥县人民法院作出判决：被告人韩某某犯非法买卖、持有毒品原植物种子罪，判处有期徒刑一年，缓刑一年六个月，并处罚金人民币3000元。

（二）非法运输

“非法运输”，是指未经国家有关部门批准，私自将未经灭活的毒品原植物种子、幼苗从一个地方运送到另一个地方的行为。本罪中，对于“运

---

① 本案参见河北省吴桥县人民法院（2018）冀0928刑初8号刑事判决书。

输”的理解和把握，应当与《中华人民共和国刑法》第三百四十七条运输毒品罪中的“运输”相同，即“运输”的特征就是行为人使用交通工具、邮寄快递或者人工搬运等方式，使得毒品原植物种子、幼苗发生空间上的位移。

参阅案例

黄某非法运输毒品原植物种子案①

2019 年 4 月底，被告人黄某前往德宏州瑞丽弄岛时结识了一名缅甸籍男子，并向其购买罂粟籽，二人商量好交易时间和地点。2019 年 5 月 2 日 4 时许，被告人黄某与该名缅甸籍男子在瑞丽一路口进行交易，以 3 万元人民币购买了 20 袋罂粟籽，并将 20 袋罂粟籽藏匿于一辆红色福田牌仓栅式货车车厢放置的空鸡笼中间，欲将此批罂粟籽运输至大理后贩卖。当日 13 时许，被告人黄某驾驶该货车在瑞丽接到同事唐某甲，二人驾驶该车从瑞丽东收费站上高速，沿杭瑞高速公路经龙陵驶往保山方向，18 时许途经芒颜边境检查站时被抓获，当场查获罂粟籽 20 袋，经称量，共计净重 1001.35 千克。经云南省农业科学院经济作物研究所鉴定：送检的 20 份样品均为罂粟科罂粟属植物罂粟（PapaversomniferumL.）的干燥种子，发芽率依次为 86.3%、77.7%、83.3%、86.3%、42.3%、59.3%、55%、15.3%、74%、54.3%、50%、60%、62.7%、84.7%、80.7%、42%、33%、41%、79%、89.7%。

法院认为，被告人黄某违反国家毒品管理法规，非法运输未经灭活的毒品原植物种子 1001.35 千克，数量较大，其行为构成非法运输毒品原植物种子罪。被告人黄某在归案后如实供述自己的罪行，系坦白，且自愿认罪

① 本案参见云南省龙陵县人民法院（2019）云 0523 刑初 169 号刑事判决书。

认罚，依法可以从轻处罚。被告人黄某没有犯罪前科，系初犯、偶犯，具有坦白情节，自愿认罪认罚。根据被告人黄某的犯罪事实、情节、危害后果及悔罪表现，决定对其从轻处罚。依照《中华人民共和国刑法》第三百五十二条、第六十七条第三款、第五十二条、第六十四条及《最高人民法院关于审理毒品犯罪案件适用法律若干问题的解释》第十条第（一）项之规定，判决被告人黄某犯非法运输毒品原植物种子罪，判处有期徒刑六个月，并处罚金人民币7000元。

（三）非法携带

“非法携带”，是指违反国家规定，没有合法的携带权，随身携带或者物品中夹带未经灭活的毒品原植物种子、幼苗的行为。

“携带”这一行为方式，在《中华人民共和国刑法》所有涉及毒品的罪名，只有在本罪中进行了规定。并且，本罪属于选择性罪名，需要司法机关依据查明的事实确定准确的罪名。因此，对于“携带”的理解和区分，在认定本罪的过程中非常重要。我们认为，应当重点把握以下两点：

1. “携带”和“运输”的区别

有观点认为，携带行为与运输行为的界限应当认定为无法确认有运输的目的，即仅仅能查明行为人随身带有未经灭活的毒品原植物种子、幼苗，但无法证明有其他毒品犯罪的目的。我们认为，这一观点从犯罪目的这一主观要素来区分“携带”和“运输”值得商榷。《中华人民共和国刑法》既然将本罪“携带”和“运输”两种行为模式并列规定，则依据具体行为这一客观要素来区分即可。如果行为人采取随身携带或者行李夹带的方式运输毒品原植物种子、幼苗的，在这种情况下，行为人的主要犯罪行为以及犯罪目的就是“运输”，“携带”行为是用来完成“运输”行为的一种手段，按照牵连犯的理论，此时按“非法运输毒品原植物种子、幼苗罪”认定即可。如果行为人准备采取乘坐交通工具的方式进行运输，尚未上车或者尚未开车时被公安机关查获随身携带毒品原植物种子、幼苗的，在这种情况下，行为人同时属于“携带”和“运输”（未遂），按照吸收犯的理论，此时按“非法携带毒品原植物种子、幼苗罪”认定即可。

参阅案例

李某某非法携带毒品原植物种子案[1]

2018年3月1日11时许，在河南省民权县江山大道北段高铁站内，被告人李某某随身携带的塑料袋内装有罂粟壳和罂粟幼苗，被民警当场查获。经称量清点罂粟籽100.9克、罂粟幼苗108棵。经鉴定涉案罂粟原植物种子具有活性，未经灭活处理。

法院认为，被告人李某某非法携带罂粟种子，数量较大，其行为已构成非法携带毒品原植物种子罪。被告人李某某自愿认罪，可酌定从轻处罚。依照《中华人民共和国刑法》第三百五十二条、第五十二条之规定，河南省民权县人民法院作出判决：被告人李某某犯非法携带毒品原植物种子罪，判处罚金人民币2000元。

2. “携带”与“持有”的区别

我们认为在本罪中，“携带”的主要特征是随身性和同步性，比如将毒品原植物种子、幼苗藏匿在身上，或者打包在行李中；“持有”的主要特征是占有性和支配性，比如放置在住所内，或者存放于行为人可控的处所和范围内。这样看来，“携带”与“持有”的确存在一定范围的重合，比较来看，“持有”的范畴要大于“携带”。

在司法实践中，区分“携带”与“持有”的重点在于考察是否具有“随身性”和“同步性”。比如查获行为人衣服口袋内或者随身行李中藏匿

---

① 本案参见河南省民权县人民法院（2018）豫1421刑初262号刑事判决书。

有毒品原植物种子、幼苗的，或者不在行为人随身衣物、行李中但能够证明行为人将毒品原植物种子、幼苗藏匿于同行人员的衣物、行李中的，应认定为“携带”。除此之外的其他情况，比如藏匿、存放在家中、单位或其他隐蔽处所的情况，则应认定为“持有”。

（四）非法持有

“非法持有”，是指违反国家规定，没有合法的根据，占有、控制或支配未经灭活的毒品原植物种子、幼苗的行为。本罪中的“持有”，在理解、把握和认定上与其他持有型毒品犯罪中的“持有”相同。本书在相关章节中已有详细论述，不再赘述。

参阅案例

杨某某非法持有毒品原植物种子案[①]

2017年秋天，被告人杨某某在涧池镇栋梁村二组山上发现一株罂粟，杨某某摘得两个罂粟果，从中取出种子种在了自家门前花坛里面，2018年夏天这些罂粟成熟后，杨某某摘下罂粟果后晒干，并用编织袋装着放在自家房屋一二楼之间的楼道处。2018年秋天，杨某某又在自家院坝外种了些罂粟种子，2019年春天长成罂粟10株，均已开花结果。2019年4月22日，警方对杨某某非法种植罂粟现场进行了查处，铲除罂粟10株，查获用编织袋装着的罂粟干果244个。后在涧池派出所办案区内，民警对提取的244个罂粟干果现场进行破壳取种称重，破壳后的罂粟种子重量为788克。2019年6月4日经四川楠山林业司法鉴定中心鉴定，这些种子均为罂粟，隶属于罂粟科罂粟属，为毒品原植物。一袋罂粟种子净重为772.4克，未灭活，发芽率为10.6%。

① 本案参见陕西省汉阴县人民法院（2019）陕0921刑初57号刑事判决书。

法院认为，被告人杨某某违反国家对毒品原植物的管理规定，非法在自己家中存放未经灭活的罂粟毒品原植物种子772.4克，数量较大，其行为已构成非法持有毒品原植物种子罪。被告人杨某某能坦白交代自己的罪行，庭审中自愿认罪，认罪态度较好，可以酌情对其从轻处罚。其犯罪的主观恶性小，犯罪情节较轻，有悔罪表现，没有再犯罪危险，宣告缓刑对所居住的社区没有重大不良影响，可对其宣告缓刑。据此，根据被告人杨某某的犯罪事实、性质、情节、认罪态度及对社会的危害程度等，依照《中华人民共和国刑法》第三百五十二条、第六十一条、第六十七条第三款、第七十二条第一款及第三款、第七十三条第一款及第三款、第五十二条、第五十三条、第六十四条，《最高人民法院关于审理毒品犯罪案件适用法律若干问题的解释》第十条第（一）项之规定，陕西省汉阴县人民法院作出判决：被告人杨某某犯非法持有毒品原植物种子罪，判处拘役五个月，缓刑八个月，并处罚金人民币3000元。

四、主体

非法买卖、运输、携带、持有毒品原植物种子、幼苗罪的主体是一般主体，即年满十八周岁，达到刑事责任年龄，具有刑事责任能力的个人可以构成。

也有部分观点认为，从理论上本罪完全可以成立单位犯罪，比如有合法资质种植毒品原植物的企业，如果违反相关对毒品原植物种子、幼苗管理的规定，即可能构成本罪，因此有必要在《中华人民共和国刑法》中增加本罪的单位犯罪。关于上述观点，本书第七章非法种植毒品原植物罪的犯罪主体部分已有相似论述，不再赘述。在现行《中华人民共和国刑法》中没有规定单位犯罪的情况下，如果司法实践中存在以单位作为犯罪主体实施非法买卖、运输、携带、持有毒品原植物种子、幼苗的情况，则对直接或者共同参与实施犯罪行为的个人进行定罪处罚。

五、主观方面

非法买卖、运输、携带、持有毒品原植物种子、幼苗罪的主观方面表现为故意，即要求行为人明知自己非法买卖、运输、携带、持有的是罂粟、大麻或者其他毒品原植物的种子或者幼苗。

值得注意的是，毒品原植物的种子、幼苗等，不像毒品原植物的成品一样容易识别、辨认，行为人如果是受蒙蔽、欺骗等实施了买卖、运输、携带、持有等行为，不能作为犯罪处理。对于利用他人不明知而实施犯罪的行为人，从刑法理论上讲属于“间接正犯”，应该按照本罪依法处罚。在具体案件中，如果没有确实、充分的证据证明行为人属于主观明知，则不能认定行为人构成本罪。

参阅案例

刘某某涉嫌非法运输、持有毒品原植物种子案①

犯罪嫌疑人刘某某与暂住在辽宁省阜新市彰武县某乡的孙某某取得联系，欲将其自己地内收获的214袋麻籽（重约7710公斤）拉至彰武县交给孙某某处理。刘某某于2018年3月15日至2018年3月30日23时，雇用车辆将自家的214袋麻籽（重约7710公斤）拉至辽宁省阜新市彰武县某乡某村某组某号。经中国某科学院某研究所鉴定，该麻籽为大麻科大麻属大麻，种地均有活力。

该案由彰武县公安局侦查终结，以刘某某涉嫌非法运输、持有毒品原植物种子罪，向检察院移送审查起诉。检察院两次退回补充侦查，侦查机关两次补查重报。检察院经审查后，仍然认为彰武县公安局认定的犯罪事

① 本案参见辽宁省阜新市彰武县人民检察院彰检公刑不诉（2019）26号不起诉决定书。

实不清、证据不足，缺少认定刘某某主观明知的证据，不符合起诉条件。依照《中华人民共和国刑事诉讼法》第一百七十五条第四款的规定，决定对刘某某不起诉。

第二节　非法买卖、运输、携带、持有毒品原植物种子、幼苗罪司法适用疑难问题

一、毒品原植物种子重量计算的问题

未经灭活的毒品原植物种子的重量是本罪入罪的标准。前文所述，证明涉案的种子属于“未经灭活”的鉴定意见或者检测报告是认定本罪的关键证据。按照通行的做法，一般以发芽率作为评价是否灭活的标准。需要特别注意的是，认定涉案毒品原植物种子的重量应当以“未经灭活”的全部种子为准，而不能仅计算能够发芽的种子的重量，即不能以查获的种子的重量乘以“发芽率”来得出涉案种子的重量。

在司法实践中，计算毒品原植物种子的重量是各级法院应该尤其注意的问题。例如某市某区公安机关侦破一起非法持有毒品原植物种子案，查获被告人孙某非法持有的罂粟种子253.21克。经取样鉴定，罂粟种子正常幼苗31%，硬实种子19%，新鲜未发芽种子43%，不正常幼苗2%，死种子5%。不能以查获的253.21克，乘以74%的发芽率，得出187克的重量。我们认为，正确的计算应当以“未经灭活”的全部种子为准，即253.21克。

二、关于跨国（边）境运送毒品原植物种子、幼苗行为的定性

一般来说，运输的范围应当限定在国（边）境内。如果行为人跨国

（边）境运送毒品的，按照《中华人民共和国刑法》第三百四十七条选择性罪名的规定，以走私毒品罪定罪处罚。但本罪当中，选择性罪名中并未规定“走私”这一行为方式。有观点认为，如果运输毒品原植物种子、幼苗跨越国（边）境的，不构成本罪，视具体情况看能否构成走私普通货物、物品罪。

我们持有不同意见。主要有以下三方面的原因：

第一，跨国（边）境运输毒品原植物种子、幼苗的，从行为方式上完全符合本罪“运输”的特征，即从一地运送至另一地。本罪选择性罪名中既然没有“走私”，那么对于符合“运输”特征的，就应当按照非法运输毒品原植物种子、幼苗罪定罪处罚。

第二，即使跨国（边）境运送毒品原植物种子、幼苗的行为同时构成走私普通货物、物品罪，那与本罪也属于法条竞合的关系，本罪属于特别规定，依照特别规定优于普通规定的一般原则，对行为人也应按照本罪定罪处罚。

第三，跨国（边）境运输毒品原植物种子、幼苗的行为，按照本罪的运输定罪，符合通常的群众认知和司法观念。在人民法院审理的具体案件中，也按照本罪处理。

参阅案例

余某甲、余某乙走私、运输毒品，非法运输毒品原植物种子案①

被告人余某甲、余某乙于2015年7月初，共谋从缅甸偷运罂粟壳、罂粟籽进入中国云南腾冲并伺机贩卖。2015年7月9日凌晨，被告人余某乙驾驶挂有缅甸车牌的白色丰田右舵轿车在前探路，被告人余某甲驾驶装运

① 本案参见云南省保山市中级人民法院（2015）保中刑初字第343号刑事判决书。

有罂粟壳及罂粟籽的东风福瑞卡货车在后运输（未悬挂车牌）。被告人余某甲驾驶货车经中缅友谊碑附近黑泥塘岔路沿腾密公路从猴桥镇蔡家寨非法出入境通道将罂粟壳及罂粟籽走私入境至中国并绕过猴桥边境口岸联检楼，当日2时30分许，途经腾密公路某路段时遇海关缉私民警设卡查缉，被告人余某甲弃车逃离现场。当日2时40分，在后押车的被告人余某乙驾驶轿车经过查缉点，经检查后将轿车停放在猴桥镇猴桥街子。同日7时50分许，干警在猴桥镇下街“元和温泉”岔路将被告人余某甲抓获。2015年8月18日，干警在腾冲市中和镇街子将逃匿的被告人余某乙抓获。后从被告人余某甲驾驶的货车货厢内查获77袋罂粟壳净重1180千克，查获的半袋罂粟籽净重20千克。经鉴定，罂粟壳中均含有吗啡成分，罂粟籽未灭活，发芽率为32.7%。

法院认为，被告人余某甲、余某乙走私、运输毒品罂粟壳1180千克、非法运输未经灭活的毒品原植物种子罂粟籽20千克的行为均构成走私、运输毒品罪及非法运输毒品原植物种子罪，且应数罪并罚。鉴于被告人余某甲、余某乙能在庭审时如实供述自己的犯罪事实，认罪态度好有悔罪表现，对被告人余某甲、余某乙从轻处罚。依照《中华人民共和国刑法》第三百四十七条第二款第（一）项、第三百五十二条、第六十九条、第六十一条、第六十四条、第六十七条第三款及《最高人民法院关于审理毒品案件定罪量刑标准有关问题的解释》第一条第（八）项的规定，云南省保山市中级人民法院作出判决：被告人余某甲犯走私、运输毒品罪，判处有期徒刑十五年，并处没收个人财产人民币15万元；犯非法运输毒品原植物种子罪，判处有期徒刑一年，并处罚金人民币2万元；决定执行有期徒刑十五年零六个月，合并执行没收个人财产人民币17万元。被告人余某乙犯走私、运输毒品罪，判处有期徒刑十五年，并处没收个人财产人民币15万元；犯非法运输毒品原植物种子罪，判处有期徒刑一年，并处罚金人民币2万元；决定执行有期徒刑十五年零六个月，合并执行没收个人财产人民币17万元。

三、本罪的罪数形态问题

本罪常与非法种植毒品原植物罪，制造、运输毒品罪及生产有毒、有害食品罪交织在一起。根据案件的不同情况，在罪数形态、数罪并罚方面一般重点把握以下三个问题：

（一）存在其他关联毒品犯罪行为的处理

我们认为，从司法实践的角度出发，一般情况下如果构成本罪的同时构成其他毒品犯罪的，应以数罪并罚为原则。主要基于以下考虑：假如存在非法种植毒品原植物后买卖、运输种子、幼苗，或者为了种植毒品原植物而买卖、持有种子、幼苗，再或者是制造毒品鸦片后继续持有罂粟种子等情况，因上述犯罪基本均以数量作为入罪标准，如果存在数罪，那么必然要求在案证据证明毒品、毒品原植物以及毒品原植物种子、幼苗的情况。客观地讲，很难能有充足的证据和充分的论理来证明行为之间存在明确、紧密的牵连关系或者吸收关系。在这种情况下，以数罪并罚处理较为妥当。当然，如果证据确实、充分，符合牵连犯或者吸收犯成立的情况，则择一重罪处理。

参阅案例

黄某某、陈某某制造毒品、非法持有毒品原植物种子案①

2003 年农历 7 月，被告人黄某某、陈某某夫妇商量种植罂粟收割鸦片赚钱还债，之后被告人黄某某便陆续在本村小地名棺材洞、王家湾、梅子槽、庙梁子等处开荒整地，同年农历 8 月下旬至 10 月播下罂粟种子。2004

---

① 本案参见重庆市巫山县人民法院（2005）山刑初字第 2 号刑事判决书。

年农历3月，罂粟成熟后，被告人黄某某便连续在种植地收割鸦片，被告人陈某某也到种植地帮忙收割了两次鸦片，二被告人共收割鸦片3573克。公安机关还在被告人黄某某家中查获未经灭活处理的罂粟种子490克。

法院认为，被告人黄某某、陈某某违反国家对毒品的管理规定，明知罂粟是毒品，还非法种植并从罂粟果实中割浆取汁，获取鸦片3573克，其行为均已构成制造毒品罪。被告人黄某某还非法持有未经灭活的罂粟种子490克，数量较大，其行为已构成非法持有毒品原植物种子罪。被告人黄某某在制造毒品的犯罪活动中起主要作用，系本案主犯。被告人陈某某在制造毒品的犯罪活动中起次要作用，系本案从犯且情节较轻，应依法予以减轻处罚并对其适用缓刑。依照《中华人民共和国刑法》第三百四十七条第二款第（一）项、第三百五十二条、第六十九条、第二十五条第一款、第二十六条第一款、第二十七条、第六十三条第一款、第七十二条第一款、第七十三条第二款及第三款、第六十四条之规定，重庆市巫山县人民法院作出判决：

一、被告人黄某某犯制造毒品罪，判处有期徒刑十五年；犯非法持有毒品原植物种子罪，判处有期徒刑一年，并处罚金人民币2000元，决定执行有期徒刑十五年，并处罚金人民币2000元；

二、被告人陈某某犯制造毒品罪，判处有期徒刑三年，缓刑五年。

（二）存在不同犯罪对象的处理

在实际工作中，比较常见的是行为人非法同时运输、持有罂粟壳和罂粟种子这种情况。我们认为，因为犯罪对象的不同，行为人侵犯了不同的客体，触犯了不同罪名，而且从证据角度看，也不能证明涉案的罂粟壳和罂粟种子之间存在关联。因此，如果分别达到入罪的数量标准时，应按照运输毒品罪或者非法持有毒品罪与本罪数罪并罚。

参阅案例

董某某运输毒品、非法运输毒品原植物种子案[①]

2017年8月6日12时许，被告人董某某雇用李某某驾驶自己的白色解放牌货车途经杭瑞高速龙某服务区时，被芒颜边境检查站执勤人员抓获，先后从该车车厢及车厢夹层内查获董某某藏匿运输的罂粟壳及罂粟种子。经称量，查获罂粟壳共计重386.12千克、罂粟种子共计重3396.206千克。

法院认为，被告人董某某非法运输毒品罂粟壳386.12千克、罂粟种子3396.206千克的行为已构成运输毒品罪和非法运输毒品原植物种子罪。被告人董某某明知罂粟壳、罂粟籽分属不同属性，且以不同价位进行买卖、分别包装藏匿，其主观犯意明显，客观上运输罂粟壳数量超过200公斤。鉴于其归案后尚能如实交代犯罪事实，具有坦白情节，依法予以从轻判处。被告人董某某犯数罪，依法应数罪并罚。依照《中华人民共和国刑法》第三百四十七条第二款第（一）项、第三百五十二条、第六十一条、第六十七条第三款、第六十九条、第五十二条、第五十九条第一款、第六十四条之规定，云南省保山市中级人民法院作出判决：被告人董某某犯运输毒品罪，判处有期徒刑十五年，并处没收个人财产人民币5万元；犯非法运输毒品原植物种子罪，判处有期徒刑三年，并处罚金人民币1万元；数罪并罚，决定执行有期徒刑十六年，并处没收个人财产人民币5万元，罚金人民币1万元。

当然，还存在另一种情况，如果行为人买卖、运输、持有的是整个罂粟果实，此时是否还应数罪并罚？我们认为，此时不应数罪并罚。因为行

① 本案参见云南省保山市中级人民法院（2019）云05刑初16号刑事判决书。

为人的犯罪对象是罂粟壳和罂粟种子尚未分离的果实，如果数量达到入罪标准，从刑法理论上应属于吸收犯，按照重行为吸收轻行为的原则，按照贩卖、运输毒品罪或者非法持有毒品罪处罚。

（三）本罪与生产有毒、有害食品罪的并罚

在实践中，比较高发的案件是食品经营者违法购买罂粟果实，将罂粟壳碾碎、打粉后添加在火锅、面汤、卤水中，对于罂粟种子一般则自己保存。在这些案件中，能够查获的罂粟壳数量相对较少，基本达不到入罪标准，尚不能构成非法持有毒品罪。因此，这些案件中，持有罂粟种子达到本罪入罪标准的，则应按照本罪和生产有毒、有害食品罪数罪并罚。

参阅案例

孙某某非法持有毒品原植物种子，生产有毒、有害食品案[①]

被告人孙某某2019年5月通过购买罂粟果实，于2019年6月11日至2019年7月3日在天津市滨海新区新港三号路某菜市场的罗锅烧鸡店内非法持有未经灭活的罂粟种子，民警在现场扣押罂粟种子170.98克，经中国医学科学院药用植物研究所海南分所检测测试中心检测报告发芽实验结果显示：其中正常幼苗7%，硬实种子64%，新鲜未发芽种子17%、死种子12%。被告人孙某某于2019年6月11日至2019年7月3日在该罗锅烧鸡店食品加工过程中，在卤汁汤底中掺入有毒非食品原料罂粟壳。2019年7月15日被告人孙某某被查获并被行政拘留十五日，2019年7月30日被刑事拘留。到案后，被告人孙某某如实供述了犯罪事实。

法院认为，被告人孙某某在食品加工过程中掺入有毒、有害的非食品原料罂粟壳，其行为已构成生产有毒、有害食品罪；被告人孙某某非法持

---

① 本案参见天津市滨海新区人民法院（2019）津0116刑初20674号刑事判决书。

有未经灭活的罂粟种子，数量较大，其行为已构成非法持有毒品原植物种子罪。天津市滨海新区人民检察院指控被告人孙某某犯生产有毒、有害食品罪、非法持有毒品原植物种子罪，事实清楚，证据确实、充分，罪名成立，法院予以支持并对被告人孙某某数罪并罚。鉴于被告人孙某某到案后如实供述自己的罪行，系坦白，且自愿认罪认罚，依法可从轻处罚。依照《中华人民共和国刑法》第一百四十四条、第三百五十二条、第六十七条第三款、第六十九条、第五十三条第一款之规定，天津市滨海新区人民法院作出判决：被告人孙某某犯生产有毒、有害食品罪，判处有期徒刑九个月，并处罚金人民币2万元；犯非法持有毒品原植物种子罪，判处有期徒刑六个月，并处罚金人民币2000元，决定执行有期徒刑十一个月，并处罚金人民币22000元。

第三节 非法买卖、运输、携带、持有毒品原植物种子、幼苗罪量刑处罚标准

一、立案追诉标准

根据《最高人民检察院、公安部关于公安机关管辖的刑事案件立案追诉标准的规定（三）》第八条的规定：

“非法买卖、运输、携带、持有未经灭活的罂粟等毒品原植物种子或者幼苗，涉嫌下列情形之一的，应予立案追诉：

“（一）罂粟种子五十克以上、罂粟幼苗五千株以上；

“（二）大麻种子五十千克以上、大麻幼苗五万株以上；

“（三）其他毒品原植物种子、幼苗数量较大的。”

二、刑罚区间

根据《中华人民共和国刑法》第三百五十二条的规定，本罪的刑罚只有一个档次、区间，即三年以下有期徒刑、拘役或者管制，并处或者单处罚金。

三、量刑标准

根据2016年《最高人民法院关于审理毒品犯罪案件适用法律若干问题的解释》第十条的规定，非法买卖、运输、携带、持有未经灭活的毒品原植物种子或者幼苗，“数量较大”的情形是：

1. 罂粟种子五十克以上、罂粟幼苗五千株以上的；
2. 大麻种子五十千克以上、大麻幼苗五万株以上的；
3. 其他毒品原植物种子或者幼苗数量较大的。

第九章　引诱、教唆、欺骗他人吸毒罪

第一节　引诱、教唆、欺骗他人吸毒罪概念及犯罪构成

吸毒是一种违法行为，虽然不构成犯罪，但却对吸毒者的身体、精神造成严重损害，由此引发一系列治安问题和社会问题，甚至引发其他严重的违法犯罪行为。《中华人民共和国禁毒法》、国务院《戒毒条例》等一系列法律法规中，均对禁止吸毒以及强制戒毒进行了规定。《中华人民共和国治安管理处罚法》第七十二条规定，对吸食、注射毒品的违法行为，处十日以上十五日以下拘留，可以并处人民币2000元以下罚款；情节较轻的，处五日以下拘留或者人民币500元以下罚款。

在目前吸毒者群体中，有很大一部分人是因为受到他人的引诱、教唆、欺骗而吸食、注射毒品，随后沾染上毒瘾。在2008年6月26日“国际戒毒日”的宣传活动中，公安部公布了一组数据，显示在吸毒者中，由于无知、好奇、被他人引诱而吸毒的青少年的比例最高。因此，我们不仅要严禁吸毒，更要侧重于打击和制裁那些引诱、教唆、欺骗他人吸毒的不法分子。

根据《联合国禁止非法贩运麻醉药品和精神药物公约》的规定，各缔约国应当采取可能的必要的措施，将以任何手段公开鼓动或引诱他人去犯按照本条约确定的任何罪行或非法使用麻醉药品或精神药物的行为，确定

为国内法中的刑事犯罪。1990 年《全国人民代表大会常务委员会关于禁毒的决定》第七条规定："引诱、教唆、欺骗他人吸食、注射毒品的，处七年以下有期徒刑、拘役或者管制，并处罚金。强迫他人吸食、注射毒品的，处三年以上十年以下有期徒刑，并处罚金。引诱、教唆、欺骗或者强迫未成年人吸食、注射毒品的，从重处罚。"《中华人民共和国刑法》在修订时吸收上述内容，专门设置了引诱、教唆、欺骗他人吸毒罪，将这些行为作为犯罪予以打击。

一、概念法条

引诱、教唆、欺骗他人吸毒罪，是指以引诱、教唆、欺骗等方式和手段，致使他人吸食、注射毒品的行为。

《中华人民共和国刑法》第三百五十三条：

【引诱、教唆、欺骗他人吸毒罪】引诱、教唆、欺骗他人吸食、注射毒品的，处三年以下有期徒刑、拘役或者管制，并处罚金；情节严重的，处三年以上七年以下有期徒刑，并处罚金。

【强迫他人吸毒罪】强迫他人吸食、注射毒品的，处三年以上十年以下有期徒刑，并处罚金。

引诱、教唆、欺骗或者强迫未成年人吸食、注射毒品的，从重处罚。

二、客体

引诱、教唆、欺骗他人吸毒罪的客体是国家对毒品的管制以及他人的身心健康权利。这里的"他人"，指的是从未吸毒的人，也包括曾经有过吸毒经历但已戒除毒瘾或者拒绝吸毒的人。

三、客观方面

引诱、教唆、欺骗他人吸毒罪的客观方面表现为通过引诱、教唆、欺骗的方式，促使他人吸食、注射毒品的行为。本罪属于选择性罪名，行为人实施了“引诱、教唆、欺骗”三种行为中的一种即可构成本罪，如果实施了两种或者两种以上的行为，则按照行为的性质、方式等分别进行认定，按照本罪一罪论处。

（一）关于“引诱他人吸毒”的理解

一般来讲，“引诱”是指以特定的利益进行勾引、诱惑。具体到本罪当中，“引诱”可划分为以下两种方式：

第一种是行为人宣扬吸毒能产生诸如“提神”“减肥”“醒酒”等功效，或者宣扬吸毒能获得“飘飘欲仙”的快感，再或者宣扬吸毒是一种“时尚潮流”等，利用这些精神刺激进行引诱。

参阅案例

于某引诱他人吸毒案①

2014年年初，被告人于某和其女友王某在本市东马营乡东三村从事油边加工期间，因工作累，晚上经常加班干活。被告人于某在自己吸食毒品后，以吸几口可以“提神”为由，引诱王某吸食毒品一次。同年6月26日至28日被公安机关查获期间，被告人于某在白沟镇舒雅快捷酒店一个房间内，和王某共同吸食毒品两次。经对二人尿液样本予以检测，结果均呈阳性。

法院认为，被告人于某引诱女友吸食毒品，其行为构成引诱他人吸食毒品罪。根据本案事实、情节和对于社会危害程度，依照《中华人民共和国刑法》第三百五十三条第一款、第五十二条、第五十三条、第六十一条之规定，河北省高碑店市人民法院作出判决：被告人于某犯引诱他人吸毒

① 本案参见河北省高碑店市人民法院（2017）冀0684刑初289号刑事判决书。

罪，判处有期徒刑八个月，并处罚金人民币3000元。

第二种是通过给予金钱、好处或者其他物质性的利益进行引诱，使得无吸毒意愿的人吸食、注射毒品。

参阅案例

李某某引诱他人吸毒案①

2019年3月22日19时许，证人孙某为获得从轻处理机会，让同案人刘某（另案处理）为公安机关提供吸毒人员线索。2019年3月23日0时许，同案人周某某（另案处理）在刘某的授意下找到证人严某、吴某二人，许诺吸食冰毒并接受公安机关处理每人可以获得人民币1万元的报酬。随后，刘某、周某某二人将严某、吴某带到福建省福州市晋安区某酒店的房间内，由被告人李某某支付了报酬，安排严某、吴某二人吸食冰毒。在确认严某、吴某二人吸食了冰毒之后，刘某、周某某、李某某三人离开了现场。刘某将福州市晋安区某酒店的房间内有人吸毒的线索提供给民警。2019年3月23日5时许，福州市公安局台江分局民警在福州市晋安区某酒店的房间内抓获吸毒的严某、吴某。

法院认为，被告人李某某伙同他人违反国家禁毒管理法规，为帮助他人减轻处罚，采用金钱利诱二人吸食毒品，其行为已构成引诱他人吸毒罪，公诉机关指控的罪名成立。被告人李某某到案后能如实供述自己的罪行，庭审中亦认罪认罚，有坦白情节，依法可以从轻处罚。现根据被告人的犯罪事实、性质、情节及对社会的危害程度，依照《中华人民共和国刑法》第三百五十三条第一款、第二十五条第一款、第六十七条第三款、第六十

---

① 本案参见福建省福州市台江区人民法院（2019）闽0103刑初476号刑事判决书。

四条之规定，福建省福州市台江区人民法院作出判决：被告人李某某犯引诱他人吸毒罪，判处有期徒刑七个月，并处罚金人民币2000元。

（二）关于“教唆他人吸毒”的理解

一般来讲，“教唆”包括劝说、鼓动、唆使、怂恿等多种方式。从这个角度来看，“教唆”与“引诱”确实存在一定程度的重合。一些观点认为，以宣扬吸毒后的体验来劝说、怂恿，故意唆使他人产生吸毒的意图并进而吸毒的行为属于“教唆”。我们认为，这种观点是不准确的，这种行为应定性为“引诱”。

《中华人民共和国刑法》既然将引诱他人吸毒和教唆他人吸毒这两种行为均规定成犯罪，那么在实践当中，就要确定一定的规则和标准，将两种行为有所区分。我们认为，本罪中的“教唆”，一般是指利用物质引诱、精神诱惑等手段之外的其他教唆行为，比如通过“你试试”“你来两口”“这东西没事”“别那么胆小”等言语进行劝说、怂恿，或者是通过“推、让、递”等具体动作进行鼓动、唆使。即“教唆”的侧重点在于利用具体的语言、行为来唆使他人，而非用物质、精神利益来勾引他人。此外，本罪中的“教唆”还包括另一种情形，就是通过当面示范吸毒、教授吸毒方法等行为，唆使他人吸食、注射毒品。

参阅案例

关某某唆使他人吸毒案①

2017年5月11日23时许，李某（另案处理）领着腾某（当时十六周岁）来到被告人关某某居住的梧桐宾馆的一个房间。到房间以后，关某某

① 本案参见吉林省伊通满族自治县人民法院（2019）吉0323刑初18号刑事判决书。

和李某开始吸食冰毒。李某吸食了几口以后将吸壶递给了腾某，二人开始一起劝说腾某也尝尝，腾某不同意。李某和腾某说这跟抽烟一样。腾某便将吸管叼在嘴里，李某用打火机给腾某烤玻璃锅，腾某吸食了几口。关某某玩了一会游戏以后，又开始吸食冰毒，再次劝说腾某吸食毒品。

法院认为，被告人关某某以劝说方法使他人吸食毒品，其行为构成教唆他人吸毒罪。关于辩护人提出的被告人犯罪后主动到公安机关投案自首，有法定从轻或者减轻处罚情节，庭审中如实供述犯罪事实，认罪认罚，可酌定从轻处罚的辩护意见，符合法律规定，予以采纳。依照《中华人民共和国刑法》第三百五十三条、第六十七条之规定，吉林省伊通满族自治县人民法院作出判决：被告人关某某犯教唆他人吸毒罪，判处有期徒刑一年，并处罚金人民币5000元。

（三）关于“欺骗他人吸毒”的理解

欺骗他人吸毒罪中的“欺骗”，是指行为人通过隐瞒真相的方式致使他人吸毒。我们认为，“欺骗”中的隐瞒真相，应当是针对“毒品”本身而言，即通过言语欺骗等方式，将毒品谎称为其他物品，以及趁人不备，通过投放、夹带等方式将毒品掺杂在食品、饮品、药品当中或者通过“偷梁换柱”的方式将毒品与正常的食品、饮品、药品替换。有些观点认为，行为人声称“吸毒不上瘾”“吸毒对身体没有影响”等行为也属于“欺骗”。我们认为，虽然这些行为的确也属于隐瞒真相的一种，但隐瞒的是吸毒危害性的真相，以此让被害人放松警惕，而不是隐瞒毒品本身，还是应当根据具体情节认定为“引诱”或者“唆使”较为合适。

由此可以看出，本罪当中的“引诱、唆使”与“欺骗”的区别还是比较明显的，即“引诱、唆使”通过诱使、鼓动的方式，使他人产生了或者强化了吸毒意愿，他人对于吸毒这一行为最终还是基于自愿的、明确知情的；而“欺骗”是隐瞒了毒品这一违禁品的真相，吸毒者是在错误认识的情况下或者根本不知情的情况下吸毒。因此，我们认为，行为人在一次犯罪中，针对一名被害人，“引诱、唆使”是可能并存的，但“引诱、教唆”和“欺骗”是不能并存的。在司法实践中，我们要认真分析、判断行为人的行为性质、特征，从而准确地适用选择性罪名。

具体到案件中，“欺骗”一般划分为以下两种方式：

第一种是行为人对被害人隐瞒真相，将毒品说成或者包装成非毒品的食品、药品或者其他物品，使他人陷入错误认识，不能认识到自己吸食、注射的物品为毒品。

参阅案例

蒋某某欺骗他人吸毒案①

2013 年初至同年 7 月底，被告人蒋某某在慈溪市观海卫镇蒋家桥村市场西路秋实厂其所开设的佛堂内，将冰毒称作为“舍利”，数十次以提高“加持”、治病为由欺骗信徒徐某某、唐某某等人吸食。经甲基安非他明类试剂检测，徐某某、唐某某等人尿样检测结果均呈阳性。被告人蒋某某到案后，如实供述了上述犯罪事实。

法院认为，被告人蒋某某欺骗他人吸食毒品，其行为已构成欺骗他人吸毒罪。被告人蒋某某到案后能如实供述自己的罪行，依法予以从轻处罚。依照《中华人民共和国刑法》第三百五十三条第一款、第六十七条第三款、第六十四条之规定，浙江省慈溪市人民法院作出判决：被告人蒋某某犯欺骗他人吸毒罪，判处有期徒刑一年九个月，并处罚金人民币 2000 元。

第二种是行为人趁被害人不备，私自将毒品添加在食品、饮料、药品或者其他物品中，致使被害人因不知情而吸食、注射了毒品。

---

① 本案参见浙江省慈溪市人民法院（2013）甬慈刑初字第 2070 号刑事判决书。

参阅案例

余某某欺骗他人吸毒案①

被告人余某某与被害人吴某是通过社交软件认识的网友。2018年6月16日，被告人余某某将吴某约至重庆市南岸区茶园新区同景路某餐馆内就餐饮酒。其间，被告人余某某趁被害人吴某上厕所之机，将事先准备好的一小包甲基苯丙胺倒进自己的酒杯中，再将自己的酒杯与吴某的酒杯交换，欺骗吴某喝下掺有甲基苯丙胺的啤酒。后余某某又趁吴某上厕所之机，将自己酒杯中的啤酒倒入装甲基苯丙胺的塑料袋内，待剩余毒品溶解后倒回酒杯，再次将自己的酒杯与吴某的酒杯交换，欺骗吴某喝下掺有甲基苯丙胺的啤酒。被害人吴某喝下掺有甲基苯丙胺的啤酒后感觉身体异常，遂向公安机关报警。公安民警赶到现场将其送到重庆市东南医院救治，并于当晚将被告人余某某抓获归案。

法院认为，被告人余某某采用欺骗手段让他人在不知情的情况下喝下其投有毒品甲基苯丙胺的啤酒，使被害人当场出现身体不适的中毒症状，事后经尿检呈甲基苯丙胺阳性，其行为已构成欺骗他人吸毒罪。被告人余某某能积极赔偿被害人的经济损失，取得被害人谅解，同时当庭自愿认罪，可酌情从轻处罚。依照《中华人民共和国刑法》第三百五十三条第一款、第五十二条、第五十三条之规定，重庆市南岸区人民法院作出判决：被告人余某某犯欺骗他人吸毒罪，判处拘役五个月，并处罚金人民币5000元。

四、主体

引诱、教唆、欺骗他人吸毒罪的主体是一般主体，即年满十八周岁，达到刑事责任年龄，具有刑事责任能力的个人可以构成。

---

① 本案参见重庆市南岸区人民法院（2018）渝0108刑初914号刑事判决书。

五、主观方面

引诱、教唆、欺骗他人吸毒罪的主观方面表现为故意，即要求行为人为了达到致使他人吸食、注射毒品的目的，故意采取引诱、教唆或者欺骗等方式实施犯罪。从司法实践来看，行为人引诱、教唆、欺骗他人吸毒罪的动机多种多样，有纯粹让他人享受吸毒快感的一般动机，也有为了控制他人、报复陷害或者意图贩卖毒品等其他非法动机，但这些动机不影响该罪的认定，即只要实施了引诱、教唆、欺骗他人吸毒的行为，即可构成该罪。

值得注意的是，在现实生活中，存在一部分行为人为了减轻他人甚至家人的病痛，采取了诱导、唆使、欺骗他人违法吸食、注射麻醉或精神类药品的情况，这类案件在司法实践中一般应按照犯罪处理，但在量刑时酌情考虑；确实情节轻微、危害不大的，根据查明的案情以及案件存在的特殊情况，可以考虑不作为犯罪处理。

第二节　引诱、教唆、欺骗他人吸毒罪司法适用疑难问题

一、引诱、教唆、欺骗他人吸毒致人重伤、死亡的处理

如果行为人基于故意伤害或者故意杀人的主观目的，故意引诱、教唆、欺骗他人吸毒，最终导致重伤或者死亡的后果，则属于刑法理论上的牵连犯，按照“择一重处断”的一般原则，按照故意伤害罪或者故意杀人罪定罪处罚。

如果查明行为人确实没有故意伤害、故意杀人的主观目的，仅仅是意

图通过引诱、教唆、欺骗的手段促使他人吸食、注射毒品，导致他人重伤、死亡的，应当认定行为人对重伤、死亡后果存在过失。从刑法理论上看，这实际上属于引诱、教唆、欺骗他人吸毒罪和过失致人重伤罪或过失致人死亡罪的想象竞合犯。因为《中华人民共和国刑法》及相关司法解释规定本罪“情节严重”包括“对他人身体健康造成严重危害的”这一情形，故在处断时直接按照本罪定罪处罚。

参阅案例

孙某某欺骗他人吸毒案[①]

2014 年 7 月 23 日 2 时许，被告人孙某某利用其在广东省广州市番禺区石楼镇海鸥岛“生态农庄”任经理职务之机，将前来应聘找工作的被害人梁某某骗至其在“生态农庄”的住房内，将一杯含有甲基苯丙胺成分的“咖啡”让被害人在不知情的情况下喝下，致使被害人出现精神异常、发烧以及嘴唇红肿等症状，后被送医院抢救。经法医鉴定：孙某某、梁某某的尿液检验出甲基苯丙胺成分；梁某某因甲基苯丙胺中毒导致急性左心衰，并出现中度休克症状，其损伤程度为重伤二级。案发后，孙某某家属与梁某某达成和解协议并支付赔偿款人民币 65000 元，取得被害人的谅解。

法院认为，被告人孙某某无视国家法律，欺骗他人吸食毒品，致使被害人受重伤，情节严重，其行为已构成欺骗他人吸毒罪，依法应当适用“三年以上七年以下有期徒刑，并处罚金”的量刑幅度予以处罚。被告人家属案发后积极与被害人达成和解协议并支付赔偿款，取得被害人方谅解，在量刑时酌情予以考虑。综合考虑被告人作案的具体事实、性质、社会危害性及认罪态度等因素，依照《中华人民共和国刑法》第三百五十三条第

---

① 本案参见广东省广州市番禺区人民法院（2014）穗番法刑初字第 1690 号刑事判决书。

一款的规定，判决被告人孙某某犯欺骗他人吸毒罪，广东省广州市番禺区人民法院作出判决：判处被告人孙某某有期徒刑三年三个月，并处罚金人民币3000元。

二、欺骗他人吸毒罪与强迫他人吸毒罪的区分

有部分观点认为，欺骗他人吸毒与引诱、教唆他人吸毒存在本质区别，与强迫他人吸毒罪的本质更加接近或者类似，因此应当将欺骗他人吸毒罪纳入到强迫他人吸毒罪中。我们认为，这种观点值得商榷。主要是因为：

第一，从行为表现方式上看，强迫他人吸毒罪中，行为人采取的是“暴力、威胁、捆绑、控制”等手段，具有暴力性、强制性；而引诱、教唆、欺骗他人吸毒罪中，行为人采取的是“引诱、教唆、欺骗”的手段，不具有暴力性、强制性。

第二，从主观认知上看，强迫他人吸毒罪中，被害人因受到暴力、威胁产生恐惧心理或者身体受限无法反抗，从而被迫吸毒，主观认知的重点是“被迫”，即内心还是具备反抗意识；而欺骗他人吸毒罪中，被害人属于陷入错误认识或者不知情的状态，虽然也可以视为一种“无法反抗”的形式，但不存在面对他人胁迫的问题，主观认知的重点是“不知”，即内心不存在反抗意识。

因此，欺骗他人吸毒罪与强迫他人吸毒罪还是存在本质区别，不应混为一谈。

此外，还有一种观点认为，基于刑事责任年龄并结合民法的相关规定，十四周岁以下的未成年人不具备认识自身重要人身权利的能力，因此引诱、教唆、欺骗不满十四周岁的未成年人吸毒的，应当以强迫他人吸毒罪定罪处罚。我们认为，这种观点也有待商榷，主要是因为：这种观点混淆了本罪与强迫他人吸毒罪的区别，理由如前，不再赘述。此外，《中华人民共和国刑法》第三百五十三条第三款已经规定，引诱、教唆、欺骗或者强迫未

成年人吸食、注射毒品的要从重处罚，即法律已经对本罪侵害未成年人权益规定了更严厉的处罚，无须再通过转换罪名的方式进行处罚。

三、引诱、教唆、欺骗他人吸毒罪的既遂与未遂

关于本罪的既未遂问题，有两种不同的观点。

第一种观点认为：本罪是结果犯，只有被引诱、教唆、欺骗的人实际吸食、注射了毒品，行为人才构成本罪的既遂，否则就是未遂。

第二种观点认为：本罪是行为犯，即行为人只要实施了引诱、教唆、欺骗他人吸食、注射毒品的行为，就构成了本罪的既遂；至于他人是否产生吸毒意图或者实际吸食、注射毒品，均不影响本罪既遂形态的成立；如果行为人实施了引诱、教唆、欺骗的行为但他人并未吸毒的，可以在量刑时作为酌定因素予以考虑。

我们同意第一种观点，主要有以下三点理由：

第一，从本罪设立目的以及社会危害性上看，如果将行为人单纯的引诱、教唆、欺骗行为就认定成立犯罪既遂，未免造成本罪打击范围过大、刑罚过于严重的问题，与罪责刑相一致的原则和精神不符。

第二，从司法认定的普遍观念上看，如果行为人对他人实施了引诱、教唆、欺骗的行为，但因他人不同意或者开始同意后又反悔，开始不知情后有所察觉而未吸食、注射毒品，抑或是他人还未吸毒时即被公安机关抓获，此时应当认定为犯罪未遂。

第三，从证据收集和工作实际的角度上看，如果被害人没有吸食、注射毒品，在具体案件中也很难获取确实、充分的证据来证明行为人实施了引诱、教唆、欺骗的行为。在这种情况下考虑成立犯罪既遂的问题，很难在案件审判层面有实际意义。

因此，综合法理、逻辑、实践等多方面的考虑，本罪应当属于结果犯，即只有被引诱、教唆、欺骗的人实际吸食、注射毒品，才能认定为犯罪既

遂。当然，如果行为人引诱、教唆、欺骗他人吸毒后，因毒品本身的问题比如系假毒品而导致他人实质上并未吸毒的，应当对行为人认定为本罪的犯罪未遂。

第三节　引诱、教唆、欺骗他人吸毒罪量刑处罚标准

一、立案追诉标准

根据《最高人民检察院、公安部关于公安机关管辖的刑事案件立案追诉标准的规定（三）》第九条的规定：

引诱、教唆、欺骗他人吸食、注射毒品的，应予立案追诉。

二、刑罚区间

根据《中华人民共和国刑法》第三百五十三条第一款的规定，可以将本罪的刑罚配置从轻到重划分为两个档次、区间：

（一）最高档

三年以上七年以下有期徒刑，并处罚金。

（二）最低档

三年以下有期徒刑、拘役或者管制，并处罚金。

同时，根据《中华人民共和国刑法》第三百五十三条第三款的规定，本罪还有一个法定从重处罚的情节，即引诱、教唆、欺骗或者强迫未成年人吸食、注射毒品的，在上述两档法定刑的限度以内从重进行处罚。

三、量刑标准

依照《中华人民共和国刑法》为本罪设定的两个量刑档，每个量刑档

所对应的标准、情形分别为：

（一）最高档：三年以上七年以下有期徒刑，并处罚金

根据2016年《最高人民法院关于审理毒品犯罪案件适用法律若干问题的解释》第十一条的规定，引诱、教唆、欺骗他人吸食、注射毒品，具有下列情形之一的，应当认定为刑法第三百五十三条第一款规定的“情节严重”：

1. 引诱、教唆、欺骗多人或者多次引诱、教唆、欺骗他人吸食、注射毒品的；

2. 对他人身体健康造成严重危害的；

3. 导致他人实施故意杀人、故意伤害、交通肇事等犯罪行为的；

4. 国家工作人员引诱、教唆、欺骗他人吸食、注射毒品的；

5. 其他情节严重的情形。

认定“情节严重”时，需要注意以下四个问题：

第一个问题是，按照刑事案件认定事实的一般规则，“引诱、教唆、欺骗多人或者多次引诱、教唆、欺骗他人吸食、注射毒品”中“多人”应当要求达到三人以上，“多次”应当要求达到三次以上。其中，多人的认定以个人为单位进行计算，多次的认定以次数为单位进行计算。此外，人数可以累加计算，如果一次引诱、教唆、欺骗多人的，即按照“多人”认定；如果一次一人，还有一次三人，也可以按照“多人”计算。

参阅案例

钟某某教唆他人吸毒案①

2017年6月的一天，被告人钟某某在广东省广州市嘉禾街陈某的租房

① 本案参见广西壮族自治区钟山县人民法院（2019）桂1122刑初72号刑事判决书。

里，以吸食毒品可以治疗肺结核、咳嗽、肚子痛等，教唆、引诱陈某吸食毒品海洛因。2018年6月底的一天，在钟山县龟石路工业园一栋大楼工地，钟某某以同样的理由第二次教唆、引诱陈某吸食毒品海洛因。2018年7月的一天，在贺州市平桂区西湾镇的一个工地，钟某某第三次教唆、引诱陈某吸食毒品海洛因。2018年10月15日，在广西平乐县源头镇一个不知名村子路边的田基里，钟某某第四次教唆、引诱陈某吸食毒品海洛因。

法院认为，被告人钟某某多次引诱、教唆他人吸食毒品，情节严重，其行为构成引诱、教唆他人吸毒罪。被告人钟某某曾因犯盗窃罪被判处有期徒刑，刑罚执行完毕后五年以内再犯应当判处有期徒刑以上刑罚之罪，是累犯，依法应当从重处罚。被告人钟某某归案后如实供述犯罪事实并能当庭认罪，依法予以从轻处罚。依照《中华人民共和国刑法》第三百五十三条第一款、第六十五条第一款、第六十七条第三款、第五十二条、第五十三条及《最高人民法院关于审理毒品犯罪案件适用法律若干问题的解释》第十一条第（一）项的规定，广西壮族自治区钟山县人民法院作出判决：被告人钟某某犯引诱、教唆他人吸毒罪，判处有期徒刑三年二个月。

第二个问题是，认定引诱、教唆、欺骗他人吸毒对他人身体健康造成严重危害，应当是指对吸毒者造成重伤以上的危害后果。如果经法医学鉴定，被害人因吸毒达到了重伤的程度，则应认定被告人引诱、教唆、欺骗他人吸毒的行为，情节严重。同时，对他人身体健康造成严重危害，不仅包括重伤，还包括死亡的后果。在具体案件认定上，应当有相应证据证明被害人的死亡后果是吸毒引发身体中毒或者引发其他疾病所致。

参阅案例

陈某某引诱他人吸毒案①

2017年12月12日23时许，陈某某向何某某微信借款人民币100元。不久，陈某某联系何某某来他住处取钱并顺便到他家玩耍，何某某表示同意。当晚23时30分，何某某下班，出于安全考虑，何某某便请同事张某某、谢某、邓某某一同前往，陈某某将何某某等四人接到家中。家中还有其朋友“小眼镜”。四人进屋后，陈某某打电话向绰号叫“打不死”的人购买毒品。当“打不死”送来毒品后，陈某某便说吸毒可减肥，并将毒品放到锡箔纸烧烤，然后叫她们吸食。于是，邓某某第一个吸食毒品，接着何某某、张某某、谢某吸食毒品，陈某某、“小眼镜”“打不死”也一同吸食了毒品。邓某某吸食毒品后称其头部不舒服，感到疼痛，何某某、张某某、谢某给她进行了按摩，后由张某某、何某某扶她到卧房休息。次日9时许，谢某进卧房喊邓某某上班，发现邓某某脸色苍白、口吐泡沫，遂喊何某某、张某某进卧房察看，张某某拨打120急救，陈某某等人随即逃离现场。医生到达现场检查后告知邓某某已经死亡，她们当即报警。经鉴定，邓某某系吸食毒品后诱发脑出血（脑室积血）死亡。

法院认为，被告人陈某某违反国家毒品管理规定，明知甲基苯丙胺是毒品，却以吸毒可以减肥诱使他人吸食，其行为已构成引诱他人吸毒罪。还造成一人吸毒后诱发脑出血死亡的结果，情节严重。陈某某因犯贩卖毒品罪被判处有期徒刑，刑满释放后五年内再犯应当判处有期徒刑以上刑罚之罪，属累犯，且系毒品犯罪的再犯，依法予以从重处罚。依照《中华人民共和国刑法》第三百五十三条第一款、第六十五条第一款、第三百五十

① 本案参见湖南省衡阳市雁峰区人民法院（2018）湘0406刑初66号刑事判决书。

六条、第五十三条，《最高人民法院关于审理毒品犯罪案件适用法律若干问题的解释》第十一条第（二）项的规定，湖南省衡阳市雁峰区人民法院作出判决：被告人陈某某犯引诱他人吸毒罪，判处有期徒刑五年六个月，并处罚金人民币1万元。

第三个问题是，认定引诱、教唆、欺骗他人吸毒，导致他人实施故意杀人、故意伤害、交通肇事等犯罪行为的，应当有相应的证据证明吸毒人员实施其他犯罪行为与被引诱、教唆、欺骗吸毒之间存在因果关系，而不能简单地认为吸毒与犯罪行为之间必然存在关联。要根据在案的物证、被害人陈述、被告人供述、证人证言等相关证据予以评判，还有综合吸毒者实施其他犯罪行为的时间、地点、精神状态等情节和因素，必要时应当通过药物检测、精神鉴定等予以认定。

第四个问题是，“其他情节严重的情形”是兜底性条款，在具体认定上，指的是引诱、教唆、欺骗他人吸毒，有其他恶劣、严重的情节，这些情节不能被前述司法解释中认定“情节严重”中规定的前四项所囊括。法官在依据兜底性条款认定时，应当严格贯彻罪责刑相一致的基本原则，采取审慎的态度，依据确实、充分的证据来认定。

（二）最低档：三年以下有期徒刑、拘役或者管制，并处罚金

这一档的量刑，针对的是被告人引诱、教唆、欺骗他人吸毒，但尚没有达到“情节严重”的情形。

第十章　强迫他人吸毒罪

第一节　强迫他人吸毒罪概念及犯罪构成

强迫他人吸毒罪，在司法实践中适用的频率较低，是一种相对较为生僻的罪名。1979 年《中华人民共和国刑法》中是没有规定此项罪名的。但是强迫他人吸毒一方面易致人染毒瘾，成为吸毒者，进而导致吸毒者身体虚弱、智能减退、人格扭曲，严重损害身心健康；另一方面会成为传播艾滋病等严重疾病的途径，此外，还会诱发抢劫、盗窃、卖淫、赌博等其他犯罪活动，因此，对强迫他人吸毒的行为予以惩处十分必要。1990 年《全国人民代表大会常务委员会关于禁毒的决定》第七条第二款对此作出规定："强迫他人吸食、注射毒品的，处三年以上十年以下有期徒刑，并处罚金。"1997 年《中华人民共和国刑法》直接将该罪名吸收进了刑法典，并将之规定在第三百五十三条第二款"强迫他人吸食、注射毒品的，处三年以上十年以下有期徒刑，并处罚金"后，上述《全国人民代表大会常务委员会关于禁毒的决定》已被 2008 年 6 月 1 日起施行的《中华人民共和国禁毒法》废止。但是，《中华人民共和国刑法》中对强迫他人吸毒罪的规定延续至今。

一、概念法条

关于强迫他人吸毒罪的概念，1994 年，最高人民法院印发《关于执行

〈全国人民代表大会常务委员会关于禁毒的决定〉的若干问题的解释》的通知（法发〔1994〕30 号）第十条作出规定："……强迫他人吸毒罪，是指违背他人意志，使用暴力、胁迫或者其他方法，迫使他人吸食、注射毒品的行为。被强迫的人吸食、注射毒品后是否成瘾，不影响本罪的成立。"虽然该《通知》已被 2013 年 1 月 18 日起实施的《最高人民法院关于废止 1980 年 1 月 1 日至 1997 年 6 月 30 日期间发布的部分司法解释和司法解释性质文件（第九批）的决定》废止，但是其对强迫他人吸毒罪概念的表述，基本得到了理论界、实务界的认可、沿用。

强迫他人吸毒罪，是指违背他人意志，使用暴力、胁迫或者其他方法，迫使他人吸食、注射毒品的行为。

《中华人民共和国刑法》第三百五十三条第二款、第三款：

【强迫他人吸毒罪】强迫他人吸食、注射毒品的，处三年以上十年以下有期徒刑，并处罚金。

引诱、教唆、欺骗或者强迫未成年人吸食、注射毒品的，从重处罚。

二、客体

强迫他人吸毒罪侵犯的客体是复杂客体，既包括国家对毒品的管制制度，也包括公民的健康权利。犯罪对象是不愿吸食、注射毒品的人。

从毒品犯罪的性质而言，相关犯罪均侵犯了国家对毒品的管制制度，并且直接或者间接地侵犯他人的身体健康。与其他的毒品犯罪罪名相比，强迫他人吸毒罪直接作用于被害人，而非毒品，更主要的是侵犯他人身体健康，故，强迫他人吸毒罪侵犯的主要客体、直接客体是他人身体健康，次要客体、间接客体是国家对毒品的管制制度，鉴于罪名中涉及毒品，本罪方被纳入刑法分则的毒品犯罪章节。

三、客观方面

强迫他人吸毒罪客观方面表现为违背他人意志，用暴力、胁迫或者其他方法，迫使他人吸食、注射毒品的行为。这是强迫他人吸毒罪的本质特征，也是同其他毒品犯罪的根本区别。

（一）关于“强迫”的理解

强迫他人吸毒罪的“强迫”是指行为人采用一定的方式或手段，使被害人违背本身的意愿吸食、注射毒品。对于“强迫”的内涵，我们可以从以下三个方面进行理解：

1. “强迫”的手段

从强迫他人吸毒罪的概念来看，构成强迫主要包括三种手段：暴力、胁迫、其他方法。

暴力，是指对不愿意吸毒的被害人的身体进行强制和打击，比如捆绑、殴打、拘禁等足以危及人身安全的强制手段，使他人不敢反抗或者不能反抗，从而迫使其吸毒。以强迫作为犯罪手段的犯罪行为，其主体犯罪的性质及后果（刑罚配置）等直接决定了“暴力”的强度，不同罪名对“暴力”之程度、后果的要求不同，强迫他人吸毒罪中的“暴力”应注意与其他罪名区分。比如，根据法律规定，抢劫罪中对暴力的程度和后果是不加限制的，其法定刑足以实现对以暴力致被害人重伤或者死亡后果之行为的处罚，故在抢劫犯罪中，即使造成被害人重伤或者死亡后果的“暴力”，也属于抢劫罪的“暴力”之范畴，而无须再以故意伤害罪或故意杀人罪对行为人进行判罚。但是，在其他的强迫犯罪中，由于没有法律的规定，且其法定刑配置明显不足以处罚致人重伤或死亡后果之行为，此时“暴力”应以轻微伤害为限，如造成重伤或死亡后果，需再定伤害罪或者杀人罪。

胁迫，是指以对被害人的人身、财产、名誉等进行损害相威胁，使被害人不敢反抗，迫使其吸毒，以“威胁”之手段达到“迫使”之效果。对于“胁迫”，应从以下四个方面进行理解：

第一，关于“胁迫”的方式。“胁迫”可以使用语言、文字方法，也可以使用动作表示，无论采用明示或默示，直接告知还是通过第三者告知，以文字告知时署真名还是署假名或不署名，只要能使被害人认识到此威胁的内容即可，没有具体方式上的限制。

第二，关于“胁迫”的对象。应限定为被胁迫者本人或者与其有密切关系的人，与被胁迫人无特定关系的人，不宜成为“胁迫”的对象。

第三，关于“胁迫”的可实现性。胁迫的内容必须是行为人可以左右的，即行为人可以决定是否实现胁迫的内容，只有如此，才足以使被害人产生恐惧心理。如果行为人所提出的胁迫内容是其本人根本无法控制的，而且胁迫内容无法实现的事实是一个正常的社会普遍人均可认识的，则不能认定为“胁迫”，只能认为是警告，比如，说对方将被雷击，等等；如果行为人提出的胁迫内容是由第三人实现，并使被害人知道行为人居于足以影响第三人行为的地位，就应认为是“胁迫”，至于行为人实际上能否居于这种地位则不影响胁迫的成立。

第四，关于“胁迫”的效果。胁迫的内容必须足以使对方产生恐惧心理，一般来讲，以下情形可认定足以致对方产生恐惧心理：其一，行为既足以使一般人产生恐惧心理，事实上也使被害人产生了恐惧心理。此时应认定为“胁迫”。其二，行为足以使一般人产生恐惧心理，但事实上没有使被害人产生恐惧心理。此时应认定为“胁迫”。但如果被害人并非因为该胁迫，而是出于同情等原因作出一定行为的，则不宜认定为“胁迫”。其三，行为不足以使一般人产生恐惧心理，但事实上使被害人产生恐惧心理。此时一般不能认定为“胁迫”。但如果行为人事先调查并得知被害人的特殊情况，并有针对性地提出胁迫内容，则应认为该胁迫足以对被害人产生心理影响，从而成立“胁迫”。

其他方法，是指除以上提及的暴力、胁迫手段之外，性质与暴力、胁迫手段相当，足以导致被害人不敢反抗、不能反抗的一切手段。比如，利用或致使他人醉酒、昏迷、病重等状态，而使他人吸毒等。当然，此处的其他方法造成的结果，也必须限定在造成被害人重伤或者死亡后果以外。

2. “强迫”的方式

通常情况下，“强迫”表现为行为人逼迫被害人自己吸毒，属于间接强迫。当然，实践中也存在行为人直接将毒品输入被害人体内的情况，属于直接强迫。

具体而言，间接强迫是指行为人通过暴力、胁迫或者其他方法，造成被害人的恐惧，导致其不敢反抗，迫使被害人吸食或者注射毒品。间接强迫既包含暴力手段，也包含胁迫手段。

参阅案例

宋某某强迫他人吸毒案①

被害人刘某某通过微信与张某某（女，2001 年 8 月 28 日出生）相识。2015 年 12 月 29 日 4 时许，刘某某与张某某在本市静海区东兴旅馆的一个房间第一次相见，见面后，刘某某便对张某某进行搂抱。后张某某电话通知王某某（另案处理）、崔某某（男，2000 年 5 月 27 日出生），王某某又电话通知被告人宋某某驾车赶到该旅馆。被告人宋某某与张某某等人将刘某某带至其驾驶的汽车上，后带至静海开发区附近，宋某某采取对刘某某殴打、威胁等方式强迫刘某某吸食冰毒，并用手机对其进行录像。后，宋某某以刘某某吸毒、对张某某进行搂抱为由，向刘某某索要赔偿，后将其放回。经尿液检验，宋某某、刘某某检测结果甲基苯丙胺均呈阳性。同日，刘某某在同事陪同下报警。同日 16 时许，被告人宋某某到公安机关投案，但其未能如实供述其强迫他人吸毒的犯罪事实。

天津市静海区人民法院认为：被告人宋某某强迫他人吸食毒品，其行为触犯刑律，应以强迫他人吸毒罪追究其刑事责任。公诉机关指控事实清

---

① 本案参见天津市静海区人民法院（2016）津 0118 刑初 286 号刑事判决书。

楚，证据确实充分，罪名成立。案发后，被告人宋某某虽主动投案，但其并未如实供述强迫他人吸毒的犯罪事实，依法不能认定自首。庭审中，被告人宋某某自愿认罪；被告人亲属赔偿了被害人经济损失，取得了被害人的谅解。对以上情节，量刑时酌情予以考虑。为打击犯罪，保护公民的人身权利不受侵犯，依照《中华人民共和国刑法》第三百五十三条第二款、第六十七条第一款之规定，天津市静海区人民法院作出判决：被告人宋某某犯强迫他人吸毒罪，判处有期徒刑三年，并处罚金人民币3000元。

直接强迫是指行为人造成被害人丧失反抗能力，导致其不能反抗，行为人直接自己动手将毒品输入被害人体内。比如将被害人捆绑固定，在锡箔上点燃海洛因以后，强行让被害人嗅吸。又如将被害人捆绑固定后强行给被害人注射吗啡等毒品。直接强迫包含暴力手段，但不包含胁迫手段。

参阅案例

胡某强迫他人吸毒案①

2016年10月4日1时许，被告人胡某与其朋友袁某来到涟源火车站附近“某蒸堂养生馆”做按摩，当天早晨，胡某先行离开，9时许，因袁某没有钱支付按摩服务费，“某蒸堂养生馆”服务员即被害人肖某便随袁某去其家里讨要服务费，两人来到涟源市蓝田办事处光某街附近袁某家里后，肖某等待袁某支付服务费，12时许，胡某亦来到袁某家里。16时许，胡某与袁某吸食了毒品甲基苯丙胺、甲基苯丙胺片剂后，胡某就威胁肖某要其吸食毒品，肖某再三拒绝并准备离开，胡某便掐住肖某的脖子，用玻璃管敲肖某的牙齿，强行将毒品甲基苯丙胺、甲基苯丙胺片剂残渣灌至肖某的

① 本案参见湖南省涟源市人民法院（2018）湘1382刑初865号判决书。

嘴巴、鼻子、耳朵里。2016 年 10 月 9 日，湖南省涟源市公安局民警在涟源市蓝田办事处新建街附近将胡某抓获。胡某到案后，如实供述了自己的犯罪事实。

湖南省涟源市人民法院认为：被告人胡某采取暴力、威胁等手段强迫他人吸食毒品，其行为构成强迫他人吸毒罪，应予处罚。被告人胡某如实供述自己的罪行，依法可以从轻处罚。据此，依照《中华人民共和国刑法》第三百五十三条第二款、第六十七条第三款、第五十二条及《中华人民共和国刑事诉讼法》第二百条第（一）项之规定，湖南省涟源市人民法院作出判决：被告人胡某犯强迫他人吸毒罪，判处有期徒刑三年六个月，并处罚金人民币 2000 元。

3. “强迫”的性质

强迫吸毒的行为需要具备违法性，所谓违法性，是指行为人对被害人使用麻醉药品、精神药品的行为违反了国家对麻醉药品、精神药品的管理和使用规定，即行为人使用毒品不具有正当性。如果这种“强迫”的行为，是发生在正常的医务活动中，医务人员出于治疗的必需，而强迫病人吸食、注射麻醉药品、精神药品的，属于正当的业务活动，“强迫”之行为不具备违法性，不能构成强迫他人吸毒罪。需要注意的是，如果医务人员系以治病为幌子，强迫病人吸食、注射毒品的，则其行为具备违法性，构成强迫他人吸毒罪。

（二）关于“他人”的理解

只要是违背他人意志，强迫他人吸食、注射毒品的，均应构成强迫他人吸毒罪，此处的“他人”不应将吸毒人员等特殊群体排除在外。原因有二：第一，无论受强迫而吸毒之人为何种人员，此种行为已侵害了国家对毒品的管制制度；第二，无论受强迫而吸毒之人为何种人员，此种行为已侵害其健康权利。从健康权利角度来说，虽然吸毒人员主动吸食毒品已一定程度上自损其健康权利，但这不能成为行为人强迫被害人损害其健康权利的理由。吸毒人员对自身健康权利的损害，应当是自由意志控制之下的选择，违背其自由意志而损害其身体健康权利的行为，则侵犯了公民健康权利这一客体。

参阅案例

张某某强迫他人吸毒案①

2014年10月9日18时许，被告人张某某因债务纠纷将受害人刘某（吸毒人员）胁迫至其家中，用电警棍对刘某进行电击和殴打，而后强迫刘某吸食毒品。当晚22时许，被告人张某某又驾车将刘某带至刘某的家中进行控制，其间张某某用电警棍对刘某进行电击和殴打，并强迫其吸食毒品。

河南省洛阳市瀍河回族区人民法院认为：被告人张某某强迫他人吸食毒品，其行为已构成强迫他人吸毒罪。张某某在刑罚执行完毕五年以内再犯应当判处有期徒刑以上刑罚之罪，系累犯，应当从重处罚。故以强迫他人吸毒罪判处被告人张某某有期徒刑四年，并处罚金5000元。

四、主体

强迫他人吸毒罪的主体是一般主体，凡达到刑事责任年龄、具有刑事责任能力的，均可构成。

在把握强迫他人吸毒罪主体时，有两点值得我们注意：一是本罪的行为模式为强迫，具有很强的人身属性，其主体宜限定为自然人，单位不能成为本罪的主体；二是本罪的主体年龄下限是已满十六周岁，已满十四周岁不满十六周岁的人不满足本罪的主体要求。因为《中华人民共和国刑法》

① 本案参见河南省洛阳市瀍河回族区人民法院（2015）瀍刑初字第11号刑事判决书。

第十七条第二款规定，已满十四周岁，未满十六周岁的人，只对故意杀人、故意伤害致人重伤或者死亡、强奸、抢劫、贩卖毒品、放火、爆炸、投放危险物质罪负刑事责任。

五、主观方面

强迫他人吸毒罪的主观方面表现为故意，即要求行为人明知是毒品而强迫他人吸食、注射。如果行为人不知是毒品，或者不具有强迫他人吸食、注射毒品的故意，则不构成本罪。关于主观方面，我们还需要注意以下几个方面：

第一，本罪主观方面的故意，只能是直接故意，间接故意不能构成本罪。从认识因素上看，行为人必须认识到其所强迫他人吸食、注射的物质是毒品，至于行为人的动机究竟是为了发展吸毒人员作为买家或单纯为了娱乐不影响本罪的成立，但可以作为酌定情节在量刑时予以考虑。从意志因素上看，行为人希望他人吸食、注射毒品，如果仅为放任则不可能构成强迫。

第二，强迫他人吸食、注射毒品是否必须以营利为目的，刑法没有明确规定。从司法实践看，一般都具有营利的目的，也有的是出于报复等其他目的。不以目的作为本罪主观方面要件，可以更有力地打击出于不同目的的强迫他人吸毒的犯罪分子。

第二节　强迫他人吸毒罪司法适用疑难问题

强迫他人吸毒罪虽然在司法实践中适用较少，但在司法认定上仍存在一些疑难问题。

一、强迫他人吸毒罪与非罪的区分

刑法对本罪没有规定“情节严重”作为必要要件，故，只要实施了强迫他人吸毒的行为，不论被害人是否吸食、注射毒品，或者吸食、注射毒品后是否成瘾，都不影响强迫他人吸毒罪的成立。当然，并不是任何强迫他人吸毒的行为都构成犯罪，应严格依照刑法规定，综合全案情况进行判断，如果情节显著轻微，危害不大的，不认为是犯罪，可给予行政治安处罚。

二、强迫他人吸毒罪与其他犯罪的区分

（一）强迫他人吸毒罪与引诱、教唆、欺骗他人吸毒罪

关于强迫他人吸毒罪与引诱、教唆、欺骗他人吸毒罪，主要有以下两个问题需要注意：

1. 罪名的区分

强迫他人吸毒罪与引诱、教唆、欺骗他人吸毒罪均规定在《中华人民共和国刑法》第三百五十三条，其行为均具有导致他人吸毒的结果产生。二者之所以区分为不同罪名，原因主要在于：第一，客观方面表现形式不同。引诱、教唆、欺骗他人吸毒罪中，行为人主要以言辞等方式，采用引诱、教唆、欺骗手段，主要作用于被害人的主观意识。而强迫他人吸毒罪中，行为人以言辞或者肢体行动等方式，采用强迫手段，不仅作用于被害人的主观意识，也作用于被害人的身体。第二，被害人的认识不同。引诱、教唆、欺骗他人吸毒罪中，被害人至少在吸毒时是“自愿”（包括基于受蒙蔽、不知情的“自愿”）的，而强迫他人吸毒罪中，吸毒时被害人是非自愿的，是违背被害人意志的。

2. 并存时的处理

在司法实践中，有的行为人出于各种动机，既实施了引诱、教唆、欺

骗他人吸食、注射毒品行为，又实施了强迫他人吸食、注射毒品行为。对于二罪并存时的情况，应结合案件的具体情况，进行处理：

第一，如果行为人系针对不同犯罪对象，分别实施了引诱、教唆、欺骗吸毒行为和强迫吸毒行为的，则其行为分别构成引诱、教唆、欺骗他人吸毒罪和强迫他人吸毒罪，应数罪并罚。

第二，行为人系针对同一犯罪对象，既实施了引诱、教唆、欺骗吸毒行为，又实施了强迫吸毒行为的，应区分两种不同情况进行处理：其一，如果引诱、教唆、欺骗他人吸毒的行为，与强迫他人吸毒的行为，在时间和空间上是连续的，则以强迫他人吸毒罪论处。因为，此种情形下，引诱、教唆、欺骗吸毒行为与强迫吸毒行为之间存在吸收关系，按照吸收犯的处理原则，其中较重的强迫吸毒行为吸收较轻的引诱、教唆、欺骗吸毒行为，应以强迫他人吸毒罪论处，不实行并罚。其二，如果引诱、教唆、欺骗他人吸毒的行为，与强迫他人吸毒的行为，在时间和空间上不连续，即存在明显的时空间隔的，引诱、教唆、欺骗他人吸毒行为与强迫他人吸毒行为分别构成引诱、教唆、欺骗他人吸毒罪和强迫他人吸毒罪，应数罪并罚。在此种情形下，需要注意的是，时间和空间上是否连续，不能机械地理解，应根据具体案件情况而定。如果行为人实施的引诱、教唆、欺骗吸毒行为与强迫吸毒行为前后连贯，具有内在联系，在时间和空间上没有明显间隔，则应认定二行为是连续的。例如，甲出于报复的目的，在酒吧内引诱乙口服摇头丸，被乙拒绝后，甲产生了强迫乙服用摇头丸的想法。两个小时后，乙离开酒吧，甲尾随乙至数里外的无人处，对乙进行暴力殴打，迫使乙服用了摇头丸。此种情形下，尽管甲实施的引诱吸毒行为与强迫吸毒行为在时间和空间上都有一定间隔，但前后行为之间是连贯的，具有内在联系，因此应认定二行为是连续的，对于甲的行为只能以强迫他人吸毒罪论处。

（二）强迫他人吸毒罪与非法拘禁罪

如果行为人以强迫他人吸食毒品为目的，对被害人进行非法拘禁的，构成非法拘禁罪与强迫他人吸毒罪的牵连犯，非法拘禁行为属于手段行为，强迫他人吸毒行为属于目的行为，应当从一重罪从重处罚。如果行为人在对被害人的非法拘禁犯罪既遂之后，又强迫他人吸食、注射毒品的，则应当分别成立非法拘禁罪和强迫他人吸毒罪，数罪并罚。

参阅案例

蒋某某、王某非法拘禁、强迫他人吸毒案①

2017 年 7 月 27 日 20 时许，被告人王某为索要“出场费”，邀约了被告人许某、徐某、段某某等人，将被害人李某甲带至本市官渡区严家村徐某租住处限制其人身自由，几人共同对李某甲进行殴打并索要钱财。随后又把李某甲带至被告人蒋某某在官渡区小板桥街道竹园村的出租房内，王某、蒋某某、许某、徐某、段某某等人继续对李某甲进行殴打、辱骂，被告人王某、蒋某某、许某、徐某等人使用刀具威胁、强迫李某甲吸食毒品，并在该出租房内共同吸食毒品。其间，王某通过手机微信转走李某甲手机账户上的 500 元，拿走李某甲的一部 VIVO 手机和一辆龙鲨牌电动车自行车钥匙，并逼迫李某甲写下7500 元的欠条。2017 年 7 月 28 日 8 时许，几名被告人将李某甲释放，后许某骑走李某甲停放在保管站的电动自行车并交给王某。经鉴定，被害人李某甲在此次事件中所受伤情为轻微伤，涉案手机价值为 1060 元。

云南省昆明市官渡区人民法院认为：被告人蒋某某、徐某、许某、王某、段某某无视国家法律，使用暴力及威胁手段，非法剥夺他人人身自由，其行为已触犯刑律，构成非法拘禁罪，依法应当判处三年以下有期徒刑、拘役、管制或者剥夺政治权利，且在非法拘禁中具有殴打情节，依法应当

① 本案参见云南省昆明市官渡区人民法院（2018）云 0111 刑初 586 号刑事判决书。

从重处罚。被告人蒋某某、徐某、许某、王某、段某某使用暴力强迫他人吸食毒品，五被告人行为已构成强迫他人吸毒罪。被告人蒋某某容留他人吸食毒品，其行为构成容留他人吸毒罪。根据各被告人的犯罪事实、性质、情节和对社会的危害程度及悔罪表现，依照《中华人民共和国刑法》第二百三十八条、第三百五十三条、第三百五十四条、第二十五条、第六十七条第一款及第三款、第六十八条、第六十九条之规定，云南省昆明市官渡区人民法院作出判决：

一、被告人蒋某某犯非法拘禁罪，判处有期徒刑一年；犯强迫他人吸毒罪，判处有期徒刑三年，并处罚金6000元。犯容留他人吸毒罪，判处有期徒刑一年，并处罚金人民币6000元。总和刑期五年，决定执行有期徒刑四年，并处罚金人民币8000元；

二、被告人王某犯非法拘禁罪，判处有期徒刑一年零三个月；犯强迫他人吸毒罪，判处有期徒刑三年，并处罚金人民币6000元。总和刑期四年零三个月，决定执行有期徒刑三年零六个月，并处罚金人民币6000元；

三、被告人段某某犯非法拘禁罪，判处有期徒刑一年零三个月；犯强迫他人吸毒罪，判处有期徒刑三年，并处罚金人民币6000元。总和刑期四年零三个月，决定执行有期徒刑三年零六个月，并处罚金人民币6000元；

四、被告人许某犯非法拘禁罪，判处有期徒刑一年；犯强迫他人吸毒罪，判处有期徒刑三年，并处罚金人民币6000元。总和刑期四年，决定执行有期徒刑三年零三个月，并处罚金人民币6000元；

五、被告人徐某犯非法拘禁罪，判处有期徒刑一年；犯强迫他人吸毒罪，判处有期徒刑三年，并处罚金人民币6000元。总和刑期四年，决定执行有期徒刑三年零三个月，并处罚金人民币6000元。

（三）强迫他人吸毒罪与强奸罪

如果行为人以强奸为目的，实施了强迫他人吸食、注射毒品的行为，则属于强奸罪构成要件中的“其他手段”，在此种情形下，强迫他人吸毒行为属于手段行为，强奸行为属于目的行为，强迫他人吸毒罪被强奸罪吸收，应以强奸罪定罪处罚。如果行为人系在强迫他人吸食、注射毒品之后，临时起意，又实施强奸行为的，应当分别定强迫他人吸毒罪和强奸罪，数罪并罚。

参阅案例

陈某某强奸、强迫他人吸毒案①

2016年1月25日11时许，被告人陈某某通过微信给被害人王某发信息，以需要购买内衣为由，让从事微商生意的王某将内衣送到湖北省荆门市掇刀区葡萄园路某茶楼某楼房间内。王某进入房间后，陈某某拿出跳刀将王某逼入卧室，强行与王某发生了性关系，并强迫王某吸食了毒品麻果。

2016年4月11日6时许，被告人陈某某给被害人熊某打电话以帮其追账为由，邀约熊某见面。同日上午9时许，熊某来到陈某某位于荆门市掇刀区的家中见面，陈某某以要帮熊某要账为由，要熊某跟其发生性关系，并亮出砍刀进行威胁，熊某不愿意，陈某某将熊某拖拽至卧室内，强行与熊某发生了性关系，并且强迫熊某吸食了毒品麻果。

综上，被告人陈某某先后强奸妇女二人，且在犯罪过程中强迫二被害人吸食毒品麻果。案发后，被告人陈某某于2016年4月11日在其家中被民警抓获。

湖北省荆门市掇刀区人民法院认为：被告人陈某某违背妇女意志，持刀胁迫妇女并强行与妇女发生性关系，且强迫他人吸食毒品，其行为已分别构成强奸罪、强迫他人吸毒罪。被告人陈某某在实施强奸犯罪过程中使用凶器且具有前科劣迹，应当从重处罚。被告人陈某某如实供述自己的罪

① 本案参见湖北省荆门市掇刀区人民法院（2016）鄂0804刑初90号刑事判决书。

行，是坦白，可以从轻处罚。依照《中华人民共和国刑法》第二百三十六条第一款、第三百五十三条第二款、第六十七条第三款、第六十九条第一款、第三款、第六十四条的规定，湖北省荆门市掇刀区人民法院作出判决：被告人陈某某犯强奸罪，判处有期徒刑七年六个月；犯强迫他人吸毒罪，判处有期徒刑三年六个月，并处罚金人民币5000元；数罪并罚，决定执行有期徒刑九年六个月，并处罚金人民币5000元。

三、强迫他人吸毒罪的既遂与未遂

一般认为，强迫他人吸毒罪是结果犯，只有强迫行为发生了致使他人吸毒的后果，才能构成本罪的既遂，至于他人是否因为被强迫吸毒染上毒瘾，是否受到身心摧残，均不影响本罪既遂状态的成立。在判断强迫行为是否发生了致使他人吸毒的后果时，注射毒品的认定较为明确，而吸食毒品的情况应作具体分析，如果吸食的毒品呈烟雾态，只要将毒品贴近被害人而被害人进行了呼吸就应成立既遂，如果吸食的毒品呈粉末状，则应是被害人将毒品吸入鼻孔才成立既遂。

如果行为人实施强迫行为之后，因意志以外的原因，被害人没有实际吸食、注射毒品的，或者被害人被迫吸食、注射的是假毒品的，则构成强迫他人吸毒罪的未遂。

参阅案例

管某寻衅滋事、强迫他人吸毒案[①]

2013年5月27日晚，吕某与其朋友到夜潮酒吧饮酒至次日凌晨1时

① 本案参见山东省青岛市中级人民法院（2014）青刑一终字第378号刑事判决书。

许。准备离开时，被告人管某伙同他人（身份不明）强行将吕某带至夜潮酒吧租赁的位于山东省青岛市吴兴路的员工宿舍，以殴打、威胁方式限制吕某的人身自由。其间，被告人管某让吕某吸食甲基苯丙胺，被吕拒绝后又对吕实施殴打，致吕身体5处受伤（经法医鉴定均属轻微伤）。次日凌晨2时许，吕某以上厕所为借口，乘管某等人不注意，打碎窗户玻璃大声向外呼救。被告人管某等人见状慌忙逃离现场。同年9月25日18时许，被告人管某在青岛市李沧区永年路的一处住宅内被抓获。公安人员在其租住的前述永年路的一处住宅缴获唧筒式猎枪1支、枪托缺失的猎枪1支、五一式手枪弹17发、5.6mm运动长弹83发、猎枪弹8发，缴获甲基苯丙胺3克。

山东省青岛市中级人民法院经二审审理认为：上诉人管某在非法拘禁被害人期间，让被害人吸食冰毒，被害人明显表示不愿意吸食毒品后，管某辱骂被害人并对其殴打，其行为符合强迫他人吸毒罪的构成要件。但上诉人管某殴打被害人后，并未继续强迫被害人吸毒，其行为应系犯罪未遂，原审判决未予认定不当，依法对其强迫他人吸毒行为减轻处罚，由原审判处的有期徒刑三年，并处罚金人民币3000元，改判为有期徒刑二年六个月，并处罚金人民币3000元。

四、强迫他人吸毒致被害人重伤或死亡时的处理

行为人强迫他人吸食、注射毒品，导致被害人重伤或死亡后果的，如何处理，应结合案件的具体情况进行分析：

（一）毒品致被害人重伤或死亡的，即被害人系因吸食、注射毒品而重伤或死亡的。此时，又可以区分为以下不同情况：

1. 行为人以重伤或杀死被害人为目的，强迫被害人吸食、注射毒品的。在此种情形下，强迫吸食、注射毒品的行为，实际上只是伤害或杀人的手段，如果被害人因吸食、注射毒品而致重伤或死亡后果的，对行为人应以故意伤害罪或故意杀人罪论处。对此种情形的处理，理论和实践中都不存

在争议。

2. 强迫他人吸食、注射过量毒品，行为人认识到其行为可能导致被害人重伤或死亡，但置被害人的生死于不顾，仍强迫其吸食、注射毒品，最终导致被害人重伤或死亡后果的。在此种情形下，行为人主观上具有放任被害人重伤或死亡后果发生的间接故意，对重伤或死亡的后果持放任态度，符合间接故意伤害罪或间接故意杀人罪的特征，应以故意伤害罪或故意杀人罪论处。当然，从另一种思路分析，此种情形和前述第一种情形中，行为人强迫他人吸食、注射毒品的行为，同时符合强迫他人吸毒罪和故意伤害罪或故意杀人罪的构成要件，属于想象竞合犯，按照想象竞合犯择一重罪处罚的处理原则，也应当以故意伤害罪或故意杀人罪论处。

3. 强迫他人吸食、注射少量毒品，致被害人重伤或死亡的。对于此种情形如何处理，目前有不同观点。有观点认为，此种情形属于牵连犯，应择一重罪处罚。也有观点认为，此种情形属于结果加重犯，应以强迫他人吸毒罪从重处罚。我们认为，以上两种观点都值得商榷。第一，牵连犯必须具备两个行为，否则，牵连关系无从谈起。在强迫他人吸食、注射毒品致人重伤或死亡的情形中，行为人只实施了一个强迫他人吸毒的行为，除此之外，不存在其他行为，从而缺乏构成牵连犯的基础。第二，结果加重犯的加重结果，必须是法律明文规定的，而且具有相应的法定刑。从《中华人民共和国刑法》第三百五十三条第二款的规定看，强迫他人吸毒罪只有一个量刑幅度，即三年以上十年以下有期徒刑，除此之外既未规定加重处罚结果，亦未规定加重处罚的量刑幅度。结果加重犯的观点并无法律依据。但是，从应然角度分析，强迫他人吸毒致人重伤或死亡的情形，以结果加重犯进行处理是合理的。因此，在《中华人民共和国刑法》尚未将此种情形明确规定为结果加重犯的情况下，应以强迫他人吸毒罪，在法定刑幅度内从重处罚。

（二）强迫行为致被害人重伤、死亡的，即在强迫他人吸食、注射毒品的过程中，强迫行为直接致被害人重伤、死亡的。在此种情形下，应根据行为人在实施暴力时，主观上对于导致被害人重伤或死亡后果的不同心态，进行区分处理：

1. 如果行为人主观上明知强迫行为可能导致被害人重伤或死亡，而放任该结果发生的，行为人的行为同时构成强迫他人吸毒罪和故意伤害罪或故意杀人罪，属于想象竞合犯，应以故意伤害罪或故意杀人罪论处。

2. 如果行为人主观上对于导致被害人重伤或死亡的后果是过失的，则应以强迫他人吸毒罪从重处罚。

（三）被害人因反抗强迫吸毒而致重伤、死亡，或被迫吸毒后，因不堪毒瘾折磨而自伤、自杀的。此种情形下，从应然角度分析，宜以结果加重犯进行处理，但是，在目前《中华人民共和国刑法》尚未将此种情形明确规定为结果加重犯的情况下，应以强迫他人吸毒罪，在法定刑幅度内从重处罚。

第三节　强迫他人吸毒罪量刑处罚标准

一、立案追诉标准

根据《最高人民检察院、公安部关于公安机关管辖的刑事案件立案追诉标准的规定（三）》第十条的规定：

违背他人意志，以暴力、胁迫或者其他强制手段，迫使他人吸食、注射毒品的，应予立案追诉。

二、刑罚区间

本罪属于简单罪状，《中华人民共和国刑法》并未对本罪的法定刑进行分档，根据《中华人民共和国刑法》第三百五十三条的规定，本罪的刑罚配置只有一档：三年以上十年以下有期徒刑，并处罚金。

三、量刑标准

《中华人民共和国刑法》为本罪设定的唯一的量刑档，即“三年以上十年以下有期徒刑，并处罚金”，所对应的量刑标准、情形为强迫他人吸食、注射毒品的。司法机关在适用此罪名处罚时，需要注意一个问题：根据《中华人民共和国刑法》第三百五十三条第三款的规定，强迫未成年人吸食、注射毒品的，从重处罚。该规定是对未成年人的特殊保护，与引诱、教唆、欺骗未成年人吸食、注射毒品犯罪一样，适用该规定时，也不要求行为人主观上明知被害人是未成年人，只要行为人强迫吸食、注射毒品的对象是未成年人的，就应从重处罚。

参阅案例

武某甲、李某等强迫他人吸毒案[①]

2014 年 2 月、3 月被告人李某在网上与被害人武某乙（4 周岁，2009 年 9 月 24 日生）之母岳某某认识。后被告人李某与岳某某保持不正当男女关系。被告人李某向岳某某谎称将被害人武某乙送入清徐县某幼儿园入学。其间，被告人李某将岳某某所有的 9 万余元现金及黄金手镯一个与被告人武某甲、武某丙挥霍。

2014 年 3 月 16 日左右的一天，被告人李某、武某甲、武某丙，被害人武某乙与其母亲岳某某在清徐县某旅馆居住，其间，被告人武某甲强迫武某乙吸食冰毒。

---

① 本案参见山西省清徐县人民法院（2014）清刑初字第 98 号刑事附带民事判决书。

2014年3月中下旬的一天，在清徐县某洗浴中心，被告人武某甲强迫武某乙喝下半斤白酒，为防止武某乙母亲岳某某发现其孩子喝酒，武某甲将醉酒中的武某乙用被子裹住放在房间的衣柜内长达近2小时，后武某甲与被告人李某、被告人武某丙以吸食冰毒可解酒为由，强行将吸食冰毒的吸管插进武某乙嘴里，将冰毒吹进其嘴里让其吸食冰毒。经清徐县公安局检验，武某乙尿检呈阳性。

2014年3月15日至2014年3月26日期间，被告人武某甲、李某、武某丙多次殴打武某乙，致武某乙身体多次受伤。

2014年5月7日被告人武某丙到清徐县公安局投案。

山西省清徐县人民法院认为：被告人武某甲、李某、武某丙强迫他人吸食毒品，其行为均已构成强迫他人吸毒罪。三被告人强迫未成年人吸食毒品，应当从重处罚。被告人武某丙在案发后自动到公安机关投案，并如实供述自己的犯罪事实，是自首，可以从轻处罚。据此山西省清徐县人民法院作出判决：

一、被告人武某甲犯强迫他人吸毒罪，判处有期徒刑八年，并处罚金人民币1万元；

二、被告人李某犯强迫他人吸毒罪，判处有期徒刑八年，并处罚金人民币1万元；

三、被告人武某丙犯强迫他人吸毒罪，判处有期徒刑七年，并处罚金人民币8000元。

第十一章 容留他人吸毒罪

第一节 容留他人吸毒罪概念及犯罪构成

容留他人吸毒行为，通俗来讲，实际上就是开设地下烟馆或者变相的地下烟馆，是导致一些地方吸毒者增多和戒毒后又重新吸毒的重要原因，对人身和社会危害都很大，因而规定为独立的犯罪，并予以惩处。本罪的前身可以追溯至清末的开设烟馆罪。1839 年，道光年间《查禁鸦片章程》规定了开设烟馆罪，此时是贩卖毒品和容留他人吸毒的综合。1928 年，国民党政府颁布的刑法中规定了提供吸食鸦片馆舍罪。1950 年，新中国内务部《关于贯彻严禁烟毒工作的指示》第三条规定："城市中之烟馆应即一律封闭，并追缴其烟毒、烟具，开设烟馆的人犯交法院惩办。"1950 年，西南军政委员会《关于禁绝鸦片烟毒的实施办法》第七条规定："所有烟馆一律向当地人民政府或公安机关全部缴呈其烟具、存货，如逾期抗不缴呈，或继续开设及采取其他分散隐蔽方式，以烟毒供人吸食或为他人施打吗啡者，除没收其本人所有属于烟馆部分房屋和家具外，处 1 年以上 5 年以下徒刑，并得酌科罚金；情节重大者，处 10 年以上徒刑或死刑，并得酌科罚金。"上述规定是我国现行刑法中容留他人吸毒罪的前身。

1979 年《中华人民共和国刑法》只规定了制造、贩卖、运输毒品罪，并未规定容留他人吸毒罪。改革开放以来，随着我国经济的飞速发展，人民生活水平的快速提高，越来越多的人甚至开始为了寻求刺激而吸食毒品。

为有力打击毒品犯罪，压缩吸毒空间，1990年全国人民代表大会常务委员会《关于禁毒的决定》第九条规定了“容留他人吸毒并出售毒品罪”。1997年《中华人民共和国刑法》删除了“容留他人吸毒并出售毒品罪”罪状中“并出售毒品”的规定，并将罪名相应地改为了“容留他人吸毒罪”，从而确立了目前的对单纯容留他人吸毒行为追究刑事责任的规定。

2008年《中华人民共和国禁毒法》第六十一条规定：“容留他人吸食、注射毒品或者介绍买卖毒品，构成犯罪的，依法追究刑事责任……”第六十五条第一款规定：“娱乐场所及其从业人员实施毒品违法犯罪行为，或者为进入娱乐场所的人员实施毒品违法犯罪行为提供条件，构成犯罪的，依法追究刑事责任……”第六十五条第二款规定：“娱乐场所经营管理人员明知场所内发生聚众吸食、注射毒品或者贩毒活动，不向公安机关报告的，依照前款的规定给予处罚。”至此，容留他人吸毒罪在我国立法上得以全面确立。

一、概念法条

容留他人吸毒罪，是指为他人吸食、注射毒品提供场所的行为。

《中华人民共和国刑法》第三百五十四条：

【容留他人吸毒罪】容留他人吸食、注射毒品的，处三年以下有期徒刑、拘役或者管制，并处罚金。

二、客体

容留他人吸毒罪侵犯的客体，是国家对毒品的管制制度和公民的健康权利。

吸食毒品，既危害个人的健康，也易致滋生其他犯罪，而容留吸毒则对吸食毒品起到帮助和纵容的作用。无论容留行为人是主动的还是被动的，是有偿的还是无偿的，其容留行为对国家毒品管制制度和公民的健康权利都会造成严重损害，具有相同的法益侵犯性。所以，容留他人吸毒罪侵犯的客体是复杂客体，既包括国家对毒品的管制制度，也包括公民的健康权利。

三、客观方面

容留他人吸毒罪客观方面表现为为他人吸食、注射毒品提供场所的行为。

（一）关于“容留”的理解

根据《现代汉语词典》的解释，“容留”是指“容纳、收留”。“容纳”是指“在固定的空间或范围内接受（人或事务）”，“收留”是指“把生活困难或有特殊要求的人接受下来并给予帮助”，因此，容留他人吸毒罪中的“容留”，主要指的是行为人利用自己的住房或者其他场所，长期或者短期为他人吸食、注射毒品提供场所。至于“容留”是主动还是被动的，是有偿还是无偿的，均不影响本罪成立。

（二）关于“场所”的界定

在司法实践中，对“容留”的一个关键检验标准就是“场所”的界定。在界定“场所”时，需要注意以下几个方面：

1. 容留他人吸毒罪中的“场所”，应作广义解释，它泛指一切可供吸毒的空间。包括容留行为人自己的住宅、居所，或者租赁、借用的他人住所，以及饭店、宾馆、咖啡馆、酒吧、舞厅等营业性场所和航空器、轮船、火车、汽车等空间。本罪中的“场所”，不要求是专门用于吸毒的场所，例如，在主要为聚众赌博开设的场所，行为人允许他人在此吸毒的，亦构成本罪。

2. 容留他人吸毒罪中的“场所”，是指为吸毒的人提供一个相对隐蔽的场所，该场所不要求完全封闭，只要相对于外界隔绝，一般人难以发现吸毒行为即可。例如，在一片废弃的工地，行为人安排多人在出入口望风，从而为吸毒者提供方便的，也应认定为本罪中的“场所”。因此，该“场所”的安全性在所不问，只需要被容留吸毒者在进入该场所吸毒时，其自身是放松和安心的，认为是可容留自己吸毒的“安全”场所即可。

3. 容留他人吸毒罪中的“场所”，不要求行为人有绝对支配权、控制权。行为人对空间的占有 、支配的程度，并不需要达到民法意义上的使用、处分权限，只要场所可为容留人自己所管控，并只需在容留时具备管控力即可，而不需要也没必要要求容留人必须对容留场所具备支配力。这里需要注意以下几点：

（1）在司法实践中，对于行为人相对长期固定的住房或其他场所，属于本罪的“场所”是没有争议的，但对于行为人临时取得使用权或支配权的空间是否属于本罪的“场所”则存在争议。第一，本罪侵犯的客体是国家对毒品的管制制度和公民的健康权利，行为人在临时取得使用权的空间，比如宾馆娱乐包厢内容留他人吸毒等行为，同样侵害了刑法保护的客体。第二，行为人对于“场所”的管控力是于被容留吸毒人而言的，本罪设置初衷在于减少被容留人对有场所吸毒的依赖感，从而降低社会上的吸毒率。所以容留他人吸毒时，只要被容留人认为容留人对场所是具有一定管理和控制能力即可，即使只是临时性的管控力，而不必要求对场所具有支配力。宾馆娱乐包厢的临时性管理使用权归于出资包房者，其他人的吸毒行为得益于出资包房者对包厢区域内的可控性。因此，应从广义上理解容留他人吸毒的“场所”，临时租用的交通工具、娱乐场所包厢也是本罪的“场所”。

（2）对于本罪的“场所”拥有管控力的可以是多人，且多人对场所的管控权相互间并非排斥关系，而是可以并存的。多个容留人的管控力间不存在孰优孰劣之分，不存在像民法上权利的优先和排他性问题。这里还分为合租、同居等不同情形。

在合租的情况下，仍可细分为分房间的合租关系、不分房间的合租关系。如果合租者是不分房间的合租关系，那么合租者对租赁的房屋享有均等的控制权。若合租者明知其他合租者在共同合租的房屋内吸食毒品，或者容留他人吸食毒品，而放任不管，则不作为行为人可能构成容留他人吸毒罪。是否需要定罪处罚，则需进一步审查行为人的行为是否达到了定罪标准。如果合租者是分房间的合租关系，则需对租赁房屋的属性作进一步的区分。对于租赁房屋的共有空间部分，如客厅、阳台、厨房、卫生间等，合租者对共有空间享有均等的控制权。如果一名合租人明知另一名合租人在该共有空间内独自吸食毒品，或者容留他人吸食毒品，而不加以制止，则有可能构成容留他人吸毒罪。

参阅案例

罗某、谭某容留他人吸毒案①

2015 年 6 月 23 日，被告人罗某、谭某二人合租了位于广东省珠海市斗门区一处房屋。2015 年 8 月 5 日凌晨、13 日凌晨，罗某、谭某容留吸毒人员袁某在上述住处吸食甲基苯丙胺。2015 年 8 月 23 日 16 时许，罗某、谭某容留吸毒人员袁某、江某、“阿伟”在上述住处吸食甲基苯丙胺，“阿伟”在吸食毒品后离开。罗某、谭某、袁某、江某被公安民警当场抓获，民警当场查获自制吸毒工具冰壶一个及甲基苯丙胺一袋（白色晶体状，净重共 0.77 克）。经现场检测，罗某、谭某、袁某、江某的尿样检测结果均呈阳性。

广东省珠海市斗门区人民法院认为：被告人罗某、谭某在其住处容留他人吸食毒品甲基苯丙胺，其行为均已构成容留他人吸毒罪。依法以容留他人吸毒罪判处二被告人拘役五个月，并处罚金人民币 2000 元。

① 本案参见珠海市斗门区人民法院（2015）珠斗法刑初字第 767 号刑事判决书。

对于每个合租人自己所属的房间，只有房间的实际使用权人对该房间享有控制权，而其他合租者对该房间不享有控制权。同理，承租人承租房屋以后，又将承租的房屋中的一间转租给其他人，原承租人将因其转租行为而对转租的房间不再享有实际的控制权。如果一名合租人在自己享有控制权的房间内吸食毒品，或者容留他人吸食毒品，其他合租人即便明知且不加以制止，也不能将放任不管行为认定为容留行为。

参阅案例

朱某某等人贩卖毒品、刘某某容留他人吸毒案①

2015年10月至11月期间，被告人朱某某与他人联系进行毒品交易，朱某某将毒品通过大巴车托运的方式贩卖给他人，他人则将毒资汇入朱某某提供的银行卡账户。

被告人刘某某和朱某某共同租住在邵阳市二设计院二栋×单元3×2房间，一人一间卧室。2015年11月初，刘某某在自己居住的卧室容留王某乙、李某甲等人吸食毒品。同年11月18日，刘某某在自己居住的卧室容留王某乙、颜某、李某甲吸食毒品。

湖南省邵阳市中级人民法院认为：被告人朱某某等人违反国家毒品的管理法规，贩卖毒品甲基苯丙胺及甲基苯丙胺片剂，其行为均构成贩卖毒品罪；被告人刘某某容留他人在自己的住所吸食毒品，其行为构成容留他人吸毒罪。湖南省邵阳市中级人民法院依法作出判决：

一、被告人朱某某犯贩卖毒品罪，判处死刑，缓期二年执行，剥夺政治权利终身，并处没收个人全部财产；

……

① 本案参见湖南省邵阳市中级人民法院（2017）湘05刑初2号刑事判决书。

四、被告人刘某某犯容留他人吸毒罪，判处有期徒刑一年六个月，并处罚金人民币5000元。

在同居的情况下，同居者对租赁的一整套房屋的任何房间都具有控制权。如果同居者明知其他同居者在该套房屋内容留他人吸食毒品，而放任不管，则可能构成容留他人吸毒罪。如果同居者对于其他同居者的容留吸毒行为并不知情，根本无法“主动”提供场所，则不能认定该同居者具有容留他人吸毒行为。在判定情侣之间的容留问题时，应当首先判定是否具有事实上的同居关系，如果具有，则按前述方法处理，如果一方只是偶尔居住在另一方的家中，则不属于严格意义上的同居关系，则一方对另一方所有或者租赁的房屋不享有控制权。

（三）关于“他人”的理解

《中华人民共和国刑法》第三百五十四条明确规定，容留他人吸毒罪的行为对象是“他人”，即除本人以外的其他所有人。但是，如果被容留的人恰恰是行为人的近亲属，就不宜认定为容留他人吸毒罪中的“他人”了。在我国，吸毒行为只作一般违法论，而非刑事违法论，是因为我国将吸毒者视为兼具病人、违法者和受害者三重身份的人，基于人道主义考虑，只对其进行行政处罚。而作为吸毒人员的近亲属，他们在某种程度上也是受害人，这种近亲属关系不仅仅受到法律的调控，也受到道德伦理的深刻影响，他们允许近亲属吸食毒品往往是不得已而为之。刑法的谦抑性原则，决定了刑法应当尊重近亲属间的亲密关系，如果刑法过度干预社会中人们之间的亲密关系，势必导致社会矛盾激化，从而不利于社会秩序的构建。而且容留近亲属吸食毒品的行为人，其主观恶性、社会危害性，与专门开设场所供人吸毒，或者容留近亲属以外的人吸毒的行为人相比要小得多。所以，《最高人民法院关于审理毒品犯罪案件适用法律若干问题的解释》第十二条第三款专门作出“容留近亲属吸食、注射毒品，情节显著轻微危害不大的，不作为犯罪处理；需要追究刑事责任的，可以酌情从宽处罚”之规定，此规定对近亲属的容留行为给予了一定的宽宥，贯彻了宽严相济的刑事政策，是“亲亲得相首匿”原则在现行立法中的体现，既彰显了司法的人性化，又对情节严重的情形进行了有力的打击。需要注意的是，容留他人吸毒罪中“近亲属”范围的界定，应与《中华人民共和国婚姻法》《中华人民共和国刑事诉讼法》等法律法规中的概念有所区别，主要应该考虑行为人与近亲属一般共同生活、相互扶助，法律不能因为某人在住处吸毒，就处罚吸毒者的同居家属。因此，容留他人吸食、注射毒品犯罪中的近亲属应解释为夫妻、父母、子女以及共同生活的家庭成员。

四、主体

容留他人吸毒罪的主体是一般主体，凡达到刑事责任年龄、具有刑事责任能力的，均可构成。

在把握容留他人吸毒罪主体时，有两点值得我们注意：一是本罪为自然人构成的犯罪，单位不能成为本罪的主体；二是本罪的主体年龄下限是已满十六周岁，已满十四周岁不满十六周岁的未成年人不满足本罪的主体要求。因为《中华人民共和国刑法》第十七条第二款规定，已满十四周岁，未满十六周岁的人，只对故意杀人、故意伤害致人重伤或者死亡、强奸、抢劫、贩卖毒品、放火、爆炸、投放危险物质罪负刑事责任。

五、主观方面

容留他人吸毒罪的主观方面表现为故意，既包括直接故意也包括间接故意，过失无法构成本罪。在认定主观方面时，需要注意以下三个方面：

（一）容留他人吸毒罪的主观方面包括间接故意

直接故意与间接故意虽然存在区别，但二者并非对立关系，而是具有统一性。在刑法分则中，凡是由故意构成的犯罪，刑法分则条文均未排除间接故意。在适用法律时，一般不宜将间接故意排除在某一故意犯罪的构成要件之外。就容留他人吸毒罪而言，立法原意旨在打击为他人吸食、注射毒品提供场所的行为，实质是处罚吸毒违法行为的“帮助犯”，以最大限度地遏制吸毒行为的发生。因此，容留他人吸毒罪的主观方面包括间接故意，这样的理解既不违反立法原意和刑法理论，也符合我国厉行禁毒的一贯立场和坚决主张。换言之，行为人既可以在明知的情况下主动提供场所容留他人吸食、注射毒品，也可以在明知的情况下放任他人在自己所属场所吸食注射毒品，本罪的“容留”概念本身就包含了放任的内涵。

（二）行为人的制止义务

容留他人吸毒罪的个案处理上，还要注意行为人是否存在制止义务。比如乘客在出租车上吸毒，出租车司机发现后未作表态的情况，因出租车司机不具有报警的法定义务，不应构成容留他人吸毒罪；但是，对于旅馆业、娱乐业经营管理者，因负有保持经营场所的安全、卫生、秩序的法定责任，当看见他人在自己的经营场所吸毒而没有强行令其离开或采取报警等措施的，则视为没有履行制止义务，构成容留他人吸毒罪。

1. 旅馆业

《中华人民共和国禁毒法》第十五条规定：“飞机场、火车站、长途汽车站、码头以及旅店、娱乐场所等公共场所的经营者、管理者，负责本场所的禁毒宣传教育，落实禁毒防范措施，预防毒品违法犯罪行为在本场所内发生。”《中华人民共和国治安管理处罚法》第五十六条第一款规定：“旅馆业的工作人员对住宿的旅客不按规定登记姓名、身份证件种类和号码的，或者明知住宿的旅客将危险物质带入旅馆，不予制止的，处二百元以上五百元以下罚款。”《旅馆业治安管理办法》第九条规定：“旅馆工作人员发现违法犯罪分子，行迹可疑的人员和被公安机关通缉的罪犯，应当立即向当地公安机关报告，不得知情不报或隐瞒包庇。”该办法第十二条规定，旅馆内严禁卖淫、嫖宿、赌博、吸毒、传播淫秽物品等违法犯罪活动。由此可见，依照相关法律法规规定，旅馆经营者对于入住客人在房间内的吸毒行为，有义务予以制止或者向公安机关报告。但是，需要注意的是，对于旅馆经营者发现入住客人在房间内吸食毒品不予制止的，尽管可以以容留他人吸毒罪追究刑事责任，但此种情形毕竟不同于事先明知他人吸食毒品而提供场所的行为，旅馆经营者也没有从吸毒人员处收取除应收房费外的其他费用，故量刑时可以酌情从轻处罚。这也是贯彻执行宽严相济刑事政策的必然要求。

2. 娱乐业

《中华人民共和国禁毒法》第六十五条规定："娱乐场所及其从业人员实施毒品违法犯罪行为，或者为进入娱乐场所的人员实施毒品违法犯罪行为提供条件，构成犯罪的，依法追究刑事责任；尚不构成犯罪的，依照有关法律、行政法规的规定给予处罚。娱乐场所经营管理人员明知场所内发生聚众吸食、注射毒品或者贩毒活动，不向公安机关报告的，依照前款的规定给予处罚。"由此可见，娱乐场所的一般从业人员仅在其实施毒品违法犯罪行为，或者为他人在娱乐场所内实施毒品违法行为提供条件时，才可能构成犯罪，如果不构成犯罪，将受到相应的行政处罚。但是娱乐场所的经营管理人员则与场所内的一般从业人员有很大区别，不仅在实施毒品违法犯罪行为，或者为他人实施毒品违法行为提供条件时，可能构成犯罪，而且在知道自己经营管理的场所内发生了聚众吸食、注射毒品，或者贩卖毒品活动而不向公安机关报告的话，也会按照前款规定处罚。由此可知，《中华人民共和国禁毒法》对娱乐场所不同身份的工作人员规定了不同的义务。所以，在认定娱乐场所的工作人员是否实施了容留行为时，有必要先对娱乐场所工作人员的身份进行区分。对于娱乐场所的一般从业人员，在认定其是否实施了容留行为时，关键要看其是否具有制止娱乐场所内发生的吸毒行为的义务。对于娱乐场所的经营管理人员，在认定是否具有不作为形态的容留行为时，要着重审查该经营管理人员是否知道自己经营管理的场所内发生了聚众吸食、注射毒品的活动，并且对发生的聚众吸食、注射毒品的活动采取放任不管的态度。

参阅案例

高某容留他人吸毒案①

2014 年 10 月 16 日，被告人高某应聘到广东省珠海市香洲区南湾南路 4××7 号东方星会所任经理，负责会所的经营、订房、人事等全面工作。同年 12 月 1 日 0 时许，高某明知有客人要在该会所8×8、9×9 房间吸毒的情况下，仍然将房间提供给客人娱乐消费。当日 3 时许，公安机关在上述8×8、9×9 房查获田某、易某甲等 55 名吸毒人员。当日 16 时许，高某在珠海市香洲区前山被公安机关抓获。

珠海市香洲区人民法院认为：被告人高某容留他人吸食毒品，其行为已触犯刑律，构成容留他人吸毒罪。被告人高某归案后如实供述其所犯罪行，认罪态度较好，依法可以从轻处罚。依照《中华人民共和国刑法》第三百五十四条、第六十七条第三款之规定，以容留他人吸毒罪判处被告人高某有期徒刑二年，并处罚金人民币 5 万元。

（三）容留他人吸毒罪的主观方面不要求以牟利为目的

从《中华人民共和国刑法》第三百五十四条对容留他人吸毒罪的规定来看，犯罪目的或犯罪动机并非本罪的构成要件，本罪的行为人主观方面可能以牟取非法利益或营利为目的，但是否具有该目的并不影响本罪的成立。牟取非法利益或以营利为目的的可以说明其主观恶性的大小，对量刑构成影响。

---

① 本案参见广东省珠海市中级人民法院（2015）珠中法刑一终字第 202 号刑事裁定书。

参阅案例

吴某甲容留他人吸毒案[①]

2015年3月27日凌晨、28日凌晨，被告人吴某甲在浦北县北通镇鸿福商务酒店开5×7号房住宿，其间免费提供毒品氯胺酮，容留吴某乙、吴某丙、陈某等人在5×7号房内吸食。2015年3月28日7时许，浦北县公安局民警接到举报到现场查处，当场抓获上述四人，并缴获了疑似毒品一小包，净重1.3克。经对上述四人的尿液进行检测，结果均是氯胺酮成分呈阳性。经广西壮族自治区钦州市公安局物证鉴定所检验：缴获的疑似毒品中均检出氯胺酮成分。被告人归案后，如实供述了上述罪行。

广西壮族自治区浦北县人民法院认为：被告人吴某甲容留他人吸食毒品，其行为构成容留他人吸毒罪。依法以容留他人吸毒罪判处被告人吴某甲拘役五个月，并处罚金人民币8000元。

第二节　容留他人吸毒罪司法适用疑难问题

容留他人吸毒罪在毒品犯罪中属较高发的一类犯罪，在司法认定上存在一些疑难问题。

一、容留他人吸毒罪与非罪的区分

容留他人吸食、注射毒品是犯罪的行为。如果行为人没有容留他人吸食、注射毒品，只是自己吸食、注射毒品的，则属违法行为，应当依照

① 本案参见广西浦北县人民法院（2015）浦刑初字第107号刑事判决书。

《中华人民共和国禁毒法》第六十二条，《中华人民共和国治安管理处罚法》第七十二条、第十一条的规定，由公安机关依法给予治安管理处罚，即处十日以上十五日以下拘留，可以并处人民币2000元以下罚款；情节较轻的，处五日以下拘留或者人民币500元以下罚款。同时没收查获的毒品和吸食、注射毒品的用具。

二、容留他人吸毒罪与其他犯罪的区分

（一）容留他人吸毒罪与贩卖毒品罪

贩卖毒品罪的本质特征在于其毒品交易的牟利性，这是与容留他人吸毒罪的根本区别。行为人无论是提供场所、吸毒器具，还是提供毒品，只要是与其他吸毒人员之间没有毒品交易行为，就不构成贩卖毒品罪。如果二者同时存在时，应按照《最高人民法院关于审理毒品犯罪案件适用法律若干问题的解释》第十二条第二款“向他人贩卖毒品后又容留其吸食、注射毒品，或者容留他人吸食、注射毒品并向其贩卖毒品，符合前款规定的容留他人吸毒罪的定罪条件的，以贩卖毒品罪和容留他人吸毒罪数罪并罚”之规定，定罪处罚。

参阅案例

冯某某、顾某某、张某贩卖毒品、容留他人吸毒案[①]

2016年6月至7月间，被告人冯某某在江苏省无锡市锡山区住处三次分别向被告人顾某某贩卖毒品甲基苯丙胺25克、25克和123.9克，合计约173.9克，其中2016年7月20日二人进行第三笔毒品交易时被公安人员当

---

① 本案参见江苏省无锡市惠山区人民法院（2016）苏0206刑初683号刑事判决书。

场抓获。顾某某在此期间六次分别向梁某某、蒋某某及被告人张某等人贩卖毒品甲基苯丙胺共计约47克，张某又三次向王某某贩卖毒品甲基苯丙胺共计约33克。张某于2015年12月至2016年7月间，容留王某某、顾某某、许某吸毒各二次。

江苏省无锡市惠山区人民法院认为：被告人冯某某、顾某某贩卖毒品甲基苯丙胺50克以上，其行为均已构成贩卖毒品罪。被告人张某贩卖毒品甲基苯丙胺10克以上不满50克，并多次为他人吸食毒品提供场所，其行为已构成贩卖毒品罪、容留他人吸毒罪，应数罪并罚。无锡市惠山区人民法院作出判决：

一、被告人冯某某犯贩卖毒品罪，判处有期徒刑十五年，剥夺政治权利五年，并处没收个人财产人民币5万元，连同前罪尚未执行完毕的剥夺政治权利一年二个月十三天，决定执行有期徒刑十五年，剥夺政治权利六年二个月十三天，并处没收个人财产人民币5万元；

二、被告人顾某某犯贩卖毒品罪，判处有期徒刑十五年，剥夺政治权利五年，并处没收个人财产人民币5万元；

三、被告人张某犯贩卖毒品罪，判处有期徒刑十二年，剥夺政治权利三年，并处罚金人民币3万元；犯容留他人吸毒罪，判处有期徒刑一年，并处罚金人民币2000元；决定执行有期徒刑十二年六个月，剥夺政治权利三年，并处罚金人民币32000元。

（二）容留他人吸毒罪与引诱、教唆、欺骗他人吸毒罪

引诱、教唆、欺骗他人吸毒罪，是指故意使用各种手段，诱使、唆使他人吸食、注射毒品，或者以隐瞒事实真相、制造假象等方法欺骗他人吸食、注射毒品的行为。该罪的行为人不仅采用了引诱、教唆、欺骗手段，而且意图使没有吸毒意愿的人产生吸毒意愿，或者使吸毒意愿不坚定的人坚定其吸毒意愿，或者使不明真相的人吸毒。亦即，该罪所指向的犯罪对象吸毒是被动的或者是不知情的。而容留他人吸毒罪的行为人只是提供场

所，他人吸毒完全是自愿的、主动的。所以如果行为人通过实施引诱、教唆、欺骗他人吸毒行为或者强迫他人吸毒行为，致使他人染上毒瘾，然后又容留他人吸毒的，两者之间没有必然联系，应当分别定容留他人吸毒罪与引诱、教唆、欺骗他人吸毒罪或强迫他人吸毒罪，实行并罚。如果行为人为了引诱、教唆、欺骗他人吸毒，为他人提供吸毒场所的行为，可以认为提供吸毒场所的行为与引诱、教唆、欺骗他人吸毒的行为之间存在吸收关系，按照重行为吸收轻行为的原则定罪处罚。

三、容留他人吸毒与共同吸毒的区分

在司法实践中，对行为人出资租赁娱乐包厢、宾馆房间，并提供毒品召集多人共同吸食的行为，由于该行为具有组织吸毒的性质，对其以容留他人吸毒罪定罪处罚，容易达成共识。但当前相约吸毒、共同吸毒已经成为吸毒活动的一种常见形式，很多时候是在宾馆房间、娱乐包厢等临时性空间 AA 制共同吸毒，或者相对固定的几个毒友相互邀请共同吸食，此时应追究订房者、身份证提供者、场所费用的实际出资者或者毒资提供者、毒品提供者的刑事责任，还是以共同吸毒行为作治安处罚，存在争议。区分容留他人吸毒和共同吸毒，关键在于牢牢把握“为他人提供场所”这一核心概念。由于刑法惩治的是实质行为，因此本罪的“提供”者应限定为场所费用的实际出资者，而非订房者、身份证提供者或者毒资提供者、毒品提供者。如果吸毒人员在场所的费用承担上采用的是 AA 制，则应视为吸毒人员只为自己吸毒支付了场所费用，不存在为他人提供场所的情形，不宜追究各吸毒人员的刑事责任，否则有将吸毒行为犯罪化之嫌，有违刑法谦抑原则。

四、容留他人吸毒罪的共同犯罪

共犯，是指二人以上共同实施犯罪的行为。这里讨论的是狭义的共犯，仅限于教唆犯与帮助犯。

1. 教唆犯，通常是指采用劝说、收买、威胁、请求、怂恿、激将等方式，故意教唆他人，使之产生犯意，或者使之坚定已有的犯意。由于目前的司法实践中，容留场所的无偿化趋势比较明显，行为人通常基于非经济利益容留他人，因此，在没有经济利益驱使的情况下，容留他人吸毒罪的教唆犯比较少见。

2. 帮助犯作为实行犯的对称，是指在共同犯罪中起辅助作用的行为人，帮助犯在共同犯罪中并不直接参与实施犯罪行为，而是在实行犯产生犯意以后，给实行犯提供帮助，以使实行犯便于实施犯罪行为，或者促使其完成犯罪行为。就容留他人吸毒罪而言，实行行为是提供场所的行为，提供便利条件是以提供场所为前提的，只有与“提供场所”相结合的“提供便利”的行为，才属于帮助行为，才能构成容留他人吸毒罪。因此，就本罪而言，是否追究望风者、提供毒品者（当然，这里仅限于无偿提供，有偿提供则构成贩卖毒品罪，不属于此处讨论范围）的刑事责任，关键在于其是否实施了对“提供场所”有客观帮助的行为。仅是望风、无偿提供毒品不属于对“提供场所”有客观帮助，不构成容留他人吸毒罪的共犯。从帮助犯理论而言，帮助犯并不限于直接帮助，增加法益危害可能性的间接帮助行为也可成立帮助犯，但是容留他人吸毒罪是共犯行为“正犯化”的产物，如果说对帮助的直接帮助还有存在空间的话，对帮助的间接帮助则毫无犯罪化的必要，否则刑罚将漫无边界。

五、容留他人吸毒罪的犯罪形态

一般来说，故意犯罪既存在犯罪既遂，也存在犯罪预备、未遂、中止等未完成形态。按照我国传统刑法理论，犯罪既遂是犯罪行为齐备具体犯罪构成的全部要件。《中华人民共和国刑法》第三百五十四条的规定表述为“容留他人吸食、注射毒品的”，由此可见，该罪状包含两个行为：容留行为和吸食、注射毒品行为。所以，主观上具有容留他人吸食、注射毒品的故意，客观上仅有容留行为，而未发生吸食、注射毒品结果的，不符合犯罪既遂的全部要件。此外，容留他人吸毒罪中的容留行为在其他刑法条文（如赌博罪）中通常作为帮助行为来处理，而本罪将共犯行为“正犯化”的目的是从毒品犯罪的下游（毒品消费领域）对毒品犯罪进行防治和打击，如果不从容留行为的结果方面进行限制，势必造成刑罚权的过度扩张。值得注意的是，上述实施“完成”吸食、注射毒品的构成既遂，是指被容留者已经开始吸食、注射毒品，而非吸食、注射毒品行为的结束。

如前所述，容留他人吸毒罪的犯罪预备、未遂、中止等形态仅针对作为犯而言，其“着手”的认定对于区分犯罪预备、未遂、中止具有关键作用。按照我国刑法理论通说，“着手”就是开始实行刑法分则所规定的具体犯罪构成要件的行为。就本罪而言，容留行为的开始即为着手，也就是说，行为人提供给被容留者某一场所，被容留者进入该场所，或者被容留者进入某一场所后，行为人取得该场所的支配、控制权时，就已着手。以此为节点，行为人以容留他人吸毒为目的在宾馆登记开房、承租租房等行为是犯罪预备，着手后因意志以外的原因被容留者未完成吸食毒品的行为是犯罪未遂。本罪的犯罪中止，则是在犯罪阶段（在宾馆登记开房、承租租房等）或者实行阶段（容留行为和被容留者吸食毒品的过程中），行为人自动放弃容留他人，或者阻断被容留者的吸食毒品行为。

六、利用网络平台组织吸毒行为的认定

信息网络技术促进了经济发展，便利了社会生活，但网络自身的快速、大量传播等特点也容易被一些不法分子利用，使网络平台成为实施违法犯罪活动的场所和工具。近年来利用信息网络组织吸毒、交易毒品的案件时有发生，危害很大。为有效打击此类犯罪行为，2015 年 11 月 1 日施行的《刑法修正案（九)》增设了非法利用信息网络罪，2016 年 4 月 11 日实施

的《最高人民法院关于审理毒品犯罪案件适用法律若干问题的解释》第十四条第一款规定："利用信息网络，设立用于实施传授制造毒品、非法生产制毒物品的方法，贩卖毒品，非法买卖制毒物品或者组织他人吸食、注射毒品等违法犯罪活动的网站、通讯群组，或者发布实施前述违法犯罪活动的信息，情节严重的，应当依照刑法第二百八十七条之一的规定，以非法利用信息网络罪定罪处罚。"

第三节　容留他人吸毒罪量刑处罚标准

一、立案追诉标准

根据《最高人民检察院、公安部关于公安机关管辖的刑事案件立案追诉标准的规定（三）》第十一条规定：

"提供场所，容留他人吸食、注射毒品，涉嫌下列情形之一的，应予立案追诉：

"（一）容留他人吸食、注射毒品两次以上的；

"（二）一次容留三人以上吸食、注射毒品的；

"（三）因容留他人吸食、注射毒品被行政处罚，又容留他人吸食、注射毒品的；

"（四）容留未成年人吸食、注射毒品的；

"（五）以牟利为目的容留他人吸食、注射毒品的；

"（六）容留他人吸食、注射毒品造成严重后果或者其他情节严重的。"

此规定的特殊条件包括以下几点：第一，容留未成年人吸食毒品。当容留的对象是未成年人时，只需要容留一人次，就可以构成该罪。因为未成年人相对辨识能力低、控制能力差，更容易被毒品引诱，吸毒后也更容易引发其他刑事犯罪。且未成年人处于身体成长发育阶段，一旦染上毒瘾会对身体造成更大的伤害。将未成年人特殊对待，体现了对未成年人的重点保护，具有合理性。第二，以牟利为目的容留他人吸食、注射毒品。当犯罪嫌疑人具有牟利的主观目的及客观事实时，也只需要容留一人次吸毒即可构成此罪。这是因为以牟利为目的更容易诱使该类犯罪发生，且以牟利为目的的容留他人吸毒行为主观恶性更深，更值得处以刑罚。第三，容留他人吸食、注射毒品造成严重后果或者其他情节严重。如果有上述严重情节，也不需要容留人数及次数的限制。这一条款是一个兜底性条款，如果某些案件不符合上述的条件，但根据具体案件事实确实应当定罪处罚的，可以按照该条规定定罪处罚。

2016 年《最高人民法院关于审理毒品犯罪案件适用法律若干问题的解释》第十二条规定："容留他人吸食、注射毒品，具有下列情形之一的，应当依照刑法第三百五十四条的规定，以容留他人吸毒罪定罪处罚：

"（一）一次容留多人吸食、注射毒品的；

"（二）二年内多次容留他人吸食、注射毒品的；

"（三）二年内曾因容留他人吸食、注射毒品受过行政处罚的；

"（四）容留未成年人吸食、注射毒品的；

"（五）以牟利为目的容留他人吸食、注射毒品的；

"（六）容留他人吸食、注射毒品造成严重后果的；

"（七）其他应当追究刑事责任的情形。

"向他人贩卖毒品后又容留其吸食、注射毒品，或者容留他人吸食、注射毒品并向其贩卖毒品，符合前款规定的容留他人吸毒罪的定罪条件的，以贩卖毒品罪和容留他人吸毒罪数罪并罚。

"容留近亲属吸食、注射毒品，情节显著轻微危害不大的，不作为犯罪处理；需要追究刑事责任的，可以酌情从宽处罚。"

二、刑罚区间

本罪属于简单罪状，《中华人民共和国刑法》并未对本罪的法定刑进行分档，根据《中华人民共和国刑法》第三百五十四条的规定，本罪的刑罚配置只有一档：三年以下有期徒刑、拘役或者管制，并处罚金。

三、量刑标准

《中华人民共和国刑法》为本罪设定的唯一的量刑档，即“三年以下有期徒刑、拘役或者管制，并处罚金”，所对应的量刑标准、情形为容留他人吸食、注射毒品的。需要注意的是，2017 年《最高人民法院关于常见犯罪的量刑指导意见（二）（试行）》对于容留他人吸毒罪的量刑作出专门规定：

“1. 构成容留他人吸毒罪的，可以在一年以下有期徒刑、拘役幅度内确定量刑起点。

2. 在量刑起点的基础上，可以根据容留他人吸毒的人数、次数等其他影响犯罪构成的犯罪事实增加刑罚量，确定基准刑。”

第十二章　非法提供麻醉药品、精神药品罪

第一节　非法提供麻醉药品、精神药品罪概念及犯罪构成

麻醉药品、精神药品具有双重属性，一方面，可以作为药物，经合理配制具有镇静、止痛、催眠等医疗功能，成为教学、医疗、实验等方面不可或缺的物品；另一方面，如果对麻醉药品、精神药品加以滥用，会导致产生瘾癖，严重损害身心健康。我国1979年《中华人民共和国刑法》没有规定非法提供麻醉药品、精神药品罪。1987年国务院《麻醉药品管理办法》、1988年国务院《精神药品管理办法》将非法提供麻醉药品和精神药品的行为规定为违反行政法规的行为，对直接责任人员给予行政处分。在1990年《全国人民代表大会常务委员会关于禁毒的决定》出台以前，司法实践中，一般将非法提供麻醉药品或精神药物的行为界定为非法提供毒品罪。1994年《最高人民法院关于执行〈全国人民代表大会常务委员会关于禁毒的决定〉的若干问题的解释》确立了非法提供麻醉药品、精神药品罪。1997年《中华人民共和国刑法》基本沿用了《关于禁毒的决定》第十条的表述，但在原条文的基础上删除了与刑法无关的第一款内容，并且在“麻醉药品、精神药品”之前加上了“能够使人形成瘾癖的”限定词，同时将刑罚设置区分为两档。立法者设置本罪的目的是在麻醉药品和精神药品的管制中引入刑罚手段，通过堵塞合法渠道中的漏洞，严密禁毒的法网。

一、概念法条

非法提供麻醉药品、精神药品罪，是指依法从事生产、运输、管理、使用国家管制的麻醉药品、精神药品的人员，违反国家规定，向吸食、注射毒品的人提供国家规定管制的能够使人形成瘾癖的麻醉药品、精神药品的行为。

《中华人民共和国刑法》第三百五十五条：

【非法提供麻醉药品、精神药品罪】依法从事生产、运输、管理、使用国家管制的麻醉药品、精神药品的人员，违反国家规定，向吸食、注射毒品的人提供国家规定管制的能够使人形成瘾癖的麻醉药品、精神药品的，处三年以下有期徒刑或者拘役，并处罚金；情节严重的，处三年以上七年以下有期徒刑的，并处罚金。向走私、贩卖毒品的犯罪分子或者以牟利为目的，向吸食、注射毒品的人提供国家规定管制的能够使人形成瘾癖的麻醉药品、精神药品的，依照本法第三百四十七条的规定定罪处罚。

单位犯前款罪的，对单位判处罚金，并对其直接负责的主管人员和其他直接责任人员，依照前款的规定处罚。

二、客体

非法提供麻醉药品、精神药品罪侵犯的客体是复杂客体，犯罪对象是国家规定管制的麻醉药品、精神药品。第一，联合国《麻醉药品单一公约》《精神药物公约》和《禁止非法贩卖麻醉药品和精神药物公约》等文件对麻醉药品和精神药物的生产、使用、输出、输入等作了详细规定，我国对麻醉药品和精神药物的管制是根据我国的实际情况以及参照联合国公约所制定的。非法提供麻醉药品、精神药品的行为，侵犯了国家对于麻醉药品、精神药品的管理制度。“麻醉药品”是指连续使用后易产生身体依赖性，形成瘾癖的药品。“精神药品”是指直接作用于中枢神经系统，使之兴奋或者抑制，连续使用能产生依赖性的药品。麻醉药品和精神药品主要用于医疗、教学、科研。国家卫生行政主管部门根据医疗、教学和科研工作的需要，依照法律、行政法规的规定，可以指定制药厂生产定量的麻醉药品、精神药品。但是对这些药品必须实行严格管制，以防移作他用，使人成瘾，或者使“瘾君子”用作代用品，抵制戒毒。第二，本罪是身份犯，主体是具有特殊职责的主体，因此本罪还侵犯了行为人的职务严肃性。第三，提供麻醉药品、精神药品，会损害他人身体健康，因此本罪的间接客体还包括公民的健康权利。

三、客观方面

非法提供麻醉药品、精神药品罪客观方面表现为依法从事生产、运输、管理、使用国家管制的麻醉药品、精神药品的人员，违反国家规定，向吸食、注射毒品的人提供国家规定管制的能够使人形成瘾癖的麻醉药品、精神药品的行为。

（一）关于“违反国家规定”的理解

国家对麻醉药品和精神药品采取严格管制，特定主体在特定情况下向特定单位和个人提供麻醉药品、精神药品并不违法，例如医生为接受替代治疗的康复人员开具美沙酮，有权生产单位向有资质的教学科研单位提供麻醉药品、精神药品作为教学科研用途等，这些合法提供的行为十分有限，而且要受到法律严格规制，有违反规制的行为将受到法律的制裁。从《中华人民共和国刑法》第三百五十五条规定来看，“违反国家规定”是非法提供麻醉药品、精神药品罪必备的犯罪要件。根据《中华人民共和国刑法》第九十六条，所谓“违反国家规定”，是指违反全国人民代表大会及其常务委员会制定的法律和决定，国务院制定的行政法规、规定的行政措施、发布的决定和命令。具体到本罪而言，“违反国家规定”应该包括违反国家关于麻醉药品、精神药品的国家法律、行政法规以及国家行政主管部门关于麻醉药品、精神药品的管理规定。主要指违反《中华人民共和国刑法》《中华人民共和国禁毒法》《麻醉药品和精神药品管理条例》《麻醉药品生产管理办法》《麻醉药品经营管理办法》《麻醉药品国内运输管理办法》《麻醉药品和精神药品生产管理办法（试行）》等。同时，经全国人民代表大会及其常务委员会批准或缔结的国际性条约，以及经全国人民代表大会及其常务委员会、国务院授权的部门制定的规范性文件，亦应涵盖在内。

（二）关于“吸食、注射毒品的人”的理解

本罪的行为对象是吸食、注射毒品的人，即日常所称的“吸毒人员”。这里的认定还需要注意以下几个方面：

1. 此处“吸食、注射毒品的人”不应包括走私、贩卖毒品的犯罪分子。根据《中华人民共和国刑法》第三百五十五条第一款之规定，向走私、贩卖毒品的犯罪分子提供国家规定管制的能够使人形成瘾癖的麻醉药品、精神药品的，以走私、贩卖毒品罪定罪处罚。

2. 对行为对象是否为初次吸食、注射人员没有限制。本罪的规定主要是为了对麻醉药品、精神药品的供给一方的行为作出规制，向此前有过吸毒史的人员提供麻醉药品、精神药品，当然属于本罪规制的范围。如果行为对象为初次吸食、注射毒品的人员，相应地，供给一方的行为危害性更大，也就更应受到规制。因此，无论行为对象是否初次吸食、注射毒品，都应当属于本条规定的“吸食、注射毒品的人”。

3. 对“吸食、注射毒品的人”是否成瘾没有限制。毒品成瘾的认定，主要针对的是传统阿片类毒品，该类毒品一旦停用会产生严重的戒断反应，需要吸食、注射毒品进行缓解。新型毒品如冰毒等，虽然没有特别严重的戒断反应，但是同样严重损害公民的身心健康。所以行为对象是否成瘾并不影响本罪的成立。

（三）关于“提供”的理解

本罪的行为方式为“提供”，我们可以从以下几个方面具体把握：

1. 此处“提供”须为无偿提供。所谓的无偿性，体现在行为人提供麻醉药品、精神药品的过程中，不是出于牟利的目的，不可获取任何经济利益或其他利益。行为人只能以非法批准、赠送、供给等方式，向吸食、注射毒品的人提供毒品。凡涉嫌有偿提供的情况，无论是直接的买卖、交易，还是间接以毒品换取任何形式和种类的报酬（包括消费、服务、劳务等），都应被排除在此处的“提供”范围之外。当然，该“无偿”是针对行为人来说的，而非吸食、注射毒品的人，所以本罪中“提供”包括对吸食、注射毒品的人而言是有偿使用，但行为人是无偿提供的情况。例如，医生明知他人吸食、注射毒品，但在处方中给其开某种麻醉药品或者精神药品。

2. 此处“提供”的行为方式，既包括直接提供，也包括间接提供的情况。实践中，“提供”的行为方式具有多样性，没有必要也没有可能逐一列明提供方式的种类，所以应当从宽把握，即行为人是直接提供，还是间接提供给吸毒者，均不影响本罪的成立。具体认定过程中，我们需要考虑以下两个方面：第一，因该行为的提供，麻醉药品、精神药品的状态得以改变，由原来的合法状态变为现在的非法状态；第二，此提供行为改变了麻醉药品、精神药品的用途，由原来的提供给病人药用变为现在的提供给吸毒者吸食、注射用。至于具体是在麻醉药品、精神药品流转中的哪一个环节发生了改变，或者从药用到吸食、注射用之间是否介入其他环节，均在所不论。当然，如果确实因为其他环节的介入，麻醉药品、精神药品从药用变为吸食、注射用，需要看行为人是否具有特定的故意：行为人直接将麻醉药品、精神药品提供给吸食、注射毒品的人，该吸毒者又转给其他吸毒者的，行为人的责任应到自己的提供行为为止，不作进一步延续；行为人将麻醉药品、精神药品提供给了吸食、注射毒品的人以外的其他人的，则要求行为人在主观上必须是希望或放任麻醉药品、精神药品借他人之手最终流向吸食、注射毒品的人。

3. 此处“提供”可以以不作为的方式进行。刑法上的不作为，是指行为人负有实施某种行为的特定法律义务，能够履行而不履行的危害行为。本罪中，依法从事生产、运输、管理、使用国家管制的麻醉药品、精神药品的人员，负有严格遵守国家关于麻醉药品、精神药品的管理规定，认真履行职责的义务，如果明知他人系吸食、注射毒品的人，而放任其获取麻醉药品、精神药品，则可能构成本罪。当然，在具体认定该不作为是否属于本罪的“提供”时，应当严格把握不作为的三个条件：行为人负有实施某种行为的特定义务，行为人有可能履行这种特定义务，行为人不履行特定义务而引起危害社会的结果。

（四）关于“国家规定管制的能够使人形成瘾癖的麻醉药品、精神药品”的理解

1. “国家规定管制的”，是指并非所有的麻醉药品、精神药品都属于本罪的范畴，必须是依照国家规定进行管制的麻醉药品、精神药品。这里的国家规定，具体包括《麻醉药品和精神药品管理条例》《非药用类麻醉药品和精神药品列管办法》等法律法规。

2. “能够使人形成瘾癖的”，是指使用后能使人的中枢神经系统兴奋或者抑制，连续使用能使人产生瘾癖性的麻醉药品、精神药品。所谓“瘾癖性”，是指用药者反复应用某种药物造成的一种适应状态，包括身体依赖和心理依赖：从身体上看，一旦停药后会产生戒断症状，比如头痛、烦躁不安、恶心呕吐、全身不适与神经功能障碍，严重的可能引起意识障碍、昏迷、肢体抽搐，甚至虚脱致死。而如果再度用药，上述症状就会消失，由于反复用药，药效逐渐减低，必须不断加大使用剂量，才能达到初次使用时的效果，因此产生耐药性。从心理上看，用药者心理上强烈渴望使用某类药物，使之兴奋或避免不舒服。“瘾癖性”的产生及程度，是由药物本身以及使用者的个人身体素质、心理因素等方面决定的，必须依据医学与药学标准进行判断。

3. 本罪中麻醉药品与精神药品的范围。2016 年修订的《麻醉药品和精

神药品管理条例》第三条规定："本条例所称麻醉药品和精神药品，是指列入麻醉药品目录、精神药品目录的药品和其他物质。"根据2013年《国家食品药品监督管理总局、公安部、国家卫生和计划生育委员会关于公布麻醉药品和精神药品品种目录的通知》，《麻醉药品品种目录》（2013年版）中列举了121种麻醉药品，《精神药品品种目录》（2013年版）中列举了第一类精神药品68种、第二类精神药品81种。上述品种都包括其可能存在的盐和单方制剂、异构体及酯、醚。同时，2015年10月1日起施行的公安部、国家食品药品监督管理总局、国家卫生和计划生育委员会、国家禁毒委员会办公室《非药用类麻醉药品和精神药品列管办法》及其附表《非药用类麻醉药品和精神药品管制品种增补目录》，是根据《麻醉药品和精神药品管理条例》第三条第二款授权制定的，《非药用类麻醉药品和精神药品管制品种增补目录》可以作为认定毒品的依据，其中列举的非药用类麻醉药品、精神药品，宜应属于本罪中"麻醉药品、精神药品"的范围。

四、主体

非法提供麻醉药品、精神药品罪的主体为特殊主体，即依法从事生产、运输、管理、使用国家管制的麻醉药品和精神药品的单位和人员。具体应从以下几个方面理解：

1. 本罪既要满足一般主体的要求，又要满足特殊主体的身份要求。从一般要求看，本罪的主体应当达到刑事责任年龄（年满十六周岁）、具有刑事责任能力。从特殊身份来看，本罪属于身份犯，其主体应当是依法从事生产、运输、管理、使用国家管制的麻醉药品和精神药品的人员和单位。"生产"，是指依照国家卫生行政主管部门的指定，种植用于提炼加工麻醉药品、精神药品的原植物，制造或者试制麻醉药品、精神药品的成品、半成品、制剂。"运输"，是指将国家规定管制的麻醉药品、精神药品的原植物、成品、半成品、制剂从一个地方到另一个地方的陆路、水路、空中运输，包括进出口过程中的运输。“管理”，是指国家规定管制的麻醉药品、精神药品的保管、批发、调拨、供应等。“使用”，是指有关单位和人员依照国家法律、行政法规规定，将麻醉药品和精神药品用于医疗、教学和科研工作。需要指出的是，实践中，缉毒人员因为收缴麻醉药品、精神药品并对之暂时保管的，缉毒犬训练人员、随车押运作为证物的毒品的民警以及戒毒场所的工作人员由于工作需要而控制或支配一定的麻醉药品、精神药品的，都应在上述“从事管理”的人员范围之内。

2. 本罪可以由单位构成，因为国家对麻醉药品、精神药品严格管制，个人无法自由获得，必须是具有特殊资质的单位的人员才有可能接触到。在司法实践中，部分从事国家管制的麻醉药品、精神药品生产、运输、管理和使用的单位，为牟取单位利益，非法提供麻醉药品、精神药品，而且这种单位形态的犯罪在数量上较自然人犯罪更多，危害也更大。根据《中华人民共和国刑法》第三百五十五条第一款规定了非法提供麻醉品、精神药品罪，第二款又具体规定：“单位犯前款罪的，对单位判处罚金，并对其直接负责的主管人员和其他直接责任人员，依照前款的规定处罚。”此处的“直接负责的主管人员”是指对本单位非法提供国家管制的麻醉药品、精神药品负有直接责任的单位领导人员，“其他直接责任人员”是指其他直接参与单位非法提供国家管制的麻醉药品、精神药品犯罪活动的人员，可能是一人，也可能是多人。

3. 本罪中“依法从事”，是指行为人具有从事麻醉药品、精神药品的生产、运输、管理、使用的合法资格。因此行为人擅自生产、运输、管理、使用的，或者采取伪造、骗取、蒙混等非法手段取得生产、运输、管理、使用资格的，均不具备合法资格，不属于“依法从事”的范畴，不能成为本罪的主体。

五、主观方面

非法提供麻醉药品、精神药品罪的主观方面表现为故意，该故意是指明知是吸食、注射毒品的人而有意提供麻醉药品、精神药品的主观心理状态，即要求行为人明知该药品属于国家规定管制的麻醉药品、精神药品，而违反国家规定，非法向明知是吸食、注射毒品的人提供。当然，这里的故意包括直接故意，也包括间接故意。

从认识因素上看，行为人必须明知以下三个方面的内容：一是明知提供行为的违法性；二是明知提供的药品属于国家管制的麻醉药品、精神药品，至于麻醉药品、精神药品的具体名称、化学成分、效用等具体性质如何，则不要求行为人确切知道，当然，由于本罪是身份犯，行为人非法提供麻醉药品、精神药品的行为与其职务属性直接相关，其从事相应岗位的业务通常已经过严格的培训和考核，完全可以推定其主观上明知麻醉药品、精神药品的名称、化学成分、效用等具体属性；三是明知接受药品的对象是吸食、注射毒品的人。从意志因素上看，行为人希望或放任犯罪结果的发生。此外，本罪成立还要求行为人在主观方面不具有牟利的目的，前文已就提供行为的无偿性作出阐述，根据《中华人民共和国刑法》第三百五十五条的规定，如果以牟利为目的，向吸食、注射毒品的人提供国家规定管制的能够使人形成瘾癖的麻醉药品、精神药品的，以贩卖毒品罪定罪处罚。

参阅案例

盛某某、熊某某贩卖毒品案①

自2013年至案发期间，被告人湖北省仙桃市健康门诊实际负责人盛某某为牟取利益，通过套取或截留的方式，将由国药集团武汉中联四药药业有限公司配送的美沙酮口服溶液（规格5000毫升/瓶、每毫升溶液1毫克美沙酮），按一定比例兑水后，通过汽车托运或快递邮寄的方式出售给吸毒人

① 本案参见湖北省石首市人民法院（2019）鄂1081刑初131号刑事判决书。

员，所获毒资存放于账号为62×××66的中国邮政储蓄银行账户及账号为62×××09的中国建设银行账户中。截至案发，被告人盛某某共非法出售美沙酮口服溶液（每1毫升等于1克）共约50798克、被查扣2瓶共987克。按照该药品中美沙酮成分的含量计算，被告人盛某某贩卖毒品约为21.353克。

湖北省石首市人民法院认为：被告人盛某某作为从事管理、使用国家管制的麻醉药品的人员，以牟利为目的，多次向吸食毒品的人提供国家规定管制的能够使人形成瘾癖的麻醉药品、精神药品，情节严重，其行为已构成贩卖毒品罪；被告人熊某某明知被告人盛某某以牟利为目的向吸食毒品的人提供国家规定管制的能够使人形成瘾癖的麻醉药品、精神药品，在被告人盛某某非法提供麻醉药品的过程中为其提供帮助，其行为亦构成贩卖毒品罪。湖北省石首市人民法院依法作出判决：

一、被告人盛某某犯贩卖毒品罪，判处有期徒刑六年四个月，并处罚金人民币40万元；

二、被告人熊某某犯贩卖毒品罪，判处有期徒刑二年六个月，并处罚金人民币1万元。

第二节　非法提供麻醉药品、精神药品罪司法适用疑难问题

非法提供麻醉药品、精神药品罪在司法认定上存在以下疑难问题。

一、非法提供麻醉药品、精神药品罪与非罪的区分

非法提供麻醉药品、精神药品罪与非罪的界限，主要在于本罪的犯罪

行为与一般违法行为之间的界限。应当从以下几个方面理解：

1. 行为人是否向吸毒人员提供麻醉药品、精神药品。如果行为人是向非吸毒人员（比如一些具有一定瘾癖的病人）提供麻醉药品、精神药品，而病人主要是出于治疗需要的，则一般应当视为行政违法行为，而不宜一律视为犯罪。

2. 行为人是否明知自己提供麻醉药品、精神药品的人员为吸毒人员。如果行为人没有认识，而出于过失将这些药品提供给上述人员的，则也应当视为行政违法行为，而不能视为犯罪。

3. 非法提供麻醉药品、精神药品的数量。在罪状规定中，非法提供麻醉药品、精神药品罪虽然没有数量的限制，但这并不意味只要行为人实施了提供麻醉药品、精神药品的行为，无论数量多少，都构成犯罪。如果行为人确实只提供了少量的药品，但情节显著轻微，危害不大的，一般也不宜视为犯罪。

二、非法提供麻醉药品、精神药品罪与其他犯罪的区分

（一）非法提供麻醉药品、精神药品罪与贩卖毒品罪

本罪与贩卖毒品罪的区别主要包括以下几个方面：一是行为手段不同。本罪要求无偿转让毒品，如果以牟利为目的，向吸食、注射毒品的人有偿提供上述麻醉药品、精神药品的，则应认定为贩卖毒品罪；贩卖毒品罪通常是有偿转让毒品。二是犯罪对象不同。本罪是特定对象，根据刑法规定限于“吸食、注射毒品的人”，如果提供对象是走私、贩卖毒品的犯罪分子，则以走私、贩卖毒品罪定罪处罚；贩卖毒品罪的犯罪对象可以是任何人。三是犯罪主体不同。本罪是特殊主体，包括特定的单位与自然人，自然人的最低刑事责任年龄为十六周岁；贩卖毒品罪的犯罪主体虽然也包括单位和自然人，但是一方面对单位没有特殊限定，另一方面自然人的最低刑事责任年龄为十四周岁。

需要说明的是，根据《最高人民法院刑五庭关于〈武汉会议纪要〉》（即《全国法院毒品犯罪审判工作座谈会纪要》）的解读：实践中有的被告人向不特定对象贩卖麻精药品，如果没有证据证明其是故意向走私、贩卖毒品的犯罪分子或者吸食、注射毒品的人员进行贩卖的，根据有利于被告人的原则，一般不宜认定为贩卖毒品罪。

（二）非法提供麻醉药品、精神药品罪与非法经营罪

2015 年《武汉会议纪要》规定：行为人出于医疗目的，违反有关药品管理的国家规定，非法贩卖上述麻醉药品或者精神药品，扰乱市场秩序，情节严重的，以非法经营罪定罪处罚。同时，《最高人民法院刑五庭关于〈武汉会议纪要〉的解读》：对于出于医疗目的，违反药品管理法的相关规定，向无资质的药品经营人员、私立医院、诊所、药店或者病人非法贩卖的，侵犯的是国家对药品的正常经营管理秩序，故不应认定为贩卖毒品罪，符合非法经营罪的定罪标准的，依法定罪处罚。

参阅案例

胡某某非法经营案①

被告人胡某某居住于上海，2016 年 1 月至 2018 年 5 月期间，胡某某在没有销售资质的情况下，通过互联网“微店”购物平台、微信等形式向全国各地吸毒人员销售无任何标识的黄色、蓝色、白绿色胶囊，用于吸毒人员抑制毒瘾，销售额 70 余万元，非法获利 30 万元。其中 2017 年 11 月 29 日，胡某某向居住在双鸭山市的吸毒人员梁某通过邮寄方式销售了黄色胶囊 10 粒（一板），经对其中的 2 粒予以鉴定，检出含有国家规定管制的麻醉药品地芬诺酯成分 5%。

---

① 本案参见黑龙江省集贤县人民法院（2018）黑 0521 刑初 202 号刑事判决书。

黑龙江省集贤县人民法院认为：被告人胡某某未经许可向吸毒人员销售无任何标识的胶囊违法获利30万元，扰乱市场秩序，情节特别严重，其行为已触犯《中华人民共和国刑法》第二百二十五条第（一）项、第（四）项之规定，应以非法经营罪追究其刑事责任。《中华人民共和国刑法》第三百五十五条规定的非法提供麻醉药品、精神药品罪、贩卖毒品罪的犯罪主体应是依法从事生产、运输、管理、使用国家管制的麻醉药品、精神药品的人员，本案被告人胡某某不具有该条款规定的主体身份，故不构成贩卖毒品罪。综上，以非法经营罪判处胡某某有期徒刑五年，并处罚金人民币50万元。

（三）非法提供麻醉药品、精神药品罪与医疗事故罪

本罪与医疗事故罪都在不同程度上损害了公民的健康权利，且在主体上有交叉之处，因为使用国家管制的麻醉、精神药品的人员包括具有合法资格的医务人员，所以在司法实践中有必要划清这两种犯罪的界限。二者的主要区别在于：非法提供麻醉药品、精神药品罪属于故意犯罪，表现为向吸食、注射毒品的人非法提供国家规定管制的能够使人形成瘾癖的麻醉药品、精神药品的行为。而医疗事故罪则属于过失犯罪，表现为在诊疗护理工作中严重不负责任致使就诊人死亡或严重损害其健康的行为。因此，在司法实践中，对于某些医务人员主观上存在过失，由于粗心大意而错将麻醉药品、精神药品作为普通药品提供给病人，并造成严重后果的，应以医疗事故罪论处。如果医务人员利用工作之便，违反有关规定，非法向吸毒者提供麻醉药品、精神药品的，应当以非法提供麻醉药品、精神药品罪论处，对于其中以牟利为目的而提供的，应当定贩卖毒品罪。如果医务人员并未违反国家的有关规定，出于正当的医疗用途而使用有关的麻醉药品、精神药品的，自然不能以犯罪论处。

（四）非法提供麻醉药品、精神药品罪与受贿罪

在司法实践中，依法从事生产、运输、管理、使用麻醉药品、精神药

品的人员利用职务上的便利收受他人财物，非法提供麻醉药品、精神药品的行为，实质上是贩卖毒品行为。因为在此种情形下，行为人主观上具有通过非法提供麻醉药品、精神药品牟利的目的，根据《中华人民共和国刑法》第三百五十五条的规定，应以贩卖毒品罪论处。但是，需要注意的是，此种情形同时也符合受贿的特征。如果行为人接受他人财物的数额达到追究刑事责任的数额标准的，根据行为人的身份情况，构成受贿罪或公司、企业人员受贿罪。即此种情形下，行为人的行为既构成受贿罪或公司、企业人员受贿罪，又构成贩卖毒品罪。这属于典型的想象竞合犯，应按照想象竞合犯的处理原则，择一重罪处罚。当然，如果行为人接受他人财物，数额不大的，则应直接按照贩卖毒品罪论处。

三、非法提供麻醉药品、精神药品罪的共同犯罪

在本罪中，非法提供麻醉药品、精神药品的行为人与提供对象之间，能否构成共同犯罪，是一个值得探讨的问题。如果提供对象是走私、贩卖毒品犯罪分子的，那么行为人足以构成走私、贩卖毒品罪的共犯。至于谁是主犯，谁是从犯，则要根据具体情况而定。如果提供对象是吸毒者，且行为人主观上以牟利为目的，则行为人单独构成贩卖毒品罪，提供对象不能成为共犯，如果毒品数量较大的，可以构成非法持有毒品罪。如果提供对象是吸毒者，但行为人主观上不以牟利为目的，则行为人单独构成非法提供麻醉药品、精神药品罪，提供对象不能成为共犯，在毒品数量较大的情况下，可以构成非法持有毒品罪。

第三节　非法提供麻醉药品、精神药品罪量刑处罚标准

一、立案追诉标准

根据《最高人民检察院、公安部关于公安机关管辖的刑事案件立案追诉标准的规定（三）》第十二条的规定：

依法从事生产、运输、管理、使用国家管制的麻醉药品、精神药品的个人或者单位，违反国家规定，向吸食、注射毒品的人员提供国家规定管制的能够使人形成瘾癖的麻醉药品、精神药品，涉嫌下列情形之一的，应予立案追诉：

（一）非法提供鸦片二十克以上、吗啡二克以上、度冷丁（杜冷丁）五克以上（针剂100毫克/支规格的五十支以上，50毫克/支规格的一百支以上；片剂25毫克/片规格的二百片以上，50毫克/片规格的一百片以上）、盐酸二氢埃托啡零点二毫克以上（针剂或者片剂20毫克/支、片规格的十支、片以上）、氯胺酮、美沙酮二十克以上、三唑仑、安眠酮一千克以上、咖啡因五千克以上、氯氮卓、艾司唑仑、地西泮、溴西泮十千克以上，以及其他麻醉药品和精神药品数量较大的；

（二）虽未达到上述数量标准，但非法提供麻醉药品、精神药品两次以上，数量累计达到前项规定的数量标准百分之八十以上的；

（三）因非法提供麻醉药品、精神药品被行政处罚，又非法提供麻醉药品、精神药品的；

（四）向吸食、注射毒品的未成年人提供麻醉药品、精神药品的；

（五）造成严重后果或者其他情节严重的。依法从事生产、运输、管

理、使用国家管制的麻醉药品、精神药品的人员或者单位，违反国家规定，向走私、贩卖毒品的犯罪分子提供国家规定管制的能够使人形成瘾癖的麻醉药品、精神药品的，或者以牟利为目的，向吸食、注射毒品的人提供国家规定管制的能够使人形成瘾癖的麻醉药品、精神药品的，以走私、贩卖毒品罪立案追诉。

2016 年《最高人民法院关于审理毒品犯罪案件适用法律若干问题的解释》第十三条第一款规定："依法从事生产、运输、管理、使用国家管制的麻醉药品、精神药品的人员，违反国家规定，向吸食、注射毒品的人提供国家规定管制的能够使人形成瘾癖的麻醉药品、精神药品，具有下列情形之一的，应当依照刑法第三百五十五条第一款的规定，以非法提供麻醉药品、精神药品罪定罪处罚：

"（一）非法提供麻醉药品、精神药品达到刑法第三百四十七条第三款或者本解释第二条规定的'数量较大'标准最低值的百分之五十，不满'数量较大'标准的；

"（二）二年内曾因非法提供麻醉药品、精神药品受过行政处罚的；

"（三）向多人或者多次非法提供麻醉药品、精神药品的；

"（四）向吸食、注射毒品的未成年人非法提供麻醉药品、精神药品的；

"（五）非法提供麻醉药品、精神药品造成严重后果的；

"（六）其他应当追究刑事责任的情形。"

需要注意的是，2012 年《最高人民检察院、公安部关于公安机关管辖的刑事案件立案追诉标准的规定（三）》第十二条关于非法提供麻醉药品、精神药品案件立案追诉标准，与 2016 年《最高人民法院关于审理毒品犯罪案件适用法律若干问题的解释》第十三条的规定若存在不一致之处，应以后者为准。

二、刑罚区间

根据《中华人民共和国刑法》第三百五十五条的规定，可以将本罪的刑法配置从重至轻划分为两个档次、区间：

（一）最高档

三年以上七年以下有期徒刑，并处罚金。

（二）最低档

三年以下有期徒刑或者拘役，并处罚金。

三、量刑标准

依照《中华人民共和国刑法》为本罪设定的两个量刑档，每个量刑格所对应的量刑标准、情形分别为：

（一）最高档：三年以上七年以下有期徒刑，并处罚金

这是该罪的最高档量刑。其对应的量刑情节为依法从事生产、运输、管理、使用国家管制的麻醉药品、精神药品的人员，违反国家规定，向吸食、注射毒品的人提供国家规定管制的能够使人形成瘾癖的麻醉药品、精神药品，且“情节严重的”。根据2016年《最高人民法院关于审理毒品犯罪案件适用法律若干问题的解释》第十三条第二款规定，具有下列情形之一的，应当认定为《中华人民共和国刑法》第三百五十五条第一款规定的“情节严重”：

1. 非法提供麻醉药品、精神药品达到刑法第三百四十七条第三款或者本解释第二条规定的“数量较大”标准的。

即：

（1）鸦片二百克以上不满一千克；

（2）海洛因或者甲基苯丙胺十克以上不满五十克；

（3）可卡因十克以上不满五十克；

（4）3，4－亚甲二氧基甲基苯丙胺（MDMA）等苯丙胺类毒品（甲基苯丙胺除外）、吗啡二十克以上不满一百克；

（5）芬太尼二十五克以上不满一百二十五克；

（6）甲卡西酮四十克以上不满二百克；

（7）二氢埃托啡二毫克以上不满十毫克；

（8）哌替啶（度冷丁）五十克以上不满二百五十克；

（9）氯胺酮一百克以上不满五百克；

（10）美沙酮二百克以上不满一千克；

（11）曲马多、γ－羟丁酸四百克以上不满二千克；

（12）大麻油一千克以上不满五千克、大麻脂二千克以上不满十千克、大麻叶及大麻烟三十千克以上不满一百五十千克；

（13）可待因、丁丙诺啡一千克以上不满五千克；

（14）三唑仑、安眠酮十千克以上不满五十千克；

（15）阿普唑仑、恰特草二十千克以上不满一百千克；

（16）咖啡因、罂粟壳四十千克以上不满二百千克；

（17）巴比妥、苯巴比妥、安钠咖、尼美西泮五十千克以上不满二百五十千克；

（18）氯氮卓、艾司唑仑、地西泮、溴西泮一百千克以上不满五百千克。

2. 非法提供麻醉药品、精神药品达到前款第一项规定的数量标准，且具有前款第三项至第五项规定的情形之一的。

即：

（1）向多人或者多次非法提供麻醉药品、精神药品的；

（2）向吸食、注射毒品的未成年人非法提供麻醉药品、精神药品的；

（3）非法提供麻醉药品、精神药品造成严重后果的。

3. 其他情节严重的情形。

（二）最低档：三年以下有期徒刑或者拘役，并处罚金

这是该罪的最低档量刑。其对应的量刑情节为依法从事生产、运输、

管理、使用国家管制的麻醉药品、精神药品的人员，违反国家规定，向吸食、注射毒品的人提供国家规定管制的能够使人形成瘾癖的麻醉药品、精神药品的。根据2016年《最高人民法院关于审理毒品犯罪案件适用法律若干问题的解释》第十三条第一款规定，主要包括下列情形：

1. 非法提供麻醉药品、精神药品达到《中华人民共和国刑法》第三百四十七条第三款或者本解释第二条规定的“数量较大”标准最低值的百分之五十，不满“数量较大”标准的；即：

（1）鸦片一百克以上不满五百克；

（2）海洛因或者甲基苯丙胺五克以上不满二十五克；

（3）可卡因五克以上不满二十五克；

（4）3，4－亚甲二氧基甲基苯丙胺（MDMA）等苯丙胺类毒品（甲基苯丙胺除外）、吗啡十克以上不满五十克；

（5）芬太尼十二点五克以上不满六十二点五克；

（6）甲卡西酮二十克以上不满一百克；

（7）二氢埃托啡一毫克以上不满五毫克；

（8）哌替啶（度冷丁）二十五克以上不满一百二十五克；

（9）氯胺酮五十克以上不满二百五十克；

（10）美沙酮一百克以上不满五百克；

（11）曲马多、γ－羟丁酸二百克以上不满一千克；

（12）大麻油五百克以上不满二千五百克、大麻脂一千克以上不满五千克、大麻叶及大麻烟十五千克以上不满六十二点五千克；

（13）可待因、丁丙诺啡五百克以上不满二千五百克；

（14）三唑仑、安眠酮五百克以上不满二十五千克；

（15）阿普唑仑、恰特草十千克以上不满五十千克；

（16）咖啡因、罂粟壳二十千克以上不满一百千克；

（17）巴比妥、苯巴比妥、安钠咖、尼美西泮二十五千克以上不满一百二十五千克；

（18）氯氮卓、艾司唑仑、地西泮、溴西泮五十千克以上不满二百五十千克；

2. 二年内曾因非法提供麻醉药品、精神药品受过行政处罚的；

3. 向多人或者多次非法提供麻醉药品、精神药品的；

4. 向吸食、注射毒品的未成年人非法提供麻醉药品、精神药品的；

5. 非法提供麻醉药品、精神药品造成严重后果的；

6. 其他应当追究刑事责任的情形。

附录：

最高人民法院发布2019年十大毒品（涉毒）犯罪典型案例

案例1

施某民、林某雄制造毒品案

——纠集多人制造毒品数量特别巨大，罪行极其严重

一、基本案情

被告人施某民，男，汉族，1973年1月27日出生，无业。

被告人林某雄，男，汉族，1970年11月2日出生，无业。

2015年6月，被告人施某民、林某雄密谋合伙制造甲基苯丙胺（冰毒），商定施某民出资8万元，负责购买主要制毒原料及设备等，林某雄出资20万元，负责租赁场地和管理资金。同年7月，施某民纠集郑某江、刘某、柯某（均系同案被告人，已判刑）参与制毒。郑某江提出参股，后通过施某民交给林某雄42万元。施某民自行或安排郑某江购入部分制毒原料、工具。林某雄租下广东省揭阳市揭东区锡场镇的一处厂房作为制毒工场，纠集林某滨、黄某光（均系同案被告人，已判刑）协助制毒，并购入部分制毒配料、工具。同月20日晚，施某民以每袋7.8万元的价格向吴某木、俞某富（均系同案被告人，已判刑）购买10袋麻黄素，并通知林某雄到场支付40万元现金作为预付款。林某雄将麻黄素运至上述制毒工场后，施某

民、林某雄组织、指挥郑某江、刘某、柯某、林某滨、黄某光制造甲基苯丙胺。同月23日23时许，公安人员抓获正在制毒的施某民、林某雄等七人，当场查获甲基苯丙胺约149千克，含甲基苯丙胺成分的固液混合物和液体共计约621千克，以及一批制毒原料和工具。

二、裁判结果

本案由广东省揭阳市中级人民法院一审，广东省高级人民法院二审。最高人民法院对本案进行了死刑复核。

法院认为，被告人施某民、林某雄结伙制造甲基苯丙胺，其行为均已构成制造毒品罪。施某民、林某雄分别纠集人员共同制造甲基苯丙胺，数量特别巨大，社会危害极大，罪行极其严重，且二人在共同犯罪中均起主要作用，系主犯，均应按照其所组织、指挥和参与的全部犯罪处罚。据此，依法对被告人施某民、林某雄均判处并核准死刑，剥夺政治权利终身，并处没收个人全部财产。

罪犯施某民、林某雄已于2018年12月13日被依法执行死刑。

三、典型意义

据统计，甲基苯丙胺已取代海洛因成为我国滥用人数最多的毒品种类，国内制造甲基苯丙胺等毒品的犯罪形势也较为严峻，在部分地方尤为突出。本案就是一起典型的大量制造甲基苯丙胺犯罪案件。被告人施某民、林某雄分别纠集人员共同制造甲基苯丙胺，专门租赁场地作为制毒场所，大量购置麻黄素等制毒原料及各种制毒设备、工具，公安人员在制毒场所查获成品甲基苯丙胺约149千克，另查获含甲基苯丙胺成分的液体和固液混合物约621千克，所制造的毒品数量特别巨大。制造毒品犯罪属于刑事政策上应予严惩的重点类型，人民法院根据二被告人犯罪的事实、性质和具体情节，依法对二人均判处死刑，体现了对源头性毒品犯罪的严厉惩处，充分发挥了刑罚的威慑作用。

案例2

赵某华贩卖、运输毒品案

——跨省贩卖、运输毒品数量巨大，且系累犯、毒品再犯，罪行极其严重

一、基本案情

被告人赵某华，男，汉族，1963年3月1日出生，无业。1981年10月因犯盗窃罪被判处有期徒刑二年；1996年5月因犯贩卖毒品罪被判处有期徒刑一年；2005年3月7日因犯贩卖毒品罪被判处有期徒刑十五年，剥夺政治权利五年，并处没收财产人民币二万元，2015年11月28日刑满释放。

2016年11月24日早晨，陆某琴（同案被告人，已判刑）雇车与被告人赵某华一起从上海市出发前往广东省。赵某华与严某某（在逃）联系后，严某某及其子严某鸿（同案被告人，已判刑）驾车在广东省粤东高速公路普宁市池尾出口接应赵某华等人。同月25日上午，赵某华、陆某琴分别让他人向陆某琴的银行卡汇款32万元、5万元。陆某琴从银行取款后，赵某华、陆某琴将筹集的现金共计40万元交给严某某父子。后严某鸿搭乘赵某华等人的车，指挥司机驶入返回上海市的高速公路。途中，严某鸿让司机在高速公路某处应急车道停车，事先在该处附近等待的严某某将2个装有毒品的黑色皮包交给赵某华、陆某琴。当日23时30分许，赵某华等人驾车行至福建省武平县闽粤高速检查站入闽卡口处时，例行检查的公安人员从该车后排的2个黑色皮包中查获甲基苯丙胺（冰毒）11袋，净重10002.6克，赵某华、陆某琴被当场抓获。

二、裁判结果

本案由福建省龙岩市中级人民法院一审，福建省高级人民法院二审。最高人民法院对本案进行了死刑复核。

法院认为，被告人赵某华以贩卖为目的，伙同他人非法购买并运输甲基苯丙胺，其行为已构成贩卖、运输毒品罪。在共同犯罪中，赵某华联系毒品上家，积极筹集毒资且为主出资，参与支付购毒款、交接和运输毒品，起主要作用，系罪责最为严重的主犯，应当按照其所参与的全部犯罪处罚。赵某华伙同他人跨省贩卖、运输甲基苯丙胺10余千克，毒品数量巨大，罪行极其严重，且其曾两次因犯贩卖毒品罪被判处有期徒刑以上刑罚，在刑罚执行完毕后不足一年又犯贩卖、运输毒品罪，系累犯和毒品再犯，主观恶性深，人身危险性大，应依法从重处罚。据此，依法对被告人赵某华判处并核准死刑，剥夺政治权利终身，并处没收个人全部财产。

罪犯赵某华已于2019年2月22日被依法执行死刑。

三、典型意义

近年来，内地省份的犯罪分子前往广东省购买毒品后运回当地进行贩卖，已成为我国毒品犯罪的一个重要特点。与此同时，公安机关加大了执法查缉力度，一些案件得以在运输途中被破获。本案就是一起典型的犯罪分子驾车从外省前往广东省购买毒品，携毒返程途中被查获的案件。被告人赵某华伙同他人跨省贩卖、运输甲基苯丙胺数量巨大，社会危害极大，且系共同犯罪中罪责最重的主犯，又系累犯和毒品再犯，主观恶性和人身危险性大。人民法院根据赵某华犯罪的事实、性质和具体情节，依法对其判处死刑，体现了对此类毒品犯罪的严惩。

案例3

杨某昌贩卖、运输毒品、赵某增贩卖毒品案

——大量贩卖、运输新精神活性物质，依法从严惩处

一、基本案情

被告人杨某昌，男，汉族，1972年3月25日出生，个体经营者。

被告人赵某增，男，汉族，1982年8月19日出生，公司法定代表人。

被告人杨某昌、赵某增长期从事化学品研制、生产、销售及化学品出口贸易工作。2015年4月，杨某昌租用江苏省宜兴市中宇药化技术有限公司的设备、场地进行化学品的研制、生产及销售。其间，杨某昌雇用他人生产包括N－（1－甲氧基羰基－2－甲基丙基）－1－（5－氟戊基）吲唑－3－甲酰胺（简称5F－AMB）在内的大量化工产品并进行销售。同年10月1日，5F－AMB被国家相关部门列入《非药用类麻醉药品和精神药品管制品种增补目录》，禁止任何单位和个人生产、买卖、运输、使用、储存和进出口。2016年1月，赵某增与杨某昌在明知5F－AMB已被国家相关部门列管的情况下，仍商定杨某昌以每千克2200元左右的价格向赵某增贩卖150千克5F－AMB。同月22日，杨某昌根据赵某增的要求，安排他人将约150千克5F－AMB从宜兴市运送至浙江省义乌市，后赵某增将钱款汇给杨某昌。

2016年3月28日，被告人杨某昌用约1千克5F－AMB冒充MMBC贩卖给李某某（另案处理），后在李某某安排他人寄出的邮包中查获477.79克5F－AMB。

2016年8月和9月，被告人杨某昌、赵某增先后被抓获。公安人员从杨某昌租用的中宇药化技术有限公司冷库内查获33.92千克5F－AMB。

二、裁判结果

本案由江苏省南京市中级人民法院一审，江苏省高级人民法院二审。

法院认为，被告人杨某昌明知5F－AMB被国家列入毒品管制仍予以贩卖、运输，其行为已构成贩卖、运输毒品罪。被告人赵某增明知5F－AMB被国家列入毒品管制仍大量购买，其行为已构成贩卖毒品罪。杨某昌贩卖、运输5F－AMB约184千克，赵某增贩卖5F－AMB约150千克，均属贩卖毒品数量大，应依法惩处。据此，依法对被告人杨某昌、赵某增均判处死刑，缓期二年执行，剥夺政治权利终身，并处没收个人全部财产。

上述裁判已于2019年2月22日发生法律效力。

三、典型意义

新精神活性物质通常是不法分子为逃避法律管制，修改被管制毒品的化学结构而得到的毒品类似物，具有与管制毒品相似或更强的兴奋、致幻、麻醉等效果，被联合国毒品与犯罪问题办公室确定为继海洛因、甲基苯丙胺之后的第三代毒品，对人体健康危害很大。本案所涉毒品5F－AMB属于合成大麻素类新精神活性物质，于2015年10月1日被国家相关部门列入《非药用类麻醉药品和精神药品管制品种增补目录》。人民法院根据涉案新精神活性物质的种类、数量、危害和被告人杨某昌、赵某增犯罪的具体情节，依法对二被告人均判处死刑缓期二年执行，体现了对此类犯罪的从严惩处。

案例4

李某贩卖毒品案

——利用网络向外籍人员贩卖大麻，依法惩处

一、基本案情

被告人李某，男，汉族，1980年3月9日出生，无业。

被告人李某起意贩卖大麻后，在社交网络上发布大麻图片，吸引他人购买。浙江省苍南县某英语培训机构的一名外籍教员在社交网络上看到李某发布的大麻照片后点赞，李某便询问其是否需要，后二人互加微信，并联系大麻交易事宜。2017年11月至2018年10月间，李某先后31次卖给对方共计141克大麻，得款1.7万余元。经鉴定，查获的检材中检出四氢大麻酚、大麻二酚、大麻酚成分。

二、裁判结果

本案由浙江省平阳县人民法院审理。

法院认为，被告人李某明知大麻是毒品而贩卖，其行为已构成贩卖毒品罪，且多次贩卖，属情节严重，应依法惩处。鉴于李某归案后能如实供述自己的罪行，可从轻处罚。据此，依法对被告人李某判处有期徒刑四年，并处罚金人民币一万六千元。

宣判后，在法定期限内没有上诉、抗诉，上述裁判已于2019年4月9日发生法律效力。

三、典型意义

大麻属于传统毒品，我国对大麻类毒品犯罪的打击和惩处从未放松。

但目前，一些国家推行所谓大麻“合法化”，这一定程度对现有国际禁毒政策产生冲击，也容易让部分外籍人员对我国的全面禁毒政策产生某种误解。本案就是一起通过网络向国内的外籍务工人员贩卖大麻的典型案件。被告人李某在社交网络上发布大麻照片吸引买家，而购毒人员系外籍教员。在案证据显示，此人称在其本国吸食大麻并不违法。但李某明知大麻在中国系禁止贩卖、吸食的毒品，仍通过网络出售给他人，已构成贩卖毒品罪，且属情节严重，人民法院对其依法判处了刑罚。此类案件对在中国境内的留学生、外籍务工人员以及赴外留学的中国青年学生都有警示作用。

案例 5

梁某元非法利用信息网络、非法持有毒品、汪庆贩卖毒品案

——非法利用网络平台组织视频吸毒，依法惩处

一、基本案情

被告人梁某元，男，汉族，1974 年 1 月 2 日出生，无业。

被告人汪某，女，汉族，1970 年 10 月 1 日出生，无业。2015 年 8 月 27 日因犯非法持有毒品罪被判处拘役三个月，并处罚金人民币一千元。

2016 年底至 2017 年初，被告人梁某元加入名流汇、CF 中国网络平台，在平台中以视频方式与他人共同吸食甲基苯丙胺（冰毒）。2017 年 3 月，梁某元主动联系网络技术员“OV”，重新架设名流汇视频网络平台，通过名流汇的 QQ 群及 QQ 站务群对平台进行管理，交付网络维护费、服务器租赁费等，发展平台会员，并对平台内的虚拟房间进行管理。经查，该平台在此期间以虚拟房间形式组织大量吸毒人员一起视频吸毒，居住在苏州的陆某、梁某（已另案判刑）等人通过该平台达成毒品买卖意向并在线下交易毒品。

2017 年 5 月 9 日，被告人梁某元在吉林省白山市被抓获，公安人员从其驾驶的汽车内查获甲基苯丙胺 2 包，净重 11.28 克。

被告人汪某自 2016 年起在组织吸毒活动的名流汇视频平台等非法网络中进行活动，并结识吸毒人员刘某某。2016 年 12 月至 2017 年 2 月间，汪某先后 3 次通过微信收取刘某某支付的毒资共计 4500 元，向刘某某贩卖甲基苯丙胺共 24 克，从中获利 900 元。

二、裁判结果

本案由江苏省苏州市吴中区人民法院一审，苏州市中级人民法院二审。

法院认为，被告人梁某元利用信息网络设立用于组织他人吸食毒品等违法犯罪活动的网站、通讯群组，情节严重，其行为已构成非法利用信息网络罪；梁某元非法持有甲基苯丙胺数量较大，其行为又构成非法持有毒品罪。对梁某元所犯数罪，应依法并罚。被告人汪某明知是毒品而贩卖，其行为已构成贩卖毒品罪。汪某曾因犯非法持有毒品罪被判刑，现又犯贩卖毒品罪，系毒品再犯，应依法从重处罚。据此，依法对被告人梁某元以非法利用信息网络罪判处有期徒刑一年，并处罚金人民币一万元，以非法持有毒品罪判处有期徒刑九个月，并处罚金人民币二千元，决定执行有期徒刑一年六个月，并处罚金人民币一万二千元；对被告人汪某以贩卖毒品罪判处有期徒刑九年，并处罚金人民币二万元。

上述裁判已于 2018 年 11 月 2 日发生法律效力。

三、典型意义

信息网络技术促进了经济发展，便利了社会生活，但网络自身的快速、大量传播等特点也容易被一些不法分子利用，使网络平台成为实施违法犯罪活动的场所和工具。近年来利用信息网络组织吸毒、交易毒品的案件时有发生，危害很大。为有效打击此类犯罪行为，2015 年 11 月 1 日施行的刑法修正案（九）增设了非法利用信息网络罪，2016 年 4 月 11 日实施的《最高人民法院关于审理毒品犯罪案件适用法律若干问题的解释》第十四条也规定，利用信息网络设立用于组织他人吸食、注射毒品等违法犯罪活动的网站、通讯群组，情节严重的，以非法利用信息网络罪定罪处罚。本案被告人梁某元重新架设并管理维护视频网络平台，发展平台会员人数众多（加入会员需视频吸毒验证），以虚拟房间形式组织大量吸毒人员一起视频吸毒，并间接促成线下毒品交易，已有部分会员因犯贩卖毒品罪被判刑，其犯罪行为属于非法利用信息网络“情节严重”。被告人汪某通过非法网络平台结识吸毒人员后进行线下毒品交易，贩卖毒品数量较大。人民法院依法对二被告人判处了刑罚。

案例 6

谢某庆非法持有毒品、容留他人吸毒案

——容留多名未成年人吸毒，依法惩处

一、基本案情

被告人谢某庆，男，汉族，1990 年 10 月 26 日出生，农民。

2018 年 3 月 26 日凌晨，被告人谢某庆在广西壮族自治区陆川县大桥镇家中，容留梁某某、吕某甲、吕某乙、王某甲及未成年人李某某、陈某、王某乙、吕某丙等 8 人吸食毒品。当日 14 时许，公安人员对该房间进行例行检查时，将谢某庆及上述 8 名吸毒人员抓获，当场从谢某庆的电脑台抽屉内查获 1 包甲基苯丙胺（冰毒），重 526. 5 克。经依法对上述人员进行尿液检测，检测结果均呈氯胺酮阳性。

二、裁判结果

本案由广西壮族自治区陆川县人民法院审理。

法院认为，被告人谢某庆非法持有毒品数量大，其行为已构成非法持有毒品罪；谢某庆提供场所容留多人吸食毒品，其行为又构成容留他人吸毒罪。谢某庆非法持有甲基苯丙胺数量大，且容留多名未成年人吸毒，应依法惩处。鉴于其归案后如实供述自己的罪行，可从轻处罚。对其所犯数罪，应依法并罚。据此，依法对被告人谢某庆以非法持有毒品罪判处有期徒刑八年，并处罚金人民币五千元；以容留他人吸毒罪判处有期徒刑一年，并处罚金人民币二千元，决定执行有期徒刑八年六个月，并处罚金人民币七千元。

宣判后，在法定期限内没有上诉、抗诉，上述裁判已于 2019 年 1 月 7 日发生法律效力。

三、典型意义

近年来，容留他人吸毒案件发案率较高，吸毒人员低龄化特征也较为明显。未成年人心智尚未成熟，一旦沾染毒品，极易造成身体和心理的双重依赖，进而诱发侵财、伤害等违法犯罪行为，对个人、家庭和社会都会造成很大危害。本案是一起容留多名未成年人吸毒的典型案件。被告人谢某庆本身系吸毒人员，其从一名毒品受害者演变成一名毒品传播者，一次容留 4 名成年人、4 名未成年人在其家中吸毒，且非法持有毒品数量大。人民法院根据其犯罪的事实、性质和具体情节依法判处刑罚，体现了对未成年人的保护，也对预防未成年人违法犯罪有警示作用。

案例 7

李某森非法生产、买卖制毒物品案

——非法生产、买卖邻酮，数量特别巨大，依法惩处

一、基本案情

被告人李某森，男，汉族，1982 年 8 月 3 日出生，农民。

2015 年冬天，边某某（已另案判刑）与王某某结识并商定非法生产制毒物品邻氯苯基环戊酮（简称邻酮），王某某负责提供部分原料、指导设备安装及生产、联系买家等，边某某负责提供厂房、设备、资金、组织人员生产等。2016 年 3 月，边某某纠集被告人李某森等人租用山东省惠民县胡集镇一闲置厂房开始承建化工厂。其间，边某某与李某森商定，由李某森出资建厂生产，后期双方分红。同年 3 月至 6 月，李某森陆续出资 25 万余元，多次到工厂查看进度，并前往江苏省盐城市接送王某某。同年 6 月，李某森将生产出的 800 千克邻酮运至山东省淄博市临淄区，由边某某等人通过物流发往河北省石家庄市，后边某某给李某森 25. 5 万元现金。同年 7 月 12 日，公安人员在上述工厂附近隐藏的车辆上查获邻酮 373 千克。

二、裁判结果

本案由山东省惠民县人民法院一审，山东省滨州市中级人民法院二审。

法院认为，被告人李某森非法生产、买卖制毒物品邻酮的行为已构成非法生产、买卖制毒物品罪。李某森明知他人非法生产、买卖邻酮而积极参与投资建厂、接送人员等，生产、买卖邻酮共计约 1173 千克，情节特别严重，应依法惩处。据此，依法对被告人李某森判处有期徒刑八年，并处罚金人民币八万元。

上述裁判已于2018年11月15日发生法律效力。

三、典型意义

近年来，受制造毒品犯罪影响，我国制毒物品犯罪问题也较为突出。为遏制制毒物品犯罪的蔓延，增强对源头性毒品犯罪的打击力度，2015年11月1日起施行的《刑法修正案（九）》完善了制毒物品犯罪的规定，增设了非法生产、运输制毒物品罪。本案是一起比较典型的非法生产、买卖邻酮的案件。邻酮是合成羟亚胺的重要原料，而羟亚胺可用于制造毒品氯胺酮。本案被告人李某森犯罪所涉邻酮数量特别巨大，根据《最高人民法院关于审理毒品犯罪案件适用法律若干问题的解释》第八条的规定，其犯罪行为属情节特别严重。人民法院根据李某森犯罪的事实、性质和具体情节依法判处刑罚，体现了对源头性毒品犯罪的坚决打击。

案例8

李某富故意杀人案

——有长期吸毒史，持刀杀死邻居夫妇2人，罪行极其严重

一、基本案情

被告人李某富，男，汉族，1981年7月9日出生，农民。2007年7月19日因犯故意伤害罪被判处有期徒刑三年，缓刑五年；2013年3月11日因犯盗窃罪被判处有期徒刑十一个月，并处罚金人民币二千元，同年11月7日刑满释放；2014年4月10日因犯盗窃罪被判处拘役三个月，并处罚金人民币一千元。

被告人李某富住四川省安岳县护龙镇聪明村，有长期吸毒史，因琐事

对邻居伍某某（被害人，男，殁年53岁）、游某某（被害人，女，殁年52岁）夫妇素有不满。2016年6月14日18时许，李某富携带尖刀到伍某某家，见伍某某夫妇在堂屋看电视，即持刀捅刺伍某某的左肩部、右胸部等处数刀，捅刺游某某的胸部、腰背部等处数刀，致伍某某、游某某二人死亡。随后李某富返回家中烧毁了作案所穿裤子、胶鞋，清洗了作案工具尖刀，并将此事告知家人。李某富之父报警后，公安人员赶到李家将李某富抓获。经鉴定，李某富患有精神活性物质所致精神障碍，对其上述行为具有刑事责任能力。

二、裁判结果

本案由四川省资阳市中级人民法院原审、四川省高级人民法院复核审。最高人民法院对本案进行了死刑复核。

法院认为，被告人李某富故意非法剥夺他人生命，其行为已构成故意杀人罪。李某富因琐事而起意行凶，到邻居家中杀死2名被害人，犯罪情节恶劣，后果和罪行极其严重，社会危害大，且其曾因犯盗窃罪被判处有期徒刑以上刑罚，刑罚执行完毕后五年内又犯故意杀人罪，系累犯，应依法从重处罚。虽然李某富有自首情节，但综合其犯罪的事实、性质和具体情节，不足以对其从轻处罚。据此，依法对被告人李某富判处并核准死刑，剥夺政治权利终身。

罪犯李某富已于2018年7月27日被依法执行死刑。

三、典型意义

毒品具有刺激兴奋、致幻等作用，可导致吸食者出现兴奋、狂躁、幻视、幻听、被害妄想等症状，进而导致自伤自残或对他人实施暴力犯罪。近年来，因吸毒诱发的故意杀人、故意伤害等恶性案件屡有发生，严重危害社会治安，教训十分深刻。本案就是一起因长期吸毒导致精神障碍，进而诱发故意杀人的典型案例。在案证据显示，被告人李某富有长期吸毒史，出现吸毒导致的幻想等症状，并伴有行为异常。李某富因琐事对邻居夫妇不满，案发当日持尖刀进入邻居家中杀死伍某某、游某某夫妇2人，犯罪情节恶劣，后果和罪行极其严重。经鉴定，李某富对其实施的行为具有刑事责任能力。李某富虽有自首情节，但根据本案的具体情况不足以从轻处罚。该案充分反映出毒品对个人和社会的严重危害，尤其值得吸毒者深刻警醒。

案例9

姚某良以危险方法危害公共安全、妨害公务案

——吸毒后驾驶机动车任意冲撞，并撞击执行公务的警车，依法惩处

一、基本案情

被告人姚某良，男，汉族，1972年10月10日出生，务工人员。

2017年5月28日下午至29日凌晨，被告人姚某良在云南省瑞丽市某公司宿舍内吸食甲基苯丙胺（冰毒）。29日5时许，姚某良和姚某某驾驶一辆皮卡车从瑞丽市行至云南省芒市。当行至芒市人民医院路边时，姚某良怀疑姚某某对其不利，遂用长刀威胁姚某某并将姚某某赶下车，自己驾车在芒市城区行驶。其间，姚某良手持长刀对着路人及路上车辆挥舞。当日7至8时许，姚某良先后在芒市阔时路菜市场门口、造纸厂环岛驾车撞击车牌号为云NC××65、云NH××77的车辆，致二车受损。处警民警在造纸厂环岛附近驾驶警车追赶姚某良所驾车辆，并通过车载扩音器多次向姚某良喊话，让其停车接受检查。姚某良拒不停车，在造纸厂环岛旁驾车撞向正在现场执行处警任务的辅警杨某某，杨某某及时躲避。后姚某良继续驾车在造纸厂环岛撞击民警杨某驾驶的车牌号为云N0475的警车，致该车受损。8时17分，姚某良驾车在造纸厂环岛撞击一辆电动车，致车上的潘某某、

裴某某受伤，该车受损。民警来到姚某良驾驶的车辆旁让其停车，姚某良不听从民警指令，继续驾车前行。民警鸣枪示警无效后，开枪将姚某良击伤制服。经鉴定，潘某某、裴某某的伤情构成轻微伤；受损的 3 辆汽车、1 辆电动车修理费共计 7550 元。

二、裁判结果

本案由云南省芒市人民法院一审，云南省德宏傣族景颇族自治州中级人民法院二审。

法院认为，被告人姚某良吸食毒品后，在公共道路上以驾车任意冲撞的危险方法危害公共安全，其行为已构成以危险方法危害公共安全罪；姚某良以暴力方法阻碍国家机关工作人员依法执行职务，其行为又构成妨害公务罪。姚某良拒不听从民警指令，驾车撞向执行公务民警驾驶的警车，属暴力袭击正在依法执行职务的人民警察，应依法从重处罚。鉴于姚某良当庭自愿认罪，态度较好，有悔罪表现，可从轻处罚。对姚某良所犯数罪，应依法并罚。据此，依法对被告人姚某良以以危险方法危害公共安全罪判处有期徒刑四年；以妨害公务罪判处有期徒刑一年，决定执行有期徒刑四年六个月。

上述裁判已于 2018 年 4 月 9 日发生法律效力。

三、典型意义

甲基苯丙胺类合成毒品具有中枢神经兴奋、致幻等作用，吸食后会产生感知错位、注意力无法集中、幻视幻听等症状，此种情形下驾驶机动车极易肇事肇祸，造成严重危害后果。本案就是一起吸毒后驾驶机动车危害公共安全并妨害公务的典型案例。被告人姚某良吸毒后不顾人民群众的生命财产安全，驾车在市区任意冲撞，致 2 人受伤、多辆汽车受损、多名群众受到惊吓，还拒不听从民警指令，驾车撞向执行公务民警驾驶的警车和辅警，暴力阻碍警察执法，造成恶劣社会影响。人民法院根据姚某良犯罪的事实、性质和危害后果等具体情节，对其依法判处了刑罚。

案例 10

李某贩卖毒品案

——对取证瑕疵能够作出合理解释的，可以依法采纳相关证据

一、基本案情

被告人李某，男，汉族，1991 年 4 月 11 日出生，务工人员。2013 年 1 月 16 日因犯寻衅滋事罪被判处有期徒刑一年，同年 5 月 13 日刑满释放。

2017 年 4 月 5 日、7 日，被告人李某通过微信等方式与吸毒人员林某某商谈毒品交易事宜后，在福建省霞浦县一小区先后两次向林某某出售甲基苯丙胺（冰毒）各 1 包，收取毒资 250 元。同月 8 日 12 时许，李某在霞浦县松港街道欲再次向林某某出售甲基苯丙胺时被当场抓获。公安人员从李某身上查获 2 小包甲基苯丙胺，重 1. 59 克，从李某住处卧室床头柜的抽屉内查获 10 小包甲基苯丙胺，共计重约 28. 07 克。

二、裁判结果

本案由福建省霞浦县人民法院一审，福建省宁德市中级人民法院二审。

法院在审理中发现本案取证程序存在一定问题，如，侦查人员搜查现场时未出示搜查证，现场勘查笔录和扣押物品清单对毒品包数和位置的记载不一致。对此，公安机关出具了工作说明，并有相关侦查人员当庭作出合理解释，再结合本案视听资料及搜查时在场的两名证人的证言，相关证

据可以采纳。法院认为，被告人李某明知是毒品而贩卖，其行为已构成贩卖毒品罪。李某多次贩卖甲基苯丙胺共计约 30 克，且其曾因犯寻衅滋事罪被判处有期徒刑以上刑罚，在刑罚执行完毕后五年内又犯应当判处有期徒刑以上刑罚之罪，系累犯，应依法从重处罚。据此，依法对被告人李某判处有期徒刑十一年九个月，并处罚金人民币五千元。

上述裁判已于 2018 年 10 月 8 日发生法律效力。

三、典型意义

依法全面、规范地收集、提取证据，确保案件证据质量，是有力打击毒品犯罪的基础和前提。毒品犯罪隐蔽性较强，证据收集工作有一定特殊性，对于不属于非法取证情形的证据瑕疵，通过补查补正或者作出合理解释，可以依法采纳相关证据。本案侦查人员在搜查时未出示搜查证，现场勘查笔录与扣押清单中对毒品包数和查获毒品位置的记载不完全一致，但通过侦查机关出具说明、调取在场证人的证言、侦查人员出庭作证等方式，使得证据瑕疵得到合理解释，能够确认相关证据的真实性，体现了审判阶段对取证规范性的严格要求，有利于确保毒品犯罪案件的证据质量。

图书在版编目（CIP）数据

人民法院审理毒品犯罪案件司法适用与定罪量刑 / 张洪江等著 .
—北京：中国法制出版社，2020. 5

ISBN 978 -7 -5216 -1012 -3

Ⅰ. ①人… Ⅱ. ①张… Ⅲ. ①毒品 - 刑事犯罪 - 定罪 - 中国
②毒品 - 刑事犯罪 - 量刑 - 中国 Ⅳ. ①D924. 36

中国版本图书馆 CIP 数据核字（2020）第 065137 号

策划编辑　陈兴
责任编辑　陈兴　孙静
封面设计：周黎明

人民法院审理毒品犯罪案件司法适用与定罪量刑

RENMIN FAYUAN SHENLI DUPIN FANZUI ANJIAN SIFA SHIYONG YU DINGZUI LIANGXING

著者/张洪江等
经销/新华书店
印刷/河北鑫兆源印刷有限公司
开本/710 毫米 ×1000 毫米　16 开　　印张/ 21　字数/ 223 千
版次/2020 年 5 月第 1 版　　2020 年 5 月第 1 次印刷

中国法制出版社出版
书号 ISBN 978 -7 -5216 -1012 -3　　定价：79. 00 元

北京西单横二条 2 号
邮政编码 100031　　传真：010 -66031119
网址：http：//www. zgfzs. com　　**编辑部电话：010 -66070046**
市场营销部电话：010 -66033393　　**邮购部电话：010 -66033288**